本书获得国家社会科学基金一般项目"人口普查净误差估计中的三系统估计量研究"（编号：15BTJ011；鉴定等级：优秀）和重庆市社会科学规划重大委托项目"人口普查质量评估前沿理论研究"（编号：2016WT03；鉴定等级：优秀）资助

人口普查
净覆盖误差估计

ESTIMATION OF
NET COVERAGE ERROR
IN THE CENSUS

胡桂华　著

序

人口普查质量评估是人口普查不可或缺的一个后继工作环节。它的作用：一是就人口普查登记结果的质量给社会一个交代，以便数据的使用者能够对数据的可用性做到心中有数；二是提供本次人口普查多报与漏报的线索，为下次人口普查及其质量评估方案的设计提供科学依据。

人口普查质量评估的一项重要任务是计算人口普查净覆盖误差。它是普查目标总体实际人数与对该总体进行普查登记的人数之差。显然，为了计算这个误差，须设法给出前者即总体实际人数的一个估计值。目前，国际上的主流做法是用双系统估计量来计算这个估计值。双系统估计量由捕获－再捕获模型移植而来，其中，把人口普查正确登记的人口名单看作第一次捕获的结果，把事后计数调查人口名单看作第二次捕获的结果。只要获知两个名单各自的人数并获知通过两个名单进行匹配性比对得到的匹配人数，用这三个数据，便可依据捕获－再捕获模型，算出总体实际人数的双系统估计值。

我曾担任胡桂华攻读博士学位时期的指导教师。他的博士学位论文的选题是"美国2000年人口普查事后调查研究"。论文对美国2000年人口普查质量评估方案进行了解读研究。这个方案就是用双系统估计量来计算普查日的美国总人数的估计值。当时，人口普查质量评估的理论与实践研究在我国基本上还是空白，亟须投入研究力量，介绍国际前沿成果，并开展我们自己的创新研究。这是我们选择该研究方向的一个重要原因。

学位论文答辩获得通过、取得博士学位以后，胡桂华并没有停止对人口普查质量评估这一领域研究动向的关注。他继续对该领域的各种热点、难点问题进行思考和研究，在此基础上形成了一系列研究成果。现在奉献给读者的《人口普查净覆盖误差估计》这本书，就是对这些研究成果中相关内容的一个总结。

在撰写学位论文的过程中，我们曾针过美国2000年人口普查质量评估方案提出三点质疑。其一，捕获－再捕获模型要求，在构造双系统估计量的时候，人口普查和在人口普查之后进行的事后计数调查应相互独立，然而，真的能够保证二者相互独立吗？可以举出许多导致二者不相互独立的因素。当二者不相互独立时，由双系统估计量得到的估计结果岂不是错误的？其二，美国2000年人口普查质量评估方案把地址登记错误（未登记一个人在其常住地）当作普查错误登记是否合适？双系统估计量的第一个系统是普查正确登记人口名单，而不是普查登记人口名单。如果将地址登记错误人口从普查登记人口名单中剔除，势必会不恰当地减少普查正确登记人口名单的人数，进而虚减双系统估计量估计的总体实际人数。实际上，地址错误登记不应被当作普查错误登记。其三，美国2000年人口普查质量评估方案把街区群作为进行普查人口名单和事后计数调查人口名单的匹配性比对工作单元，这种做法是否合适？这实际上意味着把作为捕获－再捕获模型试验背景的池塘划分成了一个一个的小区域（相当于街区群），分别在各个小区域内进行捕获－再捕获操作，然而，这与模型的试验背景相悖。

胡桂华获得博士学位后继续在人口普查质量评估领域进行探索研究。他在查阅文献时发现，学术界有人建议，把三次捕获模型（在捕获－再捕获的基础上再增加一次捕获）移植到人口普查质量评估工作中来，构造三系统估计量，用以取代双系统估计量。提出这种建议的理由是：三次捕获模型对各次捕获之间统计关系的要求比捕获－再捕获模型宽松得多，它不要求各次捕获之间必须独立，相反，它分别给出了三次捕获之间各种不同的统计关系下计算池塘中鱼的数目的估计量公式。如果把三次捕获模型移植到人口普查质量评估中来，我们当初对美国2000年人口普查质量评估方案三个质疑中的第一个质疑便也随之解决了。既然如此，为什么这个建议一直只是停留在理论研究的阶段，而迟迟没有在实际工作中落实呢？为了弄清原因，胡桂华进行了构造三系统估计量的尝试性研究。结果发现，按照美国2000年人口普查质量评估方案的思路来操作，在人口移动条件下，构造三系统估计量需要纳入人口移动因素，构造人口移动的三系统估计量。美国2000年人口普查质量评估方案指出，由于人口移动，在事后计数调查日观察小区（在美国是指街区群，在中国是指普查小区）人口的时候，除了看到普查日居住在本小区、现在仍居住在本小区且应在本小区进行人口普查登记的无移动者外，还会看到普查日没有居住在本小区而现在移来本小区且应在其他小区进行人口普查登记的向内移动者，另外还有一部分希望看到但无法看到的普查日居住在本小区、现在迁移到其他小区且应在本小区进行人口普查登记的向外移动者。迄今为止，除美国构造了人口移动的双系统估计量外，其他国家只是构造了无人口移动的双系统估计量。既然如此，构造人口移动的三系统估计量无论是对美国，还是对其他国家都是一项不小的挑战。另外，构造三系统估计量的前提是建立覆盖人口总体范围的人口行政记录系统。这对所有国家的政府统计部门都不是一件容易的事情。这大概是三系统估计量的建议迟迟不能付诸实施的原因吧。

其实，只要改变人口计数的视角，上述难题即可破解。改变人口计数视角的意思是，从小区的局限中跳出来，确立人口计数的全国视角。现在我们把三个名单的人口计数行为与捕获-再捕获模型的试验背景做如下类比：全国相当于养鱼的池塘；普查时点的全国人口相当于池塘中的鱼；人口在小区之间的移动相当于池塘中的鱼从一个位置游到另一个位置。上述类比形象地表达了人口计数全国视角的含义。在捕获试验中，我们把三次捕获的各种计数结果编制成三次捕获三维列联表，便可用列联表的各个组格频数完成三次捕获模型的一系列计算，得到池塘中鱼的数目的估计结果。按照这样的思路来考虑三系统估计量。我们只需考虑清楚，在全国的每个小区观察什么数据，把这些数据在全国汇总以后可以得到三维列联表中的各个组格频数，一切问题便都迎刃而解了。在抽样调查的条件下，只要在样本小区观察同样的数据，便可完成三系统估计量构造的任务。

回过头来看，人口计数的全国视角回答了我们当初对美国2000年人口普查质量评估方案三个质疑中的第三个质疑。与此同时，在人口计数全国视角的观点下，一个属于人口普查目标总体的成员，在全国任何一个地方进行人口普查登记自然都应被视作人口普查的正确登记。因此，在进行人口普查正确登记人数计数的时候，提出地址错误的登记这样的概念是不合适的，这会扰乱我们的思路。这样，我们当初对美国 2000 年人口普查质量评估方案三个质疑中的第二个质疑也得到了解决。

我对胡桂华在选定的研究方向上锲而不舍地坚持下去的钉子精神表示赞许，希望他的这本书能够对我国人口普查质量评估工作有所裨益，希望早日看到三系统估计量应用于我国的人口普查质量评估工作。

人口普查质量评估的理论与实践研究还有许多工作等着我们去做，"任重而道远"。听说胡桂华和他的一些同事正在进行人口普查多报与漏报的测度以及人口普查内容误差（人口分组误差）评估等课题的研究。祝他们早日取得骄人的研究成果。

周恒彤

2021 年 2 月于天津财经大学

前　言

每次人口普查登记工作结束后都要进行质量评估。人口普查质量评估的核心任务是估计人口普查净覆盖误差。联合国统计司将净覆盖误差率作为判断人口普查登记质量的核心标准。各国政府统计部门通常将净覆盖误差定义为普查目标总体实际人数与普查登记人数之差。由于普查登记人数已知，所以净覆盖误差估计的关键是构造估计总体实际人数的一个估计量。过去使用过单系统估计量充当这个估计量，目前主要采用双系统估计量估计总体实际人数，未来可能用三系统估计量完成这项工作。这三个估计量均可用来估计常住人口、现有人口和户籍人口的实际人数及其净覆盖误差。

然而，目前广泛使用的双系统估计量存在一个不可忽视的缺陷，即由人口普查与在其后组织的事后计数调查在现实中无法独立引起的交互作用偏差使其系统性地低估或高估了实际人数。如果在人口普查与事后计数调查之外加入人口行政记录构造三系统估计量，便能比较好地解决双系统估计量的交互作用偏差问题。三系统估计量的一个独特优势在于，它不要求人口普查、事后计数调查和人口行政记录必须独立，而且其基本理论中给出了它们每种统计关系的三系统估计量的数学解析式。只要有样本数据，使用不完整三维列联表和对数线性模型工具，判定现实中三个系统的统计关系究竟属于哪一种，就可以选用与该统计关系相对应的三系统估计量来完成总体实际人数估计的任务。

三系统估计量比双系统估计量复杂许多，一系列理论和实践问题尚处于探索研究中。截至 2021 年，尚无任何国家在人口普查净覆盖误差估计中使用三系统估计量。加强三系统估计量基础理论研究、创新三系统估计量构造及选择方法，已经成为当今世界各国净覆盖误差估计研究与应用的前沿课题。

本书研究用于人口普查净覆盖误差估计的、在等概率人口层构造的、基于捕获－再捕获模型的双系统估计量和基于三次捕获模型的三系统估计量，以及近似计算这些估计量抽样方差的分层刀切抽样方差估计量。为便于读者理解和应用，采用样本普查小区的微观住户及个人实际资料，演示了这些估计量的详细计算过程。

迄今为止，尚未见到任何国家的政府统计部门或者学者出版人口普查净覆盖误差估计方面的学术专著或研究报告。撰写《人口普查净覆盖误差估计》一书旨在改变这一状况，为各国政府统计部门在2030年或其前后设计以三系统估计量为核心的人口普查净覆盖误差估计方案提供技术理论支撑，提高其方案的科学性、合理性和可操作性，使各国人口普查净覆盖误差估计水平提升到一个新的高度。

本书的写作素材，源于笔者自2003年在天津财经大学攻读博士学位至今从未间断从事人口普查质量评估科学研究工作近二十年积累的文献资料；在国内外重要学术期刊 *Mathematical Population Studies*（SSCI期刊）、《统计研究》、《数量经济技术经济研究》、《中国人口科学》、《数理统计与管理》、《系统科学与数学》、《工程数学学报》、《统计与信息论坛》和《中国人民大学复印报刊资料》上发表的40篇人口普查质量评估论文；所主持的与本书相关的国家社会科学基金一般项目2项、西部项目1项、教育部人文社会科学研究一般项目2项、全国统计科学研究计划重大项目1项和重点项目3项、重庆市社会科学规划重大委托项目1项和重点委托项目1项，以及广西自然科学基金项目1项。其中两项项目成果获优秀等级结题：国家社会科学基金一般项目"人口普查净误差估计中的三系统估计量研究"（编号：15BTJ011；鉴定等级：优秀）；重庆市社会科学规划重大委托项目"人口普查质量评估前沿理论研究"（编号：2016WT03；鉴定等级：优秀）。

本书的学术价值是，从理论层面和实际操作层面全面解析了双系统估计量和三系统估计量的基本原理，为双系统估计量和三系统估计量应用于各国人口普查净覆盖误差估计做出了理论贡献。针对双系统估计量和三系统估计量应用于净覆盖误差估计可能遇到的各种具体的难点问题进行了一系列拓展研究，从而使得本书所提出的人口普查净覆盖误差估计方法具有可操作性，能优化各国未来人口普查净覆盖误差估计方案。以上这些工作还将填补三次捕获模型在各国社会、经济、人口统计调查中应用的空白，为三次捕获模型的理论研究与应用研究做出贡献。关于针对具体难点问题所做的拓展研究列举如下。第一，关于普查日之后人口的移动。构造双系统估计量和三系统估计量，要求统一把人口普查的标准时点规定为事后计数调查进行人口登记的标准时点以及人口行政记录系统进行人口登记的标准时点。这里的难点是，事后计数调查在普查日之后进行，在这段时间内会发生人口移动。就一个普查小区来说，有些人会迁出本小区，有些人会从外地迁入本小区。本书研究了人口移动的双系统估计量和三系统估计量。第二，关于总体人口相等登记概率分层。在构造双系统估计量和三系统估计量的时候要求：其一，总体中的人口在进行人口普查登记的时候具有相同的登记概率；其二，总体中的人口在进行事后计数调查登记的时候具有相同的登记概率；其三，总体中的人口在进行人口行政记录系统登记的时候具有相同的登记概率。但事实上，在进行上述每种登记的时候，都会由于某些人口统计特征变量的影响，总体中的人口在进行此种登记时，登记概率有所差别，因此就需要把影响每种登记概率的特征变量找出来，用这些变量对总体中的人口进行交叉分层，使被分在同一层中的人口进行每种登记时都具有相同的登记概率，在这样的层中构造双系统估计量或三系统估计量，然后再将各层的估计量在总体中合成。本书研究了影响登记概率的人口统计特征变量和居住位置变量。进一步，为了使分层工作具有可操作性，本书研究了对这些变量按影响力大小进行筛选的加权优比排序法。第三，关于双系统估计量和三系统估计量的抽样估计技术。由捕获－再捕获模型和三次捕获模型给出的双系统估计量和三系统估计量的所有结论，都是基于两种和三种人口登记均为对同一总体进行全面登记所获得的总体总值数据。然而，事后计数调查工作是以普查小区为抽样单位抽取的概率样本来进行操作的。因而，这时构造的双系统估计量和三系统估计量，应该是上述基于全面登记的总体总值的双系统估计量和三系统估计量的估计量。本书给出了完成此种有限总体样本估计的策略以及近似计算这个有限总体样本估计量的方差数值的方法，从而使得将双系统估计量和三系统估计量应用于人口普查净覆盖误差估计成为可能。

  本书的应用价值是，对人口普查净覆盖误差估计工作提出了重大的改革新思路，将有效地提升人口普查净覆盖误差估计工作的质量，使得评估结果更具有可信性与可用性。理由有两个。第一，作为双系统估计量试验背景的捕获-再捕获模型要求，两次捕获之间须具有统计独立性。相应地，在构造双系统估计量的时候，就要求对应于两次捕获的两次人口登记之间也要相互独立。然而，在实际工作中，这两次人口登记很难做到相互独立。于是，便在事实上违反了独立性要求。这就使得双系统估计量中不可避免地包含两次人口登记不独立导致的交互作用偏差。目前，我国和其他国家在人口普查净覆盖误差估计中都是使用内含交互作用偏差的双系统估计量。三系统估计量可以摆脱双系统估计量中的独立性约束困境。这是因为，三次捕获模型给出了三次捕获之间各种统计关系下所需要构造的估计量的不同形式。其中，除三次捕获之间两两独立的情形以外，还有三次捕获之间不全独立的若干种情形以及三次捕获之间全不独立的情形。据此，构造基于三次捕获模型的三系统估计量所使用的三次人口登记资料之间无论是独立还是不独立，都可以给出相应情形下人口数目的估计量，从而避开了双系统估计量所遭受的交互作用偏差的困扰。第二，双系统估计量所使用的统计数据源于人口普查中的人口登记与事后计数调查中的人口登记这两种人口登记资料。本书所建议的三系统估计量所用的统计数据除源于上面两种人口登记资料以外，又增加了一个新的来源，即以户籍登记资料为主体的人口行政记录资料。抽样设计理论中有一条重要的原则，就是要求在构造估计量的时候，要尽可能地把各种能够利用的信息都利用起来。所利用的有用信息越多，估计量的精度就越有可能提高。三系统估计量较之双系统估计量增加了人口行政记录系统登记资料的信息，所估计的人数精度理应会有所提高。

本书的学术创新，可归纳为以下六个方面。

第一，提出抽样登记的、人口移动的、具有国际领先水平的三系统估计量，实现了三系统估计量由理论研究到实际应用研究的根本转变。为实现这一创新，笔者在 *Mathematical Population Studies*、《统计研究》、《数量经济技术经济研究》、《中国人口科学》和《数理统计与管理》上发表了5篇三系统估计量论文。

第二，提出加权优比排序法，解决了对总体人口等概率分层技术难题。为实现这一创新，笔者在《数理统计与管理》上发表论文《人口普查质量评估中抽样后分层变量的选择》，以及在《数量经济技术经济研究》

上发表论文《人口普查质量评估中 Logistic 回归模型的应用》。

第三，首次厘清估计动物总体规模的捕获－再捕获模型和三次捕获模型，以及估计人类总体规模的双系统估计量和三系统估计量之间的数量关系，从捕获－再捕获模型推出三次捕获模型。在三次捕获模型基础上，将对总体人口等概率分层、对样本普查小区人口抽样登记、系统之间时间间隔这三大因素纳入三次捕获模型，推出三系统估计量。为实现这一创新，笔者在《统计与信息论坛》和《数量经济技术经济研究》上发表相关论文。

第四，设计适用于人口普查净覆盖误差估计的事后计数调查分层二重抽样方案，提高了样本的代表性、节约了数据采集成本。为实现这一创新，笔者在《数量经济技术经济研究》上发表论文《人口普查质量评估调查的抽样设计》。该论文全文转载在人大复印报刊资料和中国社会科学网站上。

第五，建立起理论完备的双系统估计量，解决了双系统估计量构成元素的抽样估计问题，以及双系统估计量的交互作用偏差测算和双系统估计量的无偏性论证问题。为实现这一创新，笔者在《数量经济技术经济研究》和《数理统计与管理》上发表 8 篇双系统估计量论文。

第六，创建事后计数调查样本量测算技术，解决了当今人口普查质量评估领域主观或根据工作需要确定样本量的问题，为科学测算人口普查事后计数调查样本量提供了技术支持。为实现这一创新，笔者于 2008 年、2020 年和 2021 年在《数理统计与管理》、《统计与信息论坛》和 *Mathematical Population Studies* 上共发表 3 篇相关论文。

本书的应用前景是，所提出并研究的抽样登记的三系统估计量有望应用于中国 2030 年人口普查净覆盖误差估计。笔者的这一预见基于以下三个事实。第一，笔者自 2008 年至今一直与国家统计局合作开展人口普查质量评估研究。2009 年，在第六次全国人口普查事后质量抽查研讨会上作专题学术报告《人口普查的事后质量抽查方法》。2012 年，与国家统计局合作撰写《人口普查的事后质量抽查》研究报告。2019 年，受国家统计局委托，设计中国 2020 年人口普查质量评估方案。国家统计局对此方案的评价是：借鉴了当今国际人口普查质量评估领域的前沿研究成果；吸纳了我国 1982 年、1990 年、2000 年和 2010 年人口普查及其事后质量抽查方案的成功之处；针对我国实际工作中的若干难点问题提出了创新性的应对策略。

整个方案具有一定的科学性和可操作性。第二，国家统计局掌握了双系统估计量基本理论及其应用技术，而三系统估计量是双系统估计量的自然延伸。第三，我国建立了具有一定数量和质量的人口行政记录系统体系，这个体系的核心是户籍登记系统，因而解决了建立三系统估计量所需的人口行政记录系统的问题。

本书的写作有三个特点。第一，从原始数据出发，全面呈现了双系统估计量、三系统估计量、净覆盖误差估计量及其抽样方差估计量的详细计算过程，尤其是全面、系统地展示了分层刀切抽样方差估计量的各个计算步骤。第二，在阐述净覆盖误差估计理论时，不是简单复述已有理论，而是在深入理解基础上，用通俗易懂的语言解读这些理论背后的深层次内涵。这有助于本书赢得读者的认可及在读者中的传播，吸引部分学者从事人口普查质量评估研究工作。第三，紧密结合我国实际。这体现为所选实际案例源于我国的街道。这提高了本书对我国具体情况的适用性，便于在我国 2030 年人口普查质量评估中推广应用。

本书的出版并不意味着笔者对人口普查净覆盖误差估计研究的终止，笔者会继续开展后续研究。未来进一步研究的内容拟包括：人口普查净覆盖误差估计发展简史；基于 Logistic 回归模型的三系统估计量；依据若干三系统估计量构造的组合式三系统估计量；依据普查人口名单、事后计数调查人口名单、主要行政记录人口名单和其他组合式行政记录人口名单构造的四系统估计量；双系统估计量、三系统估计量和四系统估计量的统计性质及其比较研究；全国范围的人口普查净覆盖误差估计的实证研究。

本书的若干理论可以拓展到其他相关领域，解决其实际问题。例如，双系统估计量或三系统估计量可用来估计经济普查和农业普查的净覆盖误差。再如，双系统估计量或三系统估计量可用来估计国家或地区的流行性疾病患者数目、常住人口数目、流动人口数目、留守儿童数目、老年人口数目和宗教信仰人口数目。

本书可作为政府统计部门设计人口普查质量评估方案及相关领域研究人员进行科学研究的参考用书，也可以作为统计学专业硕士研究生、博士研究生选修"人口普查净覆盖误差估计"课程的教学用书。

尽管我们尽了最大努力，但本书仍然会有一些不足。对于本书中的不足，恳请各位专家和读者提出宝贵意见，以便再版时修改与完善。

目 录

第一章 绪论 ………………………………………………………… 1
    第一节 怎样看待和使用人口普查净覆盖误差 ………………… 2
    第二节 净覆盖误差估计流程 …………………………………… 5
    第三节 文献综述 ………………………………………………… 7
    第四节 重要学术观点 …………………………………………… 31

第二章 捕获－再捕获模型的统计学原理 ………………………… 33
    第一节 捕获－再捕获模型及其方差 …………………………… 34
    第二节 捕获－再捕获模型应用的一般问题 …………………… 44
    第三节 总体和样本 ……………………………………………… 48
    第四节 捕获－再捕获模型与双系统估计量的关系 …………… 53

第三章 对总体人口等概率分层 …………………………………… 55
    第一节 分层变量的选择 ………………………………………… 55
    第二节 等概率分层方案 ………………………………………… 67
    第三节 重要学术观点 …………………………………………… 75

第四章 双系统估计量与净覆盖误差估计 ………………………… 77
    第一节 等概率人口层的双系统估计量及其抽样方差估计 …… 79
    第二节 总体的双系统估计量及其抽样方差估计 ……………… 86
    第三节 人口普查净覆盖误差估计 ……………………………… 86
    第四节 小区域净覆盖误差估计 ………………………………… 87

第五节　双系统估计量的交互作用偏差测算 ·············· 89
　　第六节　双系统估计量的统计性质 ·············· 93
　　第七节　实证分析 ·············· 102
　　第八节　重要学术观点 ·············· 112

第五章　三系统估计量与净覆盖误差估计 ·············· 115
　　第一节　概述 ·············· 116
　　第二节　三次捕获模型 ·············· 118
　　第三节　三系统估计量与三次捕获模型的关系 ·············· 127
　　第四节　全面登记的三系统估计量 ·············· 130
　　第五节　抽样登记的三系统估计量 ·············· 134
　　第六节　总体的净覆盖误差估计 ·············· 140
　　第七节　三系统估计量与双系统估计量比较 ·············· 140
　　第八节　实证分析 ·············· 141
　　第九节　重要学术观点 ·············· 183

附录1　××国2020年事后计数调查问卷 ·············· 187

附录2　分层刀切抽样方差估计量 ·············· 190

附录3　事后计数调查样本总量测算与分配 ·············· 192

附录4　基本概念及定义 ·············· 197

附录5　发表的人口普查质量评估系列论文 ·············· 199

参考文献 ·············· 202

第一章　绪论

本章内容，主要参考笔者在《数理统计与管理》上发表的论文《人口普查净误差估计综述》；在《统计与信息论坛》上发表的论文《人口普查覆盖误差估计方法综述》。

人口普查每隔 10 年（中国、美国和瑞士等国家）或 5 年（澳大利亚、新西兰和加拿大等国家）开展一次，是一个国家或地区获得人口数据的基本方法。人口普查目标是不重、不漏登记普查标准时点上普查目标总体的全部人口。然而，由于主观或客观、故意或非故意等原因，普查员可能登记标准时点上实际不存在的人，或登记普查目标总体之外的人，如登记在中国境内临时居住的境外人士，重复登记一些人，未登记应该登记的人。这些多登、重登、漏登，使得普查登记人数偏离实际人数。所有国家或地区的普查登记人数都不同程度存在这样的误差。

于是，每次人口普查登记工作结束之后，各国或地区的政府统计部门都要采取事后计数调查对其登记质量进行评估。人口普查质量评估主要有三个目的：一是告诉用户普查数据的质量；二是为修正普查数据提供基础数据；三是发现普查登记过程中存在的问题，为下次人口普查操作方案的设计提供依据。

人口普查质量评估包括覆盖误差评估和内容误差评估。覆盖误差指普查员在普查登记过程中多登记或少登记住户及其成员而引起的误差，进一步分为普查净覆盖误差（Hu et al.，2020）及普查多报与漏报（胡桂华，2011a）。内容误差指普查员在普查登记工作中错误填写普查项目而引起的误差（Hu et al.，2021）。从人口普查质量评估工作的完整性及必要性来看，不仅要评估覆盖误差，还要评估内容误差。然而，迄今美国、加拿大、英国、瑞士等发达国家只评估覆盖误差，而未评估内容误差。中国、南非和卢旺达等发展中国家同时评估覆盖误差和内容误差。这与各国人口普查质量评估的传统，以及对内容误差评估的重视程度和普查项目的登记质量有关。

本书只研究净覆盖误差估计。由于净覆盖误差表现为普查目标总体实际人数与普查登记人数之差，所以净覆盖误差估计其实就是寻找估计总体实际人数的估计量。充当该估计量的可以是单系统估计量、双系统估计量或三系统估计量。单系统估计量依据样本普查小区的事后计数调查人口名单或普查人口名单构造。双系统估计量依据事后计数调查人口名单和普查人口名单构造，其理论基础是捕获-再捕获模型。三系统估计量依据这两份人口名单和行政记录人口名单构造，其理论基础是三次捕获模型。从构造估计量应该充分利用辅助信息的角度来看，单系统估计量未利用辅助信息，而双系统估计量利用了辅助信息普查人口名单，三系统估计量同时利用了辅助信息普查人口名单和行政记录人口名单，因此本书只研究双系统估计量和三系统估计量。

第一节　怎样看待和使用人口普查净覆盖误差

对人口普查结果的怀疑、质询乃至非议，就像是人口普查的孪生兄弟。每次人口普查工作一结束，这位孪生兄弟就会随之出现。这不是哪一个国家或地区的特色，世界上所有进行人口普查的国家和地区都是如此。于是，对人口普查结果进行事后计数调查这一工作环节便应运而生。普查机关求助于它，希望它能冰释公众心中的疑云。

人口普查事后计数调查的宗旨是，设法寻求一个普查目标总体实际人数的"确切"估计值，以它为基准，将人口普查登记的人数与之相减算出人口普查计数结果的"误差"（胡桂华，2011b）。寻求普查目标总体实际人数的"确切"估计值的办法大体上可以分为两类：一类是用人口行政记录资料来推算；另一类是抽取一个与人口普查独立的样本，依据样本调查收集的数据来估计。

然而，面对上述工作，人们不禁产生这样的疑问：通过这种事后计数调查所获得的实际人数的"确切"估计值，果真比人口普查的结果更确切吗？如果真的是这样，那为什么不把人口普查的结果淘汰掉，或者用事后计数调查的结果对普查资料进行一番修订，发表一个"人口普查资料的修订版"呢？而反过来，如果后者甚至还不如前者，那凭什么用后者做基准去评价前者的质量？当人口普查登记的人数与人口普查事后计数调查估计的结果相减之差的绝对值较大的时候，是否意味着后者估计的人数的精度一定很低呢？

在人口普查质量评估历史上发生过这样一个事件（胡桂华、吴东晟，2014）。在美国，通过人口普查获得的各州人数有一个重要的用途，那就是作为国会众议院代表席位名额以及联邦基金在各州之间分配的依据。美国人口普查局在设计 2000 年事后计数调查方案的时候，打算把人口普查事后计数调查的结果用于上述用途。出于这种考虑，事后计数调查计划抽取比较大的样本，并且开始实施这一方案，抽出了第一重样本。但是，就在第一重样本刚刚抽出之后，美国人口普查局就接到了美国最高法院做出的一项裁决。该裁决明确表示，反对把人口普查事后计数调查的结果用于国会众议院代表席位名额以及联邦基金在各州之间分配的依据。也就是说，反对使用抽样估计的人口普查净覆盖误差率对普查人数进行修正。结果，美国人口普查局的上述实施方案只得作罢。在 1980 年和 1990 年人口普查质量评估中，美国人口普查局"用估计的人口普查净覆盖误差率修正普查人数"的计划也被美国最高法院否决。否决的理由有四个。一是在美国最高法院看来，人口普查质量评估通过抽样估计的人口普查净覆盖误差率不够科学准确，利用它修正的普查人数甚至还不如原始普查人数准确。二是有些州的领导人反对修正。如果修正，那么黑人人数多的州的普查人数就会增加，而白人人数多的州的普查人数就会相对减少。在美国，众议院代表席位数和联邦基金在各州分配的重要依据是普查人数。三是在对总体人口进行等概率分层时，受样本总量所限，未将影响人口登记概率的收入、文化程度和当地政府对普查的重视程度作为分层变量，从而影响到双系统估计量所估计的实际人数及人口普查净覆盖误差率估计的精度。四是使用双系统估计量和人口统计分析模型估计的净覆盖误差率往往不一致。

从理论上看，人口普查质量评估专家一直把质量评估所计算的净覆盖误差当作说明普查数字准确性的工具，在每次质量评估工作中，总是致力于用算得的净覆盖误差数字对普查结果是否准确进行评论，或者希望用算得的这个净覆盖误差结果去修正普查数字。在人口普查质量评估中计算人口普查净覆盖误差时并没有使用普查目标总体实际人数的真值，而是使用它的一个估计值，这个估计值充其量只能被近似地看作如同人口普查一样对人口规模的另一次独立重复观测，因而所计算的这个"人口普查净覆盖误差"就其统计学性质来说，其实就是观测普查目标总体规模随机试验结果的平均差，是一种散布特征数。所以，在人口普查质量评估中所计算的人口普查净覆盖误差实际上并不能说明人口普查数字的准确性，而只能说明人口普查登记工作的质量。因此，评论人口普查数字有多大"缺口"是没有意义的；有人想要用人口普查质量评估工作中计算的人口普查净覆盖误差去调整人口普查数字，这不仅是一种理论错误，而且会带来实践上的失误：经过如此调整后的人数有可能偏离真实值更远。

从实际来看，人口普查事后计数调查虽然没有人口普查规模大，但还是投入了一定的人力、物力和财力。如果只是使用净覆盖误差来评价人口普查登记工作的质量，那么为它付出的成本就没有发挥应有的作用。再说，使用净覆盖误差来评价人口普查登记工作的质量，远不如使用普查多报与漏报，因为普查多报与漏报比人口普查净覆盖误差荷载了丰富得多的信息，追寻由它们提供的线索，可以进一步查找人口普查登记中的各种失误。所以，从投入与产出的价值比来看，应该使用估计的净覆盖误差率对普查数据进行修正，发布修正后的普查数据。为了提高修正后的普查数据的精度，用三系统估计量替代存在交互作用偏差的双系统估计量是一个理想的选择。目前使用双系统估计量估计的净覆盖误差对人口普查数据进行修正的国家有瑞士、乌干达、英国、南非和澳大利亚。中国在2000年使用估计的净覆盖误差率修正普查登记人数。

笔者对这一问题的看法和所持的态度是：如果估计的总体实际人数与普查登记人数差异很小，即估计的净覆盖误差很小，那么无须根据估计的净覆盖误差修正普查登记人数，因为此时修正还是不修正意义不大，对数据用户来说，不会从根本上影响到他们决策的制定，而且省去了修正这个复杂的工作程序；如果估计的总体实际人数与普查登记人数差异较大，而且用来估计总体实际人数的方法科学有效，此外估计的结果与其他独立来源的数据差异较小，那就依据估计的净覆盖误差修正人口普查数据。如果有证据表明双系统估计量由于交互作用偏差低估总体实际人数，那么在使用双系统估计量估计的人口普查净覆盖误差对人口普查数据修正之前，最好使用其他方法测算交互作用偏差幅度，并添加到双系统估计量估计的人数中，重新计算人口普查净覆盖误差（率）。如果在综合考虑了其他一些因素后决定修正人口普查数据，就使用这个新的净覆盖误差率对人口普查数据进行修正。如果决定对人口普查数据进行修正，就必须把修正的必要性及修正的方法如实告诉用户。只有在得到用户许可的情况下，修正才能进行，否则用户可能拒绝修正后的人口普查数据。这会影响人口普查数据的推广应用。三系统估计量优于双系统估计量，用三系统估计量估计的结果修正人口普查数据具有可靠性。

此外，在决定使用估计的净覆盖误差率修正人口普查数据时，还要考虑到修正可能带来的负面影响。修正人口普查数据会影响人口普查在公众心目中的权威性，这不利于下一次人口普查工作的动员与开展，也不利于本次人口普查数据的开发与利用。除此之外，还要根据人口普查反馈的信息和从人口普查事后计数调查中了解到的最新情况，分析哪些地区（如西部地区）、哪些人口（如少数民族）的普查数据需要进行修正。换句话说，修正可能是局部的，不一定是全国性的。只有这样，修正才会有针对性，才能真正提高人口普查数据的质量。事实上，全国有些地区、有些人口的普查数据是很准确的，对其修正没有必要，强行修正反而会降低其质量。

总而言之，对人口普查数据修正是一件很严肃的事情，必须在通盘考虑后才能做出是否修正的决定。

第二节 净覆盖误差估计流程

人口普查净覆盖误差估计流程如图 1-1 所示。

第一，测算及分配全国事后计数调查样本总量（胡桂华，2008；胡桂华等，2020a）。采用设计效应测算全国样本总量。按照普查小区数或人数比率在省级单位和抽样层之间分配全国样本总量。对规模小的省级单位或抽样层，规定最低样本量，以将抽样误差控制在一定范围内。

第二，抽取事后计数调查样本（胡桂华、吴东晟，2014）。中国、乌干达和南非等发展中国家在事后计数调查中采用分层抽样抽取样本。美国、瑞士、澳大利亚等西方国家采取分层多重抽样或多阶段抽样。西方学者在人口普查质量评估或其他抽样研究领域采取多重抽样。本书采取分层二重抽样。

第三，样本普查小区抽取后，采取问卷或面访方式采集或获取同一样本普查小区的三份人口名单，即普查人口名单、事后计数调查人口名单和行政记录人口名单。

第四，比对三份人口名单。通过比对，获得双系统估计量和三系统估计量所需要的匹配人口，包括同时登记在两份或三份人口名单中的人口。

第五，对总体人口等概率分层。总体中的人口在普查中的登记概率是不一样的。这需要按照人口统计特征变量和居住位置变量将总体中的人口划分在各个同质的层中，即等概率人口层。

第六，在等概率人口层，构造双系统估计量和三系统估计量。这两个估计量用来估计总体净覆盖误差。

第七，为了解决小区域净覆盖误差估计问题，建立合成双系统估计量。建立这个估计量的前提是，在等概率人口层计算覆盖修正因子。

第八，实证分析。

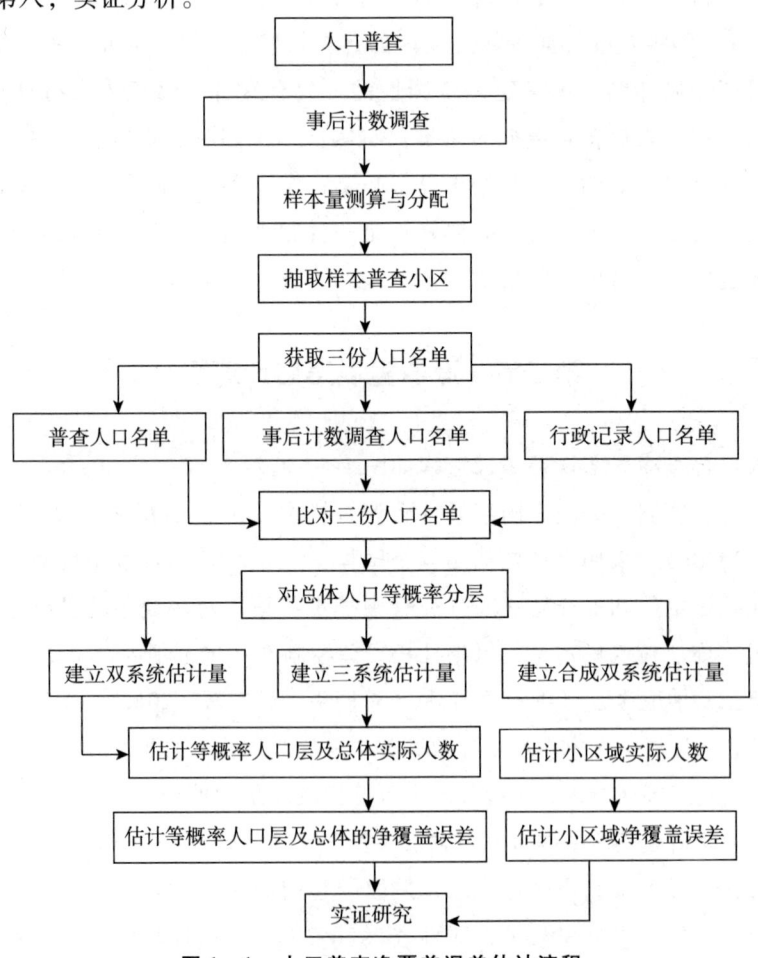

图 1-1　人口普查净覆盖误差估计流程

第三节 文献综述

本节首先回顾人口普查净覆盖误差估计方法，然后主要综述美国人口普查净覆盖误差估计的发展历程，另外对瑞士、英国、新西兰、加拿大和中国的净覆盖误差估计方法进行简要评述。

一 人口普查净覆盖误差估计方法

估计人口普查净覆盖误差的方法主要有人口统计分析模型和人口普查事后计数调查。联合国统计司2009年和2010年在世界很多地方组织了一系列研讨班，对上述人口普查各种评估方法进行了回顾，其重点集中在人口普查事后计数调查这一方法上（United Nations Statistical Division，2010）。

（一）人口统计分析模型

人口统计分析模型（Demographic Analysis，DA）利用既往的人口普查原始数据及人口行政记录中的出生、死亡和迁移等记录资料，使用平衡关系式来构造。其理论基础是人口统计数据之间固有的逻辑关系。计算公式如下：

$$DA_{2020} = C_{2010} + (B_{2010-2020} - D_{2010-2020}) + (I_{2010-2020} - E_{2010-2020}) \quad (1.1)$$

式（1.1）中，DA_{2020}为估计的2020年普查日人数，C_{2010}为2010年普查日人数，$B_{2010-2020}$为2010~2020年累计出生的人数，$D_{2010-2020}$为2010~2020年累计死亡的人数，$I_{2010-2020}$为2010~2020年累计从国外迁入本国的人数，$E_{2010-2020}$为2010~2020年累计从本国迁到国外的人数。

该模型需要分年、主要类别的序列性人口行政记录资料。发展中国家不具备这样的资料，这限制了它的使用范围。

人口统计分析模型对总体人数估计的精度取决于人口行政记录数据的质量及对其修正的效果。使用人口统计分析模型估计人口普查净覆盖误差的国家，主要是人口行政记录健全的美国、加拿大、澳大利亚等发达国家。中国等人口行政记录不够健全的发展中国家，迄今尚未在人口普查净覆盖误差估计中使用人口统计分析模型。

（二）人口普查的事后计数调查

事后计数调查属于抽样调查（金勇进，2010；冯士雍等，2012；金勇进、张喆，2014；胡桂华、吴东晟，2014；陈光慧、刘建平，2015），在人口普查登记工作结束之后1个月内进行。抽样单位通常为较小地理范围的区域，如我国的普查小区、美国的街区群和南非的普查计数区。美国的街区群对应于我国的普查小区。美国平均每个街区群含住房单元31.5个，我国平均每个普查小区含住房单元（家庭户和集体户）80个，南非平均每个普查计数区含住房单元100个。事后计数调查既可以采取全面调查方式，也可以采取抽样调查方式。为节约成本开支和提高调查效率，以及减少非抽样误差，各国政府统计部门均采取抽样调查进行事后计数调查工作。事后计数调查也可以理解为回忆调查，即在事后计数调查期间由问题答复者提供他们普查标准时点的情况，例如，是否在普查中登记、普查标准时点居住地，而不是提供他们在事后计数调查标准时点的情况。

在使用分层抽样或分层二重抽样抽取事后计数调查样本普查小区后，利用样本小区的三份人口名单构造单系统估计量、双系统估计量和三系统估计量。本节只讨论双系统估计量和三系统估计量。

1. 双系统估计量

双系统估计量（Dual System Estimator, DSE）由生物学家构建的最初用来估计野生动物总体规模的捕获－再捕获模型移植而来，而三系统估计量则是由三次捕获模型移植而来。在人口普查质量评估中，把人口普查的人口登记名单看作第一次捕获，把事后计数调查的人口登记名单看作第二次捕获，用以建立估计目标总体实际人数的双系统估计量；如果再进一步把人口行政记录系统的人口登记名单看作第三次捕获，则可用这三个系统的人口登记名单建立估计普查目标总体实际人数的三系统估计量。

双系统估计量成为目前估计总体实际人数的主流方法有三个理由：一是它建立在捕获－再捕获模型基础上，因而理论依据充分；二是它的估计结果得到了各国政府统计部门及有关专业人士的认可；三是它的适用范围广，既可以在人口行政记录健全的发达国家（美国、英国和瑞士等国）使用，也可以在人口行政记录不够健全的发展中国家（中国、南非、乌干达和马其顿等国）使用。

双系统估计量以捕获－再捕获模型为理论基础。最初用于估计研究域内野生动物数目的捕获－再捕获模型所要解决的问题是，想要估计封闭池塘中游动能力相同的鱼的数目，从中进行两次独立重复捕捞，则鱼的数目的估计量可由各次捕到的鱼的数目以及在两次捕捞中都被捕到的鱼的数目来构造。在人口普查质量评估中，把正确地对普查目标总体人口进行的普查登记结果（简记作 CE）看作第一次捕捞，把对普查目标总体人口在事后计数调查中的登记结果（简记作 N_p）看作第二次捕捞，把两次登记匹配部分的人口（简记作 M_p）看作两次捕捞中都被捕到的鱼，从而建立估计普查目标总体数目的双系统估计量。该模型所用的估计量是以多项分布为试验背景推出的。这一试验背景规定了应用捕获－再捕获模型必须遵守的三个原则：总体封闭原则；个体同质原则；独立性原则。可以证明，在符合这三个原则的条件下，上述估计量是鱼池中鱼的数目的无偏估计量。可以证明，在符合下列两个原则的条件下，双系统估计量是普查目标总体数目的无偏估计量。第一，人口普查与事后计数调查相互独立；第二，人口总体中的每个人被登记的概率相同。在实际工作中，通过对人口普查质量评估工作进行一系列的制度规定来满足第一个原则。然而，实际上很难做到。至于第二个原则，则通过对总体进行登记概率同质性分层来满足。具体来说，就是寻找适当的居住位置和人口统计特征作为分层变量。这些分层变量应当能够做到，把人口普查登记概率大致相同的人口放在同一个层，把登记概率不同的人口放在不同的层。

在等概率人口层 v 构造的最基本的双系统估计量为：

$$\widehat{DSE}_v = \widehat{CE}_v \times \frac{\widehat{N}_{pv}}{\widehat{M}_{pv}} \qquad (1.2)$$

式（1.2）中，$\widehat{CE}_v$ 为依据普查人口名单构造的等概率人口层的普查正确登记人数估计量，$\widehat{N}_{pv}$ 为依据事后计数调查人口名单构造的等概率人口层的总人数估计量，$\widehat{M}_{pv}$ 为依据事后计数调查人口名单构造的等概率人口层的与普查匹配的总人数估计量。匹配指某人同时登记在普查人口名单和事后计数调查人口名单。

由于人口调查要比从池塘里捕鱼复杂得多，所以上面所说的双系统估计量只是一个理论上的框架，用实际调查数据实现这个理论框架，中间需要解决许多具体的技术问题。其中的每个问题都会有若干种不同的解决对策。于是，这就存在一个最佳对策选择的问题。

然而，双系统估计量有一个严重缺陷，即要求人口普查与其事后计数调查相互独立。然而，大量事实表明，它们并不独立。因不独立而引起的交互作用偏差使双系统估计量的无偏性遭到破坏，使其估计的实际人数偏离真值。由于这个缺陷，双系统估计量一直遭到学者们的批评。寻找适当的人数估计量，弥补双系统估计量的这一缺陷，便成为人口普查质量评估领域的国际前沿问题。

2. 三系统估计量

截至 2021 年，所有国家在净覆盖误差估计中尚未使用三系统估计量，仍然使用存在交互作用偏差的双系统估计量。这样估计的净覆盖误差除了应该包括的人口普查登记误差之外，还包括实际人数估计量的系统性偏差。这将干扰党和政府以及有关科研机构对人口普查数据的使用。为了能放心地使用人口普查数据，固然首先要提高人口普查登记工作的质量，但也必须提高人口普查质量评估工作的质量。而对于后者，关键是构造高精度的估计实际人数的估计量。用三系统估计量取代双系统估计量是实现这一关键要求的一个重要举措。

在等概率人口层构造的三系统估计量为：

$$\widehat{TSE} = x_{111} + x_{112} + x_{121} + x_{122} + x_{211} + x_{221} + x_{212} + \hat{m}_{222} \quad (1.3)$$

式（1.3）中，x_{ijk} 表示等概率人口层的人口在普查、事后计数调查和人口行政记录登记的人数，$i=1,2$，$j=1,2$，$k=1,2$。$i=1$ 表示等概率人口层的人口在本次普查中登记，$i=2$ 表示等概率人口层的人口未在本次普查中登记。j，k 同样理解。$\hat{m}_{222}$ 表示等概率人口层的人口未在普查、事后计数调查和人口行政记录中的任何一个登记的期望人口数估计量。

如果普查、事后计数调查和人口行政记录两两相关，那么：

$$\hat{m}_{222} = \frac{x_{111} x_{122} x_{212} x_{221}}{x_{112} x_{121} x_{211}} \quad (1.4)$$

三系统估计量经历了四个研究阶段。

第一阶段，构造作为三系统估计量理论基础的三次捕获模型（Birch，1963；Fienberg，1972；胡桂华等，2020b）。为构造三次捕获模型，需要获得同一总体在三次全面捕获中各次捕到的个体数目、同时在两次捕获中捕到的个体数目、同时在三次捕获中捕到的个体数目。将这些数据填写在三维列联表中。该表由 8 个单元构成。其中一个单元的个体数目缺失，称其为缺失单元，其他 7 个单元的个体数目可以观察得到。列联表的个体总数目为 8 个单元的个体数目之和。由于缺失单元个体数目未知，所以总体的个体总数目也未知。三次捕获模型就是要估计总体中的个体总数目。显然，建立三次捕获模型的关键是要构造缺失单元估计量。这个估计量依据 7 个单元的已知个体数目估计。估计方法依据三次捕获之间的统计关系而定。统计关系不同，缺失单元的估计量也不同。三次捕获共有 8 种可能的统计关系（三次捕获之间两两独立，在给定第一次捕获的条件下第二次与第三次捕获独立，等等），相应就有 8 种缺失单元估计量，8 种三次捕获模型。为了判断既定数据下，三次捕获之间究竟属于何种统计关系，需要引入对数线性模型，用其拟合三维列联表 7 个个体数目已知单元的期望频数，求得其期望频数的最大似然估计量。采用 χ^2 统计量或对数似然比值 G^2（这两个检验统计量与 7 个单元的期望频数估计量及其观察值有关），检验对数线性模型对既定数据拟合的适当性，从中选择最适合既定数据拟合的对数线性模型。相应地，就判断出既定数据属于哪种统计关系，然后采用这种统计关系的三次捕获模型估计总体中的个体总数目。三次捕获模型也可以通过另外一种途径构造。那就是，把三次捕获中的两次捕获合并在一起，并且看作一次捕获。这样，三次捕获就变为两次捕获，根据两次捕获模型推出三次捕获模型公式。三次捕获模型在鱼和鸟类数目估计中有广泛的应用。经过动物专家、概率论学者多年努力，三次捕获模型逐步由动物总体移植到人类总体建立三系统估计量。在移植的初始阶段，直接把三次捕获模型当作三系统估计量，用对总体人口的三份全面登记资料及其匹配资料构造三系统估计量。这样的三系统估计量不符合人口普查质量评估的要求。人口普查事后计数调查实际得到的是样本普查小区的普查人口名单、事后计数调查人口名单及行政记录人口名单。将三次捕获模型移植到人类总体构造三系统估计量需要解决一系列问题。例如，人口移动问题、构成元素的抽样估计问题、对总体人口的等概率分层问题。

　　第二阶段，三系统估计量在特殊群体人数估计中的应用研究。美国学者依据报纸、调查和电话三个来源的数据，使用三系统估计量估计美国马萨诸塞州小城镇的志愿者机构数目（Bishop et al., 1975）；使用 1988 年试点人口普查及其事后计数调查和人口行政记录构造的三系统估计量估计美国 1988 年密苏里州圣路易斯市黑人成年男性数目，以及利用美国 1990 年人口普查及其事后计数调查和人口行政记录构造的三系统估计量估计北卡罗纳州和佛罗里达州的难以调查者数目（Zaslavsky，1993）。中国学者使用三系统估计量理论评估中国户籍登记系统的完整率（胡桂华、薛婷，2018）。在特殊群体人数估计中应用的成功，表明三系统估计量可以应用到整个人群，如全国、全国以下行政区总人口的数目估计。人口普查质量评估的对象是总人口，而不是特殊群体人口。

第三阶段，在人口普查质量评估领域应用的前期研究。这主要是借助已有的人口普查资料，辅以其他资料在小范围内进行用三系统估计量估计人数的试验。美国学者研究三份人口名单不同统计关系的三个系统对总体全面登记的三系统估计量，测算比对误差对三系统估计量的影响（Griffin，2014）。中国学者在人口普查质量评估领域率先提出三个系统对总体抽样登记的、人口移动的三系统估计量，使三系统估计量应用于人口普查净覆盖误差估计成为现实可能（胡桂华等，2017a）；提出加权优比排序法，用于选择总体人口等概率分层变量，满足三系统估计量的应用条件，改善净覆盖误差估计（胡桂华，2015）；根据目前国内外人口普查质量评估工作的理论研究进展和实际应用现状，有针对性地提出了三系统估计量，分别从三系统估计量的三个系统来源、估计量的构造、方差估计以及具体操作等多方面详述了三系统估计量的理论性质和实际应用；解决了人口普查中的登记概率不等、人口移动等难题（胡桂华、丁杨，2016）；通过实际案例，全面演示了三系统估计量及其抽样方差估计量的详细计算过程（胡桂华，2013）。

第四阶段，中国学者初步研究基于 Logistic 回归模型的三系统估计量（胡桂华等，2017a）。三系统估计量和双系统估计量一样，须在登记概率相同的同质人口总体中构造，为此，需要在抽取样本之后选择与登记概率具有较强统计相依关系的变量对样本进行抽样后分层。如果样本量过小，以致重要的分层变量也不得不舍弃，就引入 Logistic 回归模型对总体人口分层，构造基于 Logistic 回归模型的三系统估计量。相比基于对总体直接分层的三系统估计量，基于 Logistic 回归模型的三系统估计量要复杂许多，从目前概率论与数理统计技术能力来看，还难以构造出来。其难点主要表现在五个方面。其一，人口行政记录登记与人口普查及事后计数调查登记分别属于不同的社会管理范畴，因而影响人们参与它们登记的因素也会有很大的差别。这就意味着，随着行政记录人口名单的加入，与双系统估计量的时候相比，要增加一套新的抽样后分层变量。随之提出需要进行研究的问题：怎样选择这些变量，怎样把它们与原有的变量合在一起进行分层操作。其二，在三个系统非独立的情况下，如何设置事后计数调查与人口普查的匹配模型、人口行政记录系统与人口普查的匹配模型，以及这些模型的自变量。其三，在这些模型的自变量不完全相同的情况下，如何建立基于 Logistic 回归模型的三系统估计量。其四，怎样针对不同统计关系进行 Logistic 回归模型研究。其五，在三个系统的情况下，使用对数罚函数评判两个不同自变量方案的 Logistic 回归模型的预测功能工作量较大。

二　一些国家的人口普查净覆盖误差估计实践

（一）美国

1. 人口统计分析模型

使用人口统计分析模型估计净覆盖误差在美国已有半个多世纪的历史。它起源于美国学者撰写的一篇论文《1940 年人口普查漏报检查》（Price，1947）。在这篇论文中，美国学者使用义务兵役登记系统资料构造的人口统计分析模型，估计美国 1940 年人口普查净漏报率，结果发现，年轻男性在本次普查中漏报严重。

1950 年人口普查后，美国学者提出理论较为完备的人口统计分析模型，估计美国 1940 年和 1950 年的人口普查净覆盖误差率（Coale，1955）。1960 年，美国学者对不同年龄－性别组，使用不同形式的人口统计分析模型估计全国的人口普查净覆盖误差（Coale and Zelnick，1963）。1970 年，美国学者将人口统计分析模型应用到除非法移民之外的所有人口，发布未包括非法移民的人口普查净覆盖误差率，测试 1940 年、1950 年及 1964～1968 年出生登记系统的完整率，使用人口统计分析模型估计各州的人口普查净覆盖误差率，发布初始人口普查净覆盖误差率和修正后的人口普查净覆盖误差率（Siegel，1974）。1980 年，美国人口普查局对人口统计分析模型做了进一步改进，将非法移民纳入其中，使用新方法估计国际迁入人数和依据医疗保险登记数据库估计 65 岁及以上人数。1990 年，美国测算了人口统计分析模型净覆盖误差估计值的不确定性。2000年和2010年，国际迁入成为人口统计分析模型的重要构成部分，利用社区调查数据估计外国出生迁出人数，发布使用人口统计分析模型得到的5个全国人口以及不同年龄、男女及黑人和非黑人估计值、20岁以下西裔的人数估计值（Hogan et al.，2013）。2020年，美国人口普查局一方面使用双系统估计量估计净覆盖误差率，另一方面使用人口统计分析模型估计净覆盖误差率，并作为判断前者是否可靠的重要依据（U. S. Census Bureau，2020）。

美国在2000年使用以下人口统计分析模型估计2000年普查日实际人数（U. S. Census Bureau，2004）：

$$DA_{2000} = P_{0-64} + P_{65+}$$
$$= [(B_{1935-2000} - D_{1935-2000}) + (I_{1935-2000} - E_{1935-2000})] + [M + m] \quad (1.5)$$

式（1.5）中，P_{0-64}为估计的64岁及以下人数；P_{65+}为估计的65岁及以上人数；$B_{1935-2000}$为1935~2000年的累计出生人数，来源于美国全国健康统计系统。1985年之前，该系统出生人口登记的完整率在95%左右。1985年完整率几乎达到100%。自1985年起，美国把该系统登记的人数直接当作实际出生人数。$D_{1935-2000}$为1935~2000年的累计死亡人数，同样来源于美国全国健康统计系统。自1935年以来，1岁及以上人口死亡登记完整率接近100%，0岁婴儿死亡登记不足率为出生登记不足率的50%。自1960年以来，美国未对该系统死亡人口登记修正。这表明，该系统登记的死亡人数，可以直接作为死亡人数。$I_{1935-2000}$为1935~2000年在外国出生从其他国家迁入美国的人数，包括合法移民人数、临时移民人数、国外出生移民人数等6个部分。$E_{1935-2000}$为1935~2000年从美国迁移到其他国家的人数。M来源于美国医疗保险登记数据库。不过在从这个数据库获取数据之前，需要剔除其中的未居住在美国的人、在2000年未达到65岁的人、没有出生日期的人及在2000年4月1日前被宣布死亡的人。m为需要估计的未参加医疗保险的65岁及以上人数，包括推迟参加医疗保险的人数（根据医疗保险登记数据库中参加医疗保险的年龄信息来估计）及从不参加医疗保险的人数（依据当前美国人口抽样调查数据估计）。

人口统计分析模型在净覆盖误差估计中的优势主要体现在三个方面。首先，它适合0~4岁年龄组的人数估计。人口统计分析模型的不确定性主要来源于国际迁移部分，而 0~4 岁年龄组的国际迁移人数所占比例较小，受国际迁移误差的影响也较小。其次，它所估计的男女人数虽然存在误差，但这种误差对男女基本一样，因而依据它们计算的男女性别比率受其影响并不大。美国学者使用该比率构造不存在交互作用偏差的独立双系统估计量。最后，它能提供每年不同年龄、性别的人数。

人口统计分析模型也存在五个方面的局限性。第一，它只能提供人口普查净覆盖误差（率）估计值，而不能提供普查多报或漏报估计值，因为前者与后两者的估计方法不同。第二，它只能提供全国总人口、不同年龄、不同性别、主要种族（黑人和非黑人）的人数估计值，而难以提供精度高的各个地区的人数，以及亚裔、白人等的人数和小区域人数，这限制了它的使用范围。第三，迄今为止，学者们尚未开发出计算人口统计分析模型估计值与总体实际人数平均差异的计算公式，这不利于它在数据用户或科研人员中推广应用。第四，它与人口普查种族分类不一致。人口统计分析模型与人口普查都涉及孩子出生时的种族答复。如果出生的孩子在它们中给予不一致的答复，必然影响到它们之间的可比性。在美国 2000 年和 2010 年人口普查中，允许孩子提供一个以上种族的答复，而出生登记系统对出生的孩子没有这样的答复登记。不一致的种族答复虽然不影响人口统计分析模型估计的总体人数精度，但却影响各种族类别人数的准确性。在美国出生登记系统中，并未登记出生孩子的种族，登记的是孩子父母的种族。孩子在出生登记系统中登记的出生时的种族由其父母的种族决定。在 1989 年以前，依据"少数族裔认定规则"赋予孩子出生时的种族。该规则是指，如果父母中有一人是白人，就以少数民族父母的种族作为孩子出生时的种族。如果父母都不是白人，就按照父亲的种族认定孩子出生时的种族。如果父母至少之一是夏威夷人，就认定孩子为夏威夷人。1989 年，采用"母亲认定规则"，即以母亲的种族作为孩子出生时的种族。与之类似，还有"父亲认定规则"，即以父亲的种族作为孩子出生时的种族。1970 年、1980 年和 1990 年异族家庭普查汇总表，使得决定三种出生种族认定规则哪一种与孩子在人口普查中给出的种族答复更加接近成为可能。基于异族家庭普查汇总表的分析，"父亲认定规则"相对来说较"匹配"孩子在普查中的种族答复，即接近于孩子在人口普查中给出的种族。在 2020 年人口普查中，美国在普查表中引入公民身份调查项目，也将影响到普查与人口统计分析模型分类的不一致性。第五，它未利用本次人口普查辅助信息，违背了统计估计应该尽可能利用相关辅助信息的原则。

2. 双系统估计量

1940 年，美国开始在人口普查净覆盖误差估计中使用双系统估计量。1980 年，美国在人口普查后的质量评估工作中正式大规模应用双系统估计量。美国在双系统估计量应用方面做了开拓性工作，取得了一些重要进展（U. S. Census Bureau，2004）。

第一，提出若干重要概念。①E 名单和 P 名单。E 名单由普查日的数据定义人口构成，估计普查错误计数人数。P 名单由事后计数调查时的人口组成，估计普查遗漏。这两个样本结合在一起构造双系统估计量估计总体实际人数。②普查数据定义人口。这个定义的对象是普查目标总体的所有人口，如果普查表登记了某人全部普查项目（年龄、性别、与户主关系、婚姻、文化程度等）中的任意二个或以上，那么这个人就是普查数据定义人口。不符合这个标准的就是普查数据未定义人口。③不足普查信息人口。这些人在普查表中登记的信息量很少，包括数据未定义人口及所有特征估算人口。④足够比对信息人口。这意味着无论是 E 名单还是 P 名单中的个人记录，都包括足够的信息量（最重要的信息是姓名），满足精确比对及后续调查对信息的需要，缺少这些信息的人口记录，从比对、数据处理及估计中剔除。为了获得 E 名单，从抽样框中剔除普查数据未定义人口及特征全部估算的普查记录，抽取普查数据定义人口，检查姓名和其他信息。不足普查信息人口不同于不足比对信息人口，前者未包括在 E 名单中，后者则包括 E 名单中。⑤搜索区域。为提高双系统估计量 P 名单的匹配率及 E 名单的普查正确登记率，将 E 名单和 P 名单的比对范围由本样本普查小区扩大到其周围邻近区域，以找到更多的匹配人口和普查正确登记人口。

第二，怎样处理人口移动（胡桂华，2010；U. S. Census Bureau，2004）。建立双系统估计量要考虑到普查日与事后计数调查日之间的人口移动。美国人口普查局提出了三种处理人口移动的方法。这三种方法分别被称为 A 方法、B 方法和 C 方法。

A 方法有三个要点。一是重新构造样本普查小区在普查日的人口名单，并视为事后计数调查人口名单，由答复者确认名单上的每个人普查日是否居住在本样本普查小区。二是比对这份人口名单与本样本普查小区普查表中的人口，如果在普查表中找到了同样的人，就作为匹配向外移动者。三是能够获得无移动者和向外移动者数目及其匹配率。

B方法有三个要点。一是确认事后计数调查日居住在本样本普查小区的全部人口是否实际存在，由答复者提供这些人的普查日地址。二是比对确认这些人与相应的无移动者和向内移动者的普查日地址。三是获得无移动者和向内移动者的数目及其匹配率。

C方法有四个要点。一是确认所有在事后计数调查日和普查日居住在本样本普查小区的人口是否实际存在。二是只比对样本普查小区的无移动者和向外移动者。三是能够获得无移动者、向内移动者和向外移动者数目，以及无移动者和向外移动者的匹配率。四是无移动者和向内移动者数目来自B方法，向外移动者数目和匹配数目来源于A方法。因此，C方法是A方法和B方法的组合。

美国人口普查局1990年使用B方法，发现向内移动者悬而未决的匹配率很高，大约为13%，于是决定2000年不再使用B方法。在1995年和1996年普查测试中，使用A方法。美国人口普查局认为，向外移动者比向内移动者的匹配率更准确，尤其是对于无答复抽样这部分。对于向外移动者，调查员试图从邻居或新的居住者那里获得其姓名、地址和其他能够用来比对的数据。使用收集到的向外移动者数据，采取与无移动者同样的方法进行比对，以获得其匹配人口数。在1995年普查测试中发现，跟踪向外移动者很困难，难以找到他们。于是在2000年不再跟踪向外移动者，转而由其邻居或其他熟悉情况者代替答复。

在2000年普查试点调查中测试了C方法，并且应用于2000年事后计数调查。C方法的优势是，使用向内移动者数目作为移动者数目，这是可靠的数据，因为它来自向内移动者本身。使用向外移动者匹配率估计移动者匹配率，以避免比对向内移动者出现的困难。虽然跟踪向外移动者是一个问题，但在许多情况下，它一定是使用替代者数据来比对向外移动者。2000年未跟踪向外移动者。用向外移动者匹配率替代向内移动者匹配率是为了避免后者悬而未决的匹配率。这意味着用向外移动者匹配率计算的向内移动者匹配人口数，不同于向内移动者的匹配人口数，因为这两个匹配率是不同的。

第三，怎样为调查状态悬而未决者在双系统估计量中计数。双系统估计量需要三个计数——CE，N_p，M_p。关于第一个计数：如果普查登记名单中的一个登记是正确登记（一个应该进行普查登记的人所进行的登记），那么它应该以变量值 1 参加 CE 的计数；如果这个登记是错误登记（对一个虚构的人的登记或是一个重复登记），那么它应该以变量值 0 参加 CE 的计数；如果一个登记所提供的个人信息不完整，我们无法判断这个登记究竟是正确的还是错误的，则称这是一个悬而未决的登记，它应该以一个 0 与 1 之间的数值（这个登记"属于普查中正确登记"的概率）参加 CE 的计数。这里需要回答的是，怎样确定这个计数值呢？关于第二个计数：如果事后计数调查登记名单中的一个登记是一个普查日的居民，那么它应该以变量值 1 参加 N_p 的计数；如果这个登记不是一个普查日的居民，那么它应该以变量值 0 参加 N_p 的计数；如果一个登记所提供的个人信息不完整，我们无法判断这个登记究竟是不是普查日的居民，则称这是一个悬而未决的登记，它应该以一个 0 与 1 之间的数值（这个登记"是普查日居民"的概率）参加 N_p 的计数。这里需要回答的是，怎样确定这个计数值呢？关于第三个计数：如果事后计数调查登记名单中的一个登记能够与普查登记名单匹配，那么它应该以变量值 1 参加 M_p 的计数；如果这个登记不能与普查登记名单匹配，那么它应该以变量值 0 参加 M_p 的计数；如果一个登记所提供的个人信息不完整，我们无法判断这个登记究竟能不能与普查登记名单匹配，则称这是一个悬而未决的登记，它应该以一个 0 与 1 之间的数值（这个登记"与普查登记名单匹配"的概率）参加 M_p 的计数。这里需要回答的是，怎样确定这个计数值呢？对上面提出的确定三种悬而未决状态计数值的需求，美国 1990 年方案设计了 Logistic 回归模型策略。也就是说，分别构建以悬而未决者所做登记"属于普查中正确登记"的概率、"是普查日居民"的概率、"与普查登记名单匹配"的概率三种概率的 Logistic 变换为因变量的 Logistic 回归模型，用悬而未决者的模型预测值在双系统估计量中为其计数。由于这个方法难以理解、不便操作，在学术界引起不小的争议，而且，进一步实验研究的数据表明，为悬而未决者计算精确的概率对双系统估计量精确性的贡献其实并不大。因此，美国 2000 年方案放弃了 Logistic 回归模型策略，而改为使用较简单的估算单元平均数替代策略。它的操作方法，以估算一个悬而未决的普查登记"属于普查中正确登记"

的概率为例,这时要先看该登记提供了人口统计特征哪些项目的信息,然后以这些人口统计特征为分组变量对调查小区中的人口(无移动者和向外移动者)分组,把变量水平与该悬而未决者相同的那个组作为估算单元,在该估算单元中计算"在普查中是否正确登记"的状态已经确定的那些人的 CE 计数值(1 或 0)的加权算术平均数,以这个结果作为该悬而未决者参加 CE 计数的计数值。其他两种概率的估算方法与此类同。

第四,测算双系统估计量交互作用偏差(孟杰,2019)。研究表明,利用人口普查及其事后计数调查两套样本资料构造的基于捕获-再捕获模型的双系统估计量存在交互作用偏差。在人口普查质量评估工作中,迄今只有美国人口普查局和少数学者测算了双系统估计量的交互作用偏差,并修正了存在交互作用偏差的双系统估计值。其他国家包括我国的政府统计部门则尚未开展这一工作。交互作用偏差被定义为依据"完美数据"获得的人数估计值与将"实际数据"代入双系统估计量所获得的人数估计值之差。所谓"完美数据"是指没有抽样误差和非抽样误差的数据。"完美数据"在现实中是很难找到的。我们能够得到的是接近完美的数据。双系统估计量交互作用偏差源于人口普查与其事后计数调查独立性假设失败。将现实中的非独立数据代入双系统估计量计算的双系统估计值必然存在交互作用偏差。违背独立性体现在两个方面。一是因果相关性,即在人口普查中登记的人比没有在人口普查中登记的人有更大或更小的机会在事后计数调查中登记。二是登记概率的异质性,即在同一事后层的人在人口普查中的登记概率存在差异。从第一个方面来看,如果它存在,那么因果相关性带来的结果具有不确定性。在人口普查中登记的人更可能意识到普查的重要性,因而比未参加人口普查的人更愿意参加事后计数调查,结果导致双系统估计量负的交互作用偏差(低估实际人数)。也可能是,在人口普查中登记的人,认为已经回答了普查问题,因此比起那些未在人口普查中登记的人更不愿意参加事后计数调查,导致双系统估计量正的交互作用偏差(高估实际人数)。因此,因果相关性可能导致双系统估计量正偏差也可能导致负偏差。实际工作中,很难说因果相关性两种情况中的哪一种更可能发生。然而,进一步的相关研究成果表明,因果相关性引起的正负交互作用偏差有相互抵消的趋势。从第二个方面来说,如果异质性存在,那么事后层中在人口普查中登记的人也很可能在事后计数调查中登记,或者在人口普查中未登记的人也可能未在事后计数调查中登记。由登记概率异质性引起的交互作用偏差为负,使双系统估计量系统性地低估实际人数。在交互作用偏差研究中,通常关注的是由登记概率异质性引起的双系统估计量低估实际人数的交互作用偏差。自 1990 年起,美国人口普查局开始研究交互作用偏差。其研究方法主要有三种。一是通过比较人口统计分析模型和双系统估计量估计的性别比率来判断和计算交互作用偏差。这种方法的依据是,人口统计分析模型比双系统估计量提供的性别比率精度高。最先提出这个方法的是美国人口普查局统计科学研究所的 Bell,因此该方法被称为 Bell 模型。该模型的一个显著特征是把研究域内的人口分为两组(黑人和非黑人)。其优势是实施便利,劣势是假设"0~17 岁孩子及成年女性的双系统估计值不存在交互作用偏差"可能不成立。二是把双系统估计量与人口统计分析模型估计的人口总数之差当作交互作用偏差。如果差值为零,就认为双系统估计量不存在交互作用偏差,反之存在。这种方法的优势是,人口统计分析模型独立于人口普查,能够对双系统估计量做出独立客观评价,而且构造人口统计分析模型的出生、死亡数据质量高。这种方法的劣势是,用于构造人口统计分析模型的国际迁入和迁出人数需要估计,而估计具有不确定性,这无疑影响人口统计分析模型估计的人数精度。此外,人口统计分析模型只能提供全国及主要种族类别(黑人与非黑人)的人数估计值。三是把双系统估计量与三系统估计量估计的人数之差当作双系统估计量的交互作用偏差。这里的三系统估计量是指由人口普查、人口普查的事后计数调查以及人口行政记录系统资料构造的人数估计量。美国人口普查局曾经在小范围内应用过三系统估计量,结果发现三系统估计量能够提供比双系统估计量精度更高的人数估计值,并测算了后者的交互作用偏差。由于只是在一定范围内使用三系统估计量,所以其效果还有待于在更大范围内检验。正是由于这个原因,美国迄今还未将三系统估计量正式应用于人口普查质量评估及双系统估计量交互作用偏差测算。从以上三种测算交互作用偏差的方法来看,Bell 模型更适合于交互作用偏差测算。美国在 1990 年、2000 年和 2010 年均是使用 Bell 模型。1990 年测试结果表明,黑人成年男性的交互作用偏差很严重,而非黑人成年男性的交互作用偏差相对较小,无证据表明孩子和成年女性存在交互作用偏差。2000 年测算结果表明,黑人成年男性交互作用偏差显著,而非黑人 30~49

岁和50岁及以上人口的交互作用偏差并不明显，18~29岁非黑人的交互作用偏差为零。2010年测试结果与1990年和2000年基本一致。有必要提及的是，美国在1990年只是测算了交互作用偏差，但并未根据它修正双系统估计量估计的人数，而2000年和2010年不只是测算了交互作用偏差，而且根据它们修正了双系统人数估计值。

第五，构造Logistic回归模型的双系统估计量（胡桂华、武洁，2015）。双系统估计量要求在人口普查登记概率大致相等的同质人口总体中构造。但是，总体中不同的人会有不同的登记概率。这就要求用反映人口登记概率的变量对总体分层，把登记概率大致相同的人放在同一层。很显然，分层变量越多，得到的交叉层也越多，在样本量一定时，有的交叉层分配的人数就会很少，从而造成构造双系统估计量的困难。为解决这个困难，美国学者引入Logistic回归模型构造双系统估计量。其构建了两个Logistic回归模型。一个以普查登记者正确登记概率的Logistic变换为因变量，另一个以事后计数调查登记与人口普查登记匹配概率的Logistic变换为因变量，两个模型都以对登记概率有影响的各种人口统计特征为自变量。其定义进行普查登记的每个人在上述两个模型的模型预测值的比率之和为目标总体人数的估计量，并且证实在使用与模型自变量相同的变量对人口总体分层的条件下，这个估计量与分层总体各层的双系统估计量之和相等。上面讲的是认定了若干个人口统计特征自变量来构建Logistic回归模型的情况。对此，很可能会提出增加一些自变量、减少一些自变量、更换一些自变量等各种不同的方案。这就引出了对不同方案下的Logistic回归模型进行选择的任务。在美国学者研究的基础上，中国学者从理论路径和实际路径两个方面详细解读了基于Logistic回归模型的双系统估计量，交代了其背后隐藏的背景信息，弥补了只有公式而没有理论论证的缺陷。

$$\widetilde{DSE} = \sum_{j \in C} \hat{\pi}_{dd(j)} \frac{\hat{\pi}_{ce(j)}}{\hat{\pi}_{m(j)}} CB_j \quad (1.6)$$

式（1.6）中，j为在普查中登记的人，C为在普查中登记的人的集合，$\pi_{dd(j)}$，$\pi_{ce(j)}$，$\pi_{m(j)}$分别表示预测的j人成为数据定义人口、普查正确登记人口和匹配人口的概率，使用Logistic回归模型估计，CB_j为交互作用偏差修正因子，使用美国人口普查局人口统计分析方案设计的按照种族划分的性别比率来估计，该因子未包括群体住处人口和遥远的阿拉斯加州人口。

笔者认为，基于 Logistic 回归模型的双系统估计量尚不成熟，不具备投入使用的条件。理由之一：难以对样本中每人的两个概率进行真实的估计。为了估计普查正确计数概率回归模型和与普查登记匹配概率回归模型的参数，需要先获得样本中每人这两个概率的估计值。按理说，每个 j 人的这种估计值应当这样得到，即用回归模型所有自变量做分层变量对样本中的人口进行抽样后分层，在 j 人所在的层内计算相应的频率，用它作为概率的估计值。然而，事实上无法进行这样的分层（假如能够这样分层，那就可以直接在各层构造双系统估计量，而不必再大费周折地建立 Logistic 回归模型）。为解决这个问题，用普查中编制的住房单元地址目录与事后计数调查中编制的住房单元地址目录进行匹配性比对的 7 种结果将样本中的人口划分成 7 个"集区"，在 j 人所在的"集区"中计算所需要的频率。显然，划分"集区"时仅使用了住房单元名单匹配情况一个分层变量，这与用回归模型所有自变量分层的要求相去甚远，因此用"集区"对 j 人两个概率所做的估计难免失真。理由之二：缺乏进行变量筛选的合适工具。文献给出的对数罚函数可以用来评判比较两个采用不同的自变量设置方案的 Logistic 回归模型的预测功能，固然可以用这个工具进行变量筛选，但这只能通过回归模型两两比较来进行，工作量显然太大。

第六，双系统估计量的比对误差测算（胡桂华等，2017b）。在比对误差研究方面，美国走在了世界前列。美国人口普查局有专门的科研人员从事比对误差研究。人口普查质量评估包括比对工作环节。在这一环节，比对程序设计上的缺陷，或在实际中未严格执行既定的设计，或比对人员的比对技能未能达到比对工作的要求，均可能引起比对误差。美国人口普查局测算了 1990 年、2000 年和 2010 年的比对误差。办法是：以街区群为抽样单位，从事后计数调查样本中抽取子样本，如从 2000 年人口普查事后计数调查样本 11303 个街区群中抽取 2260 个街区群；再次比对（可称为评估比对）样本街区群的事后计数调查人口名单和普查人口名单；比较评估比对结果与原始比对结果，把两次比对结果的差异作为比对误差，如某人在原始比对结果中，被当作事后计数调查的匹配人口，但在评估比对结果中，被当作未匹配者。美国在发布人口普查质量评估总结报告时，还一并提交了比对误差内部报告。测算比对误差对双系统估计量影响的公式是，依据评估比对结果构造的双系统估计量与原始比对结果的双系统估计量之差。2000 年，美国测算了 16 个等概率人口层原始比对和评估比对的匹配概率和普查正确登记概率，以及普查正确登记概率与匹配概率的比率，在此基础上，计算了原始比对和评估比对的双系统估计值。结果表明，除 1 个等概率人口层外，其他等概率人口层的双系统估计值均是原始比对大于评估比对。高估的原因是，原始比对的普查正确登记概率与匹配概率的比率高于评估比对。这一方面表明原始比对程序引起的比对误差使双系统估计量高估总体实际人数及人口普查净覆盖误差。如果采用评估比对程序，这一状况将会改善。另一方面说明政府统计部门在人口普查质量评估工作中除了关注抽样设计、数据采集和双系统估计量及其基于分层刀切方差估计量构造工作外，还要特别注意比对程序的设计及确保该程序得到有效执行的质量控制系统的建立，否则比对误差将成为影响人口普查净覆盖误差的潜在误差来源。汇总 16 个等概率人口层的双系统估计值，得到全国的双系统估计值。其中，原始比对的双系统估计值为 275762677 人，而评估比对的双系统估计值为 275278739 人。原始比对使美国 2000 年双系统估计值高估 483938 人，即比对误差使得双系统估计量高估总体实际人数 483938 人。

第七，构造方案Ⅱ的双系统估计量（胡桂华，2018）。美国 2000 年人口普查质量评估方案分为方案Ⅰ和方案Ⅱ。方案Ⅰ的双系统估计量是依据第一次事后计数调查抽取的 11303 个样本街区群构造的，其构成要素包括等概率人口层的普查登记人数，直到事后计数调查时尚未送到人口普查数据处理中心的普查登记人数，不足比对信息的普查登记人数，普查正确登记人数，移动人口的人数及其匹配人数。方案Ⅰ的双系统估计量估计的总体实际人数与人口统计分析模型和其他独立来源提供的人数有比较大的差异。这种差异源于双系统估计量的构成部分（普查登记人数及普查正确登记人数）内含大量的普查错误计数误差及错误分类事后计数调查中的人口。为构造优良的双系统估计量，美国人口普查局组织了第二次事后计数调查（方案Ⅱ）。在第二次事后计数调查中，以街区群为抽样单位，从第一次事后计数调查样本 11303 个街区群中抽取 7000 个街区群，约 700000 人。为区别于 11303 个街区群中的 E 名单

（样本调查小区的普查人口登记名单）和 P 名单（同一样本调查小区的事后计数调查人口登记名单），把 7000 个街区群中的人口登记名单称为完全 E 名单和完全 P 名单。为了评估第二次质量，美国人口普查局组织第三次事后计数调查，开展比对误差研究和后续调查研究。在比对误差研究中，从 11303 个街区群中以街区群为抽样单位抽取 2259 个街区群，约 170000 人，相应的人口登记名单被称为修订 E 名单和修订 P 名单，各为 170000 人。在后续调查研究中，同样从 11303 个街区群中以街区群为抽样单位抽取 2259 个街区群，但修订 E 名单和修订 P 名单分别包括 77000 人和 61000 人。方案 II 的双系统估计量依据第二次和第三次事后计数调查结果构造，构成要素包括无重复的普查正确登记人数和有重复的普查正确登记人数，双重抽样比率因子，无重复和有重复的移动者、无移动者的人数及其匹配人数，个人匹配概率和个人为居民的概率，等等。这里的重复是指样本调查小区的某个人与事后计数调查样本搜索区域之外的某个人是同一人，也就是说，同一人在不同地址登记，至于哪个地址上的登记是正确登记还有待于进一步确认。重复登记人口可能是 E 名单中的人口，也可能是 P 名单中的人口及其与普查的匹配人口。与方案 I 的双系统估计量不同的是，方案 II 的双系统估计量不再设置统一的等概率人口层，而是针对 E 名单和 P 名单分别设置等概率人口层，将其样本人口在比对操作工作结束后划分到相应的等概率人口层。那么，方案 II 对完全 E 名单和完全 P 名单设置不同的等概率人口层是基于什么考虑呢？这源于影响人们在人口普查或事后计数调查中登记概率的变量不一样。美国人口普查局在制订方案 II 时，认为影响人们在人口普查中登记概率的人口统计特征变量为是否替代答复、种族/西裔、家庭成员关系、家庭规模、普查表回收方式（邮寄返回和其他返回）、普查表返回日期（早还是迟）、年龄和性别，而影响人们在事后计数调查中登记概率的人口统计特征变量是种族/西裔、房屋所有权、大都市统计区域规模、普查计数区域类型、普查表回收率（高和低）、地理位置、年龄和性别。等概率人口层是根据人口统计特征变量及其居住位置变量来设置的，这两类变量不同，自然应该设置与其相适应的等概率人口层。相比方案 I 的双系统估计量，方案 II 的双系统估计量十分复杂，其复杂性体现在普查正确登记概率及事后计数调查匹配概率的计算上。迄今只有美国人口普查局构造了如此复杂的双系统估计量。理论上看，方案Ⅱ的双系统估计量是最完美的，但实际操作起来有很大困难。鉴于此，美国在 2010 年人口普查质量评估中并未使用它，在 2020 年人口普查质量评估中，美国人口普查局也不打算使用，而是计划使用三系统估计量。当然，方案Ⅱ的研究为以后构造理论完备的三系统估计量奠定了基础。

经过多年不断的探索、研究和改进，到 2020 年，双系统估计量在人口普查净覆盖误差估计中的应用已经达到了成熟的水平。但是，这一估计量存在的一些固有的缺陷（交互作用偏差）吸引着学者们锲而不舍地进行新的探索。

3. 合成双系统估计量

美国除估计全国净覆盖误差外，还使用合成双系统估计量估计小区域净覆盖误差。美国人口普查局在 2000 年、2010 年和 2020 年人口普查质量评估中，使用或拟使用合成双系统估计量提供下列数据（U. S. Census Bureau，2004；U. S. Census Bureau，2020）：所有人和 18 周岁以上者的人数估计值；按照种族分类的西裔的人数估计值；按照种族分类的非西裔的人数估计值；亚裔的总人数及 18 周岁以上者的人数估计值；50 个州和哥伦比亚特区，以及县、城市、街区、国会行政区等小区域的人数估计值。将这些人数估计值减去普查登记人数，得到小区域净覆盖误差。

迄今只有美国人口普查局使用合成双系统估计量估计州及比州小的小区域人数和净覆盖误差。研究表明，合成双系统估计量除了内含比较偏差和数据采集偏差外，还存在由普查与事后计数调查不独立引起的交互作用偏差。该偏差使得合成双系统估计量低估或高估小区域的实际人数。合成双系统估计量依据小区域内部各个地区的普查覆盖修正因子及其普查登记人数构造。每个等概率人口层的覆盖修正因子为该层的全国双系统估计量与其全国普查登记人数之比。

为弥补合成双系统估计量的不足，可以考虑测算其合成偏差。该偏差主要来源于等概率人口层人口普查登记概率异质性引起的交互作用偏差，以及小区域本身的估计偏差。对第一种偏差，增加分层变量，使层内人口同质性增强，异质性下降，计算分层前后同一等概率人口层实际人数估计值的差异。对第二种偏差，把小区域合成估计的人数与通过其他独立来源得到的小区域实际人数之差作为合成偏差。

(二) 瑞士

瑞士 2000 年使用双系统估计量估计全国实际人数及净覆盖误差率（Renaud, 2007）。双系统估计量在等概率人口层 v 使用。假设将总体人口分在 V 个等概率人口层，用 Ω 表示等概率人口层的集合，$\Omega = \{1, 2, 3, \cdots, V\}$。估计总体人数的双系统估计量 $\widehat{DSE}_T$ 为：

$$\widehat{DSE}_T = \sum_{v=1}^{V} \widehat{DSE}_v \tag{1.7}$$

$$\widehat{DSE}_v = C_v \left[\frac{\widehat{CE}_v}{\widehat{N}_{e,v}}\right]\left[\frac{\widehat{M}_v}{\widehat{N}_{p,v}}\right]^{-1} = C_v \frac{\hat{R}_{ce,v}}{\hat{R}_{m,v}} = C_v \widehat{CCF}_v \tag{1.8}$$

C_v 为等概率人口层 v 的普查人数；$\widehat{N}_{e,v}$ 为依据样本小区普查人口名单构造的估计等概率人口层 v 人口总数的估计量；$\widehat{CE}_v$ 为依据样本小区普查人口名单构造的估计等概率人口层 v 在普查中正确登记的人口总数的估计量；$\widehat{N}_{p,v}$ 为依据样本小区事后计数调查人口名单构造的估计等概率人口层 v 人口总数的估计量；$\widehat{M}_v$ 为依据样本小区事后计数调查人口名单构造的估计等概率人口层 v 与普查匹配的人口总数估计量；$\hat{R}_{ce,v} = \widehat{CE}_v / \widehat{N}_{p,v}$ 为等概率人口层 v 的普查正确登记率；$\hat{R}_{m,v} = \widehat{M}_v / \widehat{N}_{p,v}$ 为等概率人口层 v 与普查的匹配概率；$\widehat{CCF}_v = \hat{R}_{ce,v} / \hat{R}_{m,v}$ 为等概率人口层 v 的普查覆盖修正因子。

(三) 英国

从行政区划来看，英国全国划分为英格兰、威尔士、苏格兰和北爱尔兰四部分（冯乃林等，2012），各自再分为若干郡（或区）和市。此外还有一些英属海外领地。从事后计数调查角度来划分，英国由设计地区组成。设计地区由行政区或邻近的一组行政区构成。如果行政区人口规模在 50 万人以上，就单独作为一个设计地区，反之就与邻近的一组行政区组合为一个设计地区。在英国，很少有人口规模达到 50 万人的行政区。行政区由 5 个抽样层组成。抽样层由输出地区组成，每个输出地区人口在人口普查中有大致相同的登记概率。输出地区由邮政编码组成。邮政编码由家庭户构成。邮政编码分为样本邮政编码和非样本邮政编码。对抽取的每个样本邮政编码，为了更好地满足双系统估计量的同质性要求，对其中的每个人按年龄/性别又进一步分为 24 组。具体办法是，先按年龄分为 12 组：0~4 岁；5~9 岁；10~14 岁；15~19 岁；20~24 岁；25~29 岁；30~34 岁；35~39 岁；40~44 岁；45~79 岁；80~84 岁；85 岁及以上。在每个年龄组再按性别（男，女）分为 2 组。总共分为 24 组。

2011 年，英国使用双系统估计量估计全国实际人数。双系统估计量基于四个假设：普查和事后计数调查独立；总体封闭，即在普查和事后计数调查期间不会有家庭或个人增加或减少；每个人在普查中有同样的登记概率，在事后计数调查中也有同样的登记概率，不要求这两个登记概率相同；无比对误差。其估计全国实际人数的基本思路是：首先估计每个行政区的实际人数，然后汇总所有行政区的实际人数，得到每个设计地区的实际人数，汇总所有设计地区的实际人数，得到全国实际人数。

显然，全国实际人数估计的关键是每个行政区的实际人数的估计。这分五个步骤展开。第一步，使用双系统估计量估计第 k 抽样层第 i 样本邮政编码第 j 组的实际人数，记为 $\widehat{DSE}_{kij}$。

第二步，计算第 k 抽样层样本邮政编码第 j 组的覆盖修正因子，它的计算公式为：

$$CCF_{kj} = \left(\sum_{i=1}^{n} \widehat{DSE}_{kij} \Big/ \sum_{i=1}^{n} CEN_{kij} \right) \tag{1.9}$$

n 为邮政编码样本数，CEN 表示普查人数。

第三步，计算第 k 抽样层第 j 组的实际人数：

$$\widehat{DSE}_{kj} = CCF_{kj} \times \sum_{i=1}^{N} CEN_{kij} \tag{1.10}$$

N 为第 k 抽样层的邮政编码总数目。

第四步，计算第 k 抽样层实际人数：

$$\widehat{DSE}_{k} = \sum_{j=1}^{24} \widehat{DSE}_{kj} \tag{1.11}$$

第五步，计算行政区 D 实际人数：

$$\widehat{DSE}_{D} = \sum_{k=1}^{5} \widehat{DSE}_{k} \tag{1.12}$$

在使用双系统估计量估计全国实际人数之后，英国将其减去全国普查登记人数，得到估计的全国人口普查净覆盖误差。进一步，将其除以估计的全国实际人数，得到全国净覆盖误差率估计值。

英国也使用人口统计分析模型估计全国总人数和主要类别人口的实际人数及其净覆盖误差。

（四） 新西兰

新西兰自 1996 年起，每 5 年进行一次人口普查。2018 年的人口普查是最近的第五次全国人口普查。每次人口普查登记工作结束后，新西兰采用事后计数调查估计全国人口普查净覆盖误差。2006 年使用比率估计量估计全国实际人数。估计公式如下：

$$X = \frac{x}{y} Y + S \qquad (1.13)$$

x 为应该在本次普查中登记的事后计数调查人数估计值，y 为实际上在本次普查中登记的事后计数调查人数估计值，Y 为私人住宅的普查人数，S 为估算的整个私人住宅普查人数。

2018 年，新西兰使用事后计数调查人数估计量估计全国实际人数（Stats NZ, 2020），其计算公式为：

$$\widehat{PES} = C_{elig} \times \widehat{R} + C_{late} + C_{NPD} \qquad (1.14)$$

C_{elig} 为普查项目填写完整且填写正确的普查人数（剔除监狱和国防部门的普查人数），普查日晚上居住在新西兰的私人和非私人住宅的居民在规定时间内返回普查表，R 为依据普查多报与漏报模型计算的覆盖修正比率（普查净覆盖误差率），C_{late} 为后期加入的高质量普查人数，C_{NPD} 为监狱和国防部门的普查人数。

普查净覆盖误差及净遗漏率或净多报率估计量分别为：

$$\widehat{NU} = \widehat{PES} - C \qquad (1.15)$$

$$\widehat{NUR} = \frac{\widehat{NU}}{\widehat{PES}} \qquad (1.16)$$

事后计数调查估计值覆盖率为：

$$\widehat{PESCC} = \frac{C}{\widehat{PES}} \qquad (1.17)$$

C 为常住居民普查人数。

2018 年，新西兰也使用双系统估计量估计全国实际人数。与传统双系统估计量不同的是，其不是直接依据样本构造双系统估计量，而是引入普查个人多报率 $\widehat{p_{ocov}}(x,t)$ 和普查个人漏报率 $\widehat{p_{ucov}}(x,t)$，以调整普查人数，继而得到双系统估计量 $N(x,t)$。新西兰也是在等概率人口层构造和使用双系统估计量。用来对总体人口等概率分层的变量包括地区变量，用 t 表示，以及人口统计特征变量，用 x 表示。

新西兰使用的双系统估计量 $N(x,t)$ 的公式为：

$$N(x,t) = R(x,t) \times N_C(x,t) = R(x,t) \times [n_{11}(x,t) + n_{01}(x,t)] \tag{1.18}$$

$n_{11}(x,t)$ 为同时在普查与事后计数调查中登记的样本人数，$n_{01}(x,t)$ 为在普查中但不在事后计数调查中登记的样本人数，$N_C(x,t)$ 为在普查中登记的样本人数。

$$R(x,t) = \frac{1 - \widehat{p_{ocov}}(x,t)}{1 - \widehat{p_{ucov}}(x,t)} \tag{1.19}$$

$$\widehat{p_{ucov}}(x,t) = \frac{n_{10}(x,t)}{n_{11}(x,t) + n_{10}(x,t)} \tag{1.20}$$

$n_{10}(x,t)$ 为不在普查中但在事后计数调查中登记的样本人数。

（五）加拿大

加拿大每隔 5 年进行一次全国人口普查（Statistics Canada，2019）。2016 年的人口普查是最近的一次人口普查。2021 年也将进行人口普查。加拿大统计局使用两种方法估计人口普查净覆盖误差。一是采用逆记录检查估计的总漏报人数与使用过涵盖调查估计的总普查重报人数之差作为净覆盖误差。二是使用人口统计分析模型估计总体实际人数及人口普查净覆盖误差。

自 1961 年的人口普查起，加拿大每次普查后都组织逆记录检查。逆记录检查抽样框由上次普查人口、上次漏报人口、上次到本次普查出生及迁入人口组成。样本由人构成。对每个样本个人，在本次全国普查微观数据库搜索，寻找与其相同的人。如果找到，就称该样本个人为匹配人口，否则称为未匹配人口，即漏报人口。逆记录检查估计量为样本个人与抽样权数的线性估计量。其优势是，与本次普查独立，避免了因这两项调查不独立引起的交互作用偏差而低估或高估漏报的问题；其劣势是，自上次普查之后，样本个人可能已经离开原来居住的地方，或者死亡、更改了姓名，找到他们有困难，难以判断这些人是在本次普查中登记还是漏报，或不属于应该在本次普查中登记的人。这增加了逆记录检查实施的难度和错误判断样本个人在普查中登记情况的风险。

过涵盖调查也属于抽样调查。样本从本次普查微观数据库中以个人为抽样单位抽取。为提高样本代表性，抽样之前，按照年龄、性别和婚姻状况对本次普查微观数据库人口分层。在每层，采取简单随机抽样或等距抽样方式独立抽取样本。每个样本个人有一个设计权数。如果样本不存在无答复，样本个人设计权数就是最终个人抽样权数。如果样本存在无答复，就根据答复率修正设计权数。对每个样本个人，详细审查是否为重复个人。依据样本重复个人及其最终个人抽样权数估计全国总重复人数。

（六）中国

自 1982 年起，中国开始正式的人口普查质量评估（冯乃林等，2012）。2010 年，通过比对同一样本小区的普查人口名单、事后计数调查人口名单和户籍人口名单，计算常住人口、现有人口和户籍人口的漏报率与多报率，将两者之差作为净覆盖误差率。

中国在净覆盖误差估计中的一个显著特征是，未使用单系统估计量或双系统估计量估计全国实际人数。不过，这一状况将得到根本转变。国家统计局决定在 2020 年人口普查净覆盖误差估计中使用双系统估计量估计全国及主要类别人口的实际人数。中国使用离开户口登记地时间、城乡、性别和年龄等变量对全国人口等概率分层。在各个等概率人口层构造双系统估计量及其基于分层刀切法的抽样方差估计量。汇总所有等概率人口层的双系统估计量，得到估计全国实际人数的双系统估计量。

2020 年使用的等概率人口层 v 的人口移动的双系统估计量为：

$$\widehat{DSE}_v = \frac{(\hat{x}_{11nv} + \hat{x}_{11iv} + \hat{x}_{10v})(\hat{x}_{11nv} + \hat{x}_{01nv} + \hat{x}_{11iv} + \hat{x}_{01iv})}{\hat{x}_{11nv} + \hat{x}_{11iv}} \quad (1.21)$$

$\hat{x}_{11nv} + \hat{x}_{11iv} + \hat{x}_{10v}$ 为等概率人口层 v 的普查人数估计量（未包括普查多报

人数）；$\hat{x}_{11nv} + \hat{x}_{01nv} + \hat{x}_{11iv} + \hat{x}_{01iv}$ 为等概率人口层 v 的事后计数调查人数估计量；$\hat{x}_{11nv} + \hat{x}_{11iv}$ 为等概率人口层 v 的普查与事后计数调查的匹配人数估计量；$\hat{x}_{11nv}$ 为等概率人口层 v 的无移动者匹配人数估计量；$\hat{x}_{11iv}$ 为等概率人口层 v 的向内移动者匹配人数估计量；$\hat{x}_{10v}$ 为等概率人口层 v 的在普查中登记但未在事后计数调查中登记的人数估计量；$\hat{x}_{01nv}$ 为等概率人口层 v 的在事后计数调查中登记但未在普查中登记的无移动者人数估计量；$\hat{x}_{01iv}$ 为等概率人口层 v 的在事后计数调查中登记但未在普查中登记的向内移动者人数估计量。

第四节 重要学术观点

第一，人口统计分析模型和双系统估计量是美国和其他一些国家目前提供人口普查净覆盖误差估计值的两个基本方法，未来可能使用三系统估计量做这项工作。人口统计分析模型适合于提供孩子组的实际人数估计值，但人口行政记录系统与人口普查对种族分类的不一致影响其估计的精度及与其他来源数据的可比性。双系统估计量要求两个系统独立，否则估计的净覆盖误差内含系统性偏差。三系统估计量不要求系统之间独立，同时利用了人口普查及人口行政记录辅助信息，将在人口普查净覆盖误差估计中发挥主导作用。

第二，应用人口统计分析模型的前提是拥有高质量的人口出生、死亡及迁移资料。双系统估计量不受人口行政记录资料的限制，适合于所有国家或地区，但其交互作用偏差影响其估计精度。人口统计分析模型的性别比率（男性人数/女性人数）可用来测算双系统估计量的交互作用偏差。三系统估计量除了需要人口统计调查资料外，还需要有覆盖人口总体范围广的人口行政记录资料。

第三，人口统计分析模型利用的是宏观数据时期资料，在公开网站可以获取。这些资料内含误差，需要采取恰当方法估算。估算可能产生误差，影响该模型的估计精度。双系统估计量和三系统估计量使用的是样本调查小区的人口登记名单，属于微观资料，研究人员很难获得它们。研究人员与政府统计部门开展合作，有助于双系统估计量或三系统估计量的推广应用。

第四，不同国家基于不同的国情、不同的传统，选用不同的净覆盖误差估计方法。即便同样使用双系统估计量，在具体细节上也存在差异。美国使用同一样本小区的普查人口名单和事后计数调查人口名单构造双系统估计量，而瑞士使用不同样本小区的两份人口名单建立双系统估计量。美国使用种族对总体人口等概率分层，而中国不存在种族，无须使用种族对总体人口等概率分层。澳大利亚、加拿大、英国和美国等发达国家拥有健全的出生、死亡和迁移等人口行政记录资料，在净覆盖误差估计中使用人口统计分析模型，而中国等发展中国家不具备应用人口统计分析模型的资料。

第五，截至2020年，三系统估计量尚未应用于任何国家或地区的净覆盖误差估计。为改变这一状况，需要做好以下工作：加强三系统估计量基础理论研究；以街道为范围，进行三系统估计量和双系统估计量估计精度比较实证研究；构建和及时更新覆盖人口总体范围广的人口行政记录系统；培养三系统估计量理论与实践研究的高级人才；高校和政府统计部门之间建立起长期合作研究关系。

第二章 捕获-再捕获模型的统计学原理

本章内容，主要参考笔者在《统计与信息论坛》上发表的论文《捕获-再捕获模型的统计学原理》（2012）。

捕获-再捕获模型是双系统估计量的理论基础（Schnabel，1938；胡桂华、廖歆，2012）。这里的捕获相当于人口普查，再捕获相当于事后计数调查，两次都捕获到的动物相当于在人口普查与事后计数调查中同时登记的人，动物总体相当于人口普查目标总体，估计动物总体规模相当于估计总体实际人数。在此约定下，估计动物数目的捕获-再捕获模型，通过一定的技术手段可以移植到人类总体构造双系统估计量估计实际人数。

捕获-再捕获模型是为了解决这样一类问题提出来的（杨贵军等，2011）：假若有一个封闭的池塘，里面养了很多鱼，我们想要知道鱼的数目。当然，可以把鱼捕捞上来数一数。但问题是，没办法做到把池塘中的鱼全部捕捞上来，进行全数的清点。所以，用这个简单而笨重的办法无法解决问题。研究人员发明的捕获-再捕获模型提供了解决这个问题的工具。这个工具的使用方法是：先对池塘中的鱼进行一次捕捞，捕捞上来后一方面登记鱼的数目，另一方面为这些鱼涂上不会被水冲掉的记号，然后把它们放回池塘；待池塘中的鱼混合均匀后，再进行一次捕捞，捕捞上来后，一方面记下它们的数目，另一方面记下其中涂有记号的鱼的数目。于是，用第二次捕捞上来的鱼中涂有记号的鱼所占比例的倒数乘以第一次捕捞上来的鱼的数目，便得到池塘中鱼的数目的估计。

捕获-再捕获模型可以按两个标准分类。按捕获次数，分为两次捕获-

再捕获模型和多次捕获-再捕获模型。按总体是否开放，分为封闭捕获-再捕获模型和开放捕获-再捕获模型。所有国家在人口普查净覆盖误差估计中使用基于两次封闭捕获-再捕获模型的双系统估计量。有学者做过这种捕获-再捕获模型模拟实验。结果表明，只有当两次捕获的个体数目接近总体规模时，使用该模型估计的总体数目的精度才高。

捕获-再捕获模型可以追溯到拉普拉斯1786年所写的一篇论文。1802年，拉普拉斯利用由出生登记册和人口普查资料构造的捕获-再捕获模型估计法国人数。虽然那时这个模型在理论上存在瑕疵，即未对总体人口等概率分层，直接在总体中使用，但它得到的结果比人口普查的精度还要高。这一方面源于出生登记册和人口普查是对总体人口的全面登记，另一方面与人口普查本身存在一定数量的多报与漏报有关。

为捕获-再捕获模型推广应用做出杰出贡献的是丹麦的Petersen（1896）和美国的Lincoln（1930）。Petersen是一位渔业生物学家，为了估计一片水域中鱼的数目，他发明了给鱼做记号的黄铜标签。在1896年研究鲽鱼迁移规律时，他发现被渔夫捕获到的鱼中做上记号的鱼的数目比例是估计动物总体规模的基础。这项工作成果是捕获-再捕获模型发展史上的里程碑（Chao et al.，2008）。Lincoln毕生研究鸟类，使用绑带恢复模型估计水鸟数目。

随着捕获-再捕获模型研究的深入，该模型逐步应用到人类总体规模估计及人口普查净覆盖误差估计中（Sekar and Deming，1949）。应用捕获-再捕获模型的难点是，如何正确理解捕获-再捕获模型。该模型默认这样一个事实，总体中个体的同质性。换句话说，如果这个事实不成立，就不能使用捕获-再捕获模型。中国、乌干达和南非等发展中国家在使用捕获-再捕获模型构造双系统估计量时往往忽视了这个问题。美国人口普查局对捕获-再捕获模型有较深入的研究，通过对总体人口等概率分层满足捕获-再捕获模型这一要求。

第一节 捕获-再捕获模型及其方差

这里所说的捕获-再捕获模型指的是捕捞数目不固定、封闭环境下的二次模型。研究的问题是池塘中鱼的数目估计。

设 N 是池塘中鱼的数目，$n_1.$ 是第一次捕获上来的鱼的数目，$n_{.1}$ 是第二次捕获上来的鱼的数目，$n_2.$ 是第一次捕获中未出现的鱼的数目，$n_{.2}$ 是第二次捕获中未出现的鱼的数目，n_{11} 是在第一次捕获和第二次捕获中都出现的鱼的数目，$n_{12} = n_1. - n_{11}$ 是在第一次捕获中出现而在第二次捕获中未出现的鱼的数目，$n_{21} = n_{.1} - n_{11}$ 是在第二次捕获中出现而在第一次捕获中未出现的鱼的数目，n_{22} 是在第一次捕获和第二次捕获中均未出现的鱼的数目。将这些数据编排成一个 2×2 列联表，如表 2-1 所示。

表 2-1 捕获-再捕获中出现的鱼的数目

		是否在第二次捕获中出现		合计
		出现（$j=1$）	未出现（$j=2$）	
是否在第一次捕获中出现	出现（$i=1$）	n_{11}	n_{12}	$n_1.$
	未出现（$i=2$）	n_{21}	n_{22}	$n_2.$
合计		$n_{.1}$	$n_{.2}$	N

用捕获-再捕获中出现的鱼的数目来估计池塘中鱼的总数 N 的公式如下：

$$\hat{N} = n_1. \cdot \frac{n_{.1}}{n_{11}} \tag{2.1}$$

现予以证明。

一 试验背景

假设所关心的封闭池塘对应着一个想象中的能够无限重复地进行发生球的随机试验机。这个随机试验机发生的球分为 4 种类型：涂有红色和白色两种记号（发生的概率记作 π_{11}），只涂有红色记号（发生的概率记作 π_{12}），只涂有白色记号（发生的概率记作 π_{21}），未涂任何记号（发生的概率记作 π_{22}），$\pi_{11} + \pi_{12} + \pi_{21} + \pi_{22} = 1$。记 $\pi_{11} + \pi_{12} = \pi_1.$，$\pi_{21} + \pi_{22} = \pi_2.$，$\pi_{11} + \pi_{21} = \pi_{.1}$，$\pi_{12} + \pi_{22} = \pi_{.2}$。随机试验的概率分布如表 2-2 所示。

表 2-2　捕获-再捕获模型对应的发生球随机试验的概率分布

		所生之球是否涂有白色记号		合计
		是 ($j=1$)	否 ($j=2$)	
所生之球是否涂有红色记号	是 ($i=1$)	π_{11}	π_{12}	$\pi_{1.}$
	否 ($i=2$)	π_{21}	π_{22}	$\pi_{2.}$
合计		$\pi_{.1}$	$\pi_{.2}$	1

在这里，用红色记号代表捕鱼中的第一次捕获；用白色记号代表捕鱼中的第二次捕获。随机试验机的 3 个自由参数（π_{11}，π_{12}，π_{21}）是按照表 2-1 对应单元的概率来设定的，但是具体被设定为什么数值不知道。现在用这个随机试验机重复进行发生球的随机试验，各次试验结果独立，且服从表 2-2 的概率分布。这样的试验进行了若干次以后，机器停了下来。这时，记下了涂有红色和白色两种记号的球发生的次数是 n_{11} 次，只涂有红色记号的球发生的次数是 n_{12} 次，只涂有白色记号的球发生的次数是 n_{21} 次，记 $n_{11}+n_{12}+n_{21}=n$。不幸的是，没有记下未涂任何记号的球发生的次数，也没有记下试验进行的次数。要求根据上面给出的已知条件来猜测试验进行的次数 N。

二　单元概率和边缘概率之间的关系

由于 π_{11}，π_{12}，π_{21} 是按照表 2-1 所反映的捕获-再捕获过程的组格概率来设定的，又由于两次捕获是独立的，所以各个组格概率等于相应的行、列边缘概率的乘积，即成立下列关系：

$$\pi_{11} = \pi_{1.} \times \pi_{.1} \tag{2.2}$$

$$\pi_{12} = \pi_{1.} \times \pi_{.2} = \pi_{1.}(1-\pi_{.1}) \tag{2.3}$$

$$\pi_{21} = \pi_{2.} \times \pi_{.1} = (1-\pi_{1.})\pi_{.1} \tag{2.4}$$

$$\pi_{22} = \pi_{2.} \times \pi_{.2} = (1-\pi_{1.})(1-\pi_{.1}) \tag{2.5}$$

另外，由于 $\pi_{11}+\pi_{12}+\pi_{21}+\pi_{22}=1$，因而得到：

$$\pi_{11}+\pi_{12}+\pi_{21} = 1-\pi_{22} = 1-(1-\pi_{1.})(1-\pi_{.1}) \tag{2.6}$$

三　单元条件概率

现在所关心的是：在一次随机试验中，如果已经知道所发生之球涂有记号，在此已知条件下，该球涂有红色和白色两种记号、只涂有红色记号、只涂有白色记号的概率各为多少？显然，这几个条件概率是：

$$P\left(\begin{matrix}该球涂\\红与白\end{matrix}\middle|\begin{matrix}该球涂\\有记号\end{matrix}\right) \stackrel{\frown}{=} \pi_{11\mid C} = \frac{\pi_{11}}{\pi_{11} + \pi_{12} + \pi_{21}} = \frac{\pi_{1\cdot} \times \pi_{\cdot 1}}{1 - (1 - \pi_{1\cdot})(1 - \pi_{\cdot 1})} \tag{2.7}$$

$$P\left(\begin{matrix}该球只\\涂有红\end{matrix}\middle|\begin{matrix}该球涂\\有记号\end{matrix}\right) \stackrel{\frown}{=} \pi_{12\mid C} = \frac{\pi_{12}}{\pi_{11} + \pi_{12} + \pi_{21}} = \frac{\pi_{1\cdot}(1 - \pi_{\cdot 1})}{1 - (1 - \pi_{1\cdot})(1 - \pi_{\cdot 1})} \tag{2.8}$$

$$P\left(\begin{matrix}该球只\\涂有白\end{matrix}\middle|\begin{matrix}该球涂\\有记号\end{matrix}\right) \stackrel{\frown}{=} \pi_{21\mid C} = \frac{\pi_{21}}{\pi_{11} + \pi_{12} + \pi_{21}} = \frac{(1 - \pi_{1\cdot})\pi_{\cdot 1}}{1 - (1 - \pi_{1\cdot})(1 - \pi_{\cdot 1})} \tag{2.9}$$

在这里，用 C 表示事件 {所发生之球涂有记号}。

四 条件多项分布和条件似然函数

（一）一次试验情形

随机试验共有 4 种可能的互不相容的结局，即所发生之球涂有红色和白色两种记号、只涂有红色记号、只涂有白色记号、未涂任何记号。现在用随机向量

$$\mathbf{X} = \begin{pmatrix} X_{11} \\ X_{12} \\ X_{21} \\ X_{22} \end{pmatrix}$$

表示随机试验的结果，其中的 X_{11}，X_{12}，X_{21}，X_{22} 是随机变量，它们各自的取值规则是：

$$X_{11} = x_{11} = \begin{cases} 1(\text{发生之球为红白记号}) \\ 0(\text{发生之球为红色记号}) \\ 0(\text{发生之球为白色记号}) \\ 0(\text{发生之球没有涂记号}) \end{cases} \quad X_{12} = x_{12} = \begin{cases} 0(\text{发生之球为红白记号}) \\ 1(\text{发生之球为红色记号}) \\ 0(\text{发生之球为白色记号}) \\ 0(\text{发生之球没有涂记号}) \end{cases}$$

$$X_{21} = x_{21} \begin{cases} 0(发生之球为红白记号) \\ 0(发生之球为红色记号) \\ 1(发生之球为白色记号) \\ 0(发生之球没有涂记号) \end{cases} \quad X_{22} = x_{22} \begin{cases} 0(发生之球为红白记号) \\ 0(发生之球为红色记号) \\ 0(发生之球为白色记号) \\ 1(发生之球没有涂记号) \end{cases}$$

这里，小写记号 x_{11}，x_{12}，x_{21}，x_{22} 表示相应随机变量的取值，随机向量 **X** 服从四点分布，它有参数为向量

$$\boldsymbol{\pi} = \begin{pmatrix} \pi_{11} \\ \pi_{12} \\ \pi_{21} \\ \pi_{22} \end{pmatrix}$$

其中，π_{11} 是 $X_{11} = 1$ 的概率，π_{12} 是 $X_{12} = 1$ 的概率，π_{21} 是 $X_{21} = 1$ 的概率，π_{22} 是 $X_{22} = 1$ 的概率。四点分布 **X** 的概率密度函数为：

$$\begin{aligned} P(X = x;\pi) &= P(X_{11} = x_{11}, X_{12} = x_{12}, X_{21} = x_{21}, X_{22} = x_{22}; \pi_{11}, \pi_{12}, \pi_{21}, \pi_{22}) \\ &= \pi_{11}^{x_{11}} \pi_{12}^{x_{12}} \pi_{21}^{x_{21}} \pi_{22}^{x_{22}} \end{aligned} \quad (2.10)$$

若对于试验结果，已知有事件 $C = \{$所发生之球涂有记号$\}$ 发生，在此条件下，试验结果还剩下 3 种可能的不相容结局，即所发生之球涂有红色和白色两种记号、只涂有红色记号、只涂有白色记号。此时，所关心的试验结果就成为一个三点分布（$X_{11} = x_{11}$，$X_{12} = x_{12}$，$X_{21} = x_{21}$），其条件密度函数为：

$$P(X_{11} = x_{11}, X_{12} = x_{12}, X_{21} = x_{21} | C; \pi_{11|C}, \pi_{12|C}, \pi_{21|C}) = \pi_{11|C}^{x_{11}} \pi_{12|C}^{x_{12}} \pi_{21|C}^{x_{21}} \quad (2.11)$$

（二）独立重复试验情形

现在对四点分布的随机试验独立地重复做 N 次，以 η_{ij}（$i = 1, 2$；$j = 1, 2$）表示 N 次试验中表 2–2 的 ij 单元结局出现的次数。此时有随机向量

$$\boldsymbol{\eta} = \begin{pmatrix} \eta_{11} \\ \eta_{12} \\ \eta_{21} \\ \eta_{22} \end{pmatrix}$$

服从四项分布。可以证明，多项分布（这里是四项分布）是二项分布的自然推广。仿照二项分布，写出四项分布的概率密度函数：

$$P(\eta_{11} = n_{11}, \eta_{12} = n_{12}, \eta_{21} = n_{21}, \eta_{22} = n_{22}; N, \pi_{11}, \pi_{12}, \pi_{21}, \pi_{22})$$

$$= \frac{N!}{n_{11}!n_{12}!n_{21}!n_{22}!} \pi_{11}^{n_{11}} \pi_{12}^{n_{12}} \pi_{21}^{n_{21}} \pi_{22}^{n_{22}} \quad (2.12)$$

其中的 n_{11}，n_{12}，n_{21}，n_{22} 分别表示相应随机变量 η_{11}，η_{12}，η_{21}，η_{22} 的取值。

若知道在独立重复试验中事件 $C = \{$所发生之球涂有记号$\}$ 出现的次数为 n，也就是知道 $n_{11} + n_{12} + n_{21} = n$，在此条件下，以重复试验次数 N 和 4 种可能结局出现的概率 π_{11}，π_{12}，π_{21}，π_{22} 为参数的四项分布蜕化为以事件 $C = \{$所发生之球涂有记号$\}$ 重复出现次数 n 和在事件 $C = \{$所发生之球涂有记号$\}$ 出现条件下的 3 种可能结局发生的条件概率 $\pi_{11|C}$，$\pi_{12|C}$，$\pi_{21|C}$ 为参数的三项分布。此时的概率密度函数是：

$$P(\eta_{11} = n_{11}, \eta_{12} = n_{12}, \eta_{21} = n_{21} \mid C; n, \pi_{11|C}, \pi_{12|C}, \pi_{21|C})$$

$$= \frac{n!}{n_{11}!n_{12}!n_{21}!} \pi_{11|C}^{n_{11}} \pi_{12|C}^{n_{12}} \pi_{21|C}^{n_{21}} \quad (2.13)$$

（三）独立重复试验情形下的似然函数

假设把四点分布随机试验独立重复进行了 N 次，得到了来自随机向量 **X** 的简单随机样本 $(X_1 = x_1, X_2 = x_2, \cdots, X_N = x_N)$，那么，由式（2.10）知，这个随机样本的分布，决定于：

$$g(x_1, x_2, \cdots, x_N; \pi) = \prod_{k=1}^{N} P(x_k; \pi) = \prod_{k=1}^{N} \pi_{11}^{x_{k_{11}}} \pi_{12}^{x_{k_{12}}} \pi_{21}^{x_{k_{21}}} \pi_{22}^{x_{k_{22}}}$$

$$= \pi_{11}^{\sum_{k=1}^{N} x_{k_{11}}} \pi_{12}^{\sum_{k=1}^{N} x_{k_{12}}} \pi_{21}^{\sum_{k=1}^{N} x_{k_{21}}} \pi_{22}^{\sum_{k=1}^{N} x_{k_{22}}} \quad (2.14)$$

式（2.14）中，$x_{k_{11}}$（$k = 1, 2, \cdots, N$）是一个 0 与 1 的数列，其中，1 表示试验结果为发生涂有红色和白色两种记号的球，0 表示试验结果为发生其他类型的球，所以有 $\sum_{k=1}^{N} x_{k_{11}} = n_{11}$，并且同理有 $\sum_{k=1}^{N} x_{k_{12}} = n_{12}$，$\sum_{k=1}^{N} x_{k_{21}} = n_{21}$，$\sum_{k=1}^{N} x_{k_{22}} = n_{22}$。考虑到在上述 4 个进行求和的 0 与 1 的数列中，在满足上述 4 个求和结果的条件下，4 个数列中 0 与 1 的位置可以有若干

种不同的搭配方式，根据不相容事件的概率加法定理，发生随机样本 $(X_1 = x_1, X_2 = x_2, \cdots, X_N = x_N)$ 的概率应该是发生每种搭配方式的概率的和。由于发生每种搭配的概率是相等的，而不同的搭配的种数是 $\dfrac{N!}{n_{11}! \, n_{12}! \, n_{21}! \, n_{22}!}$，所以发生随机样本 $(X_1 = x_1, X_2 = x_2, \cdots, X_N = x_N)$ 的概率应该是：

$$\begin{aligned}
L(x_1, x_2, \cdots, x_N; \pi) &= \frac{N!}{n_{11}! \, n_{12}! \, n_{21}! \, n_{22}!} g(x_1, x_2, \cdots, x_N; \pi) \\
&= \frac{N!}{n_{11}! \, n_{12}! \, n_{21}! \, n_{22}!} \prod_{k=1}^{N} P(x_k; \pi) \\
&= \frac{N!}{n_{11}! \, n_{12}! \, n_{21}! \, n_{22}!} \pi_{11}^{n_{11}} \pi_{12}^{n_{12}} \pi_{21}^{n_{21}} \pi_{22}^{n_{22}} \quad (2.15)
\end{aligned}$$

式（2.15）叫作参数组 (π_{11}, π_{12}, π_{21}, π_{22}) 的似然函数。式（2.15）等号的右端与式（2.12）等号的右端形式相同，但是一定要注意，此二式具有不同的含义。在式（2.12）中，参数组 (π_{11}, π_{12}, π_{21}, π_{22}) 是固定的数值，各类试验结果的次数 n_{11}, n_{12}, n_{21}, n_{22} 则是可变的，该式所表达的是：在固定的参数组 (π_{11}, π_{12}, π_{21}, π_{22}) 下，试验结果次数 n_{11}, n_{12}, n_{21}, n_{22} 在总和等于 N 的约束下的各种可能的搭配出现的概率；在式（2.15）中，参数组 (π_{11}, π_{12}, π_{21}, π_{22}) 被看作可变的，而各类试验结果的次数 n_{11}, n_{12}, n_{21}, n_{22} 则是现实发生的一组固定的数值，该式所表达的是：在可变的参数组 (π_{11}, π_{12}, π_{21}, π_{22})（以其和等于 1 为约束）的各种不同的取值下，现实发生的试验结果次数 n_{11}, n_{12}, n_{21}, n_{22} 的概率。

若知道在独立重复试验中事件 $C = \{$所发生之球涂有记号$\}$ 出现的次数为 n，也就是知道 $n_{11} + n_{12} + n_{21} = n$，在此条件下，参数组 ($\pi_{11}$, π_{12}, π_{21}, π_{22}) 的似然函数式（2.15）蜕化为以此种条件下的条件概率为参数的参数组 ($\pi_{11|C}$, $\pi_{12|C}$, $\pi_{21|C}$) 的似然函数。仿照式（2.14）和式（2.15）的讨论可知，现在的这个似然函数的形式与式（2.13）相同，即

$$\begin{aligned}
L(\eta_{11} &= n_{11}, \eta_{12} = n_{12}, \eta_{21} = n_{21} \mid n_{11} + n_{12} + n_{21} = n; \pi_{11|C}, \pi_{12|C}, \pi_{21|C}) \\
&= \frac{n!}{n_{11}! \, n_{12}! \, n_{21}!} \pi_{11|C}^{n_{11}} \pi_{12|C}^{n_{12}} \pi_{21|C}^{n_{21}} \quad (2.16)
\end{aligned}$$

五 红色记号球发生概率 $\pi_1.$ 和白色记号球发生概率 $\pi_{.1}$ 的最大似然估计

把式（2.7）、式（2.8）、式（2.9）代入式（2.16），得出：

$$L(\eta_{11} = n_{11}, \eta_{12} = n_{12}, \eta_{21} = n_{21} | n_{11} + n_{12} + n_{21} = n; \pi_{11|c}, \pi_{12|c}, \pi_{21|c})$$

$$= \frac{n!}{n_{11}! n_{12}! n_{21}!} \pi_{11|c}^{n_{11}} \pi_{12|c}^{n_{12}} \pi_{21|c}^{n_{21}}$$

$$= \frac{n!}{n_{11}! n_{12}! n_{21}!} \times \left[\frac{\pi_1. \times \pi_{.1}}{1-(1-\pi_1.)(1-\pi_{.1})} \right]^{n_{11}} \left[\frac{\pi_1.(1-\pi_{.1})}{1-(1-\pi_1.)(1-\pi_{.1})} \right]^{n_{12}}$$

$$\left[\frac{(1-\pi_1.)\pi_{.1}}{1-(1-\pi_1.)(1-\pi_{.1})} \right]^{n_{21}} \quad (2.17)$$

注意在式（2.17）中，$\pi_1.$ 和 $\pi_{.1}$ 是变量，概率 L 是它们的函数。找出使得概率 L 最大的 $\pi_1.$ 和 $\pi_{.1}$ 的值，这样的值被称作 $\pi_1.$ 和 $\pi_{.1}$ 的最大似然估计。为此，首先将式（2.17）取对数，然后针对取对数的结果分别求关于 $\pi_1.$ 和 $\pi_{.1}$ 的偏导数并令所求之偏导数等于 0，从而得到关于 $\pi_1.$ 和 $\pi_{.1}$ 的联立方程组，最后从方程组中求得 $\pi_1.$ 和 $\pi_{.1}$ 的解。它们是：

$$\widehat{\pi}_1. = \frac{n_{11}}{n_{.1}}, \widehat{\pi}_{.1} = \frac{n_{11}}{n_1.} \quad (2.18)$$

式（2.18）便是 $\pi_1.$ 和 $\pi_{.1}$ 的最大似然估计。注意到红色记号球发生概率 $\pi_1.$ 是基于发生白色记号球的信息来估计的，而白色记号球发生概率 $\pi_{.1}$ 则是基于发生红色记号球的信息来估计的。

六 试验次数 N 的最大似然估计

如果对发生球的随机试验，只关心所发生的球是否涂有记号，试验结果就只有"涂有记号"和"未涂记号"这样两种对立的结局。这是一个贝努利试验。在 N 次独立重复试验中，涂有记号的球发生的次数 n 服从二项分布，参数是在一次试验中涂有记号的球发生的概率 $\pi_{11} + \pi_{12} + \pi_{21} = 1 - \pi_{22} = 1 - (1-\pi_1.)(1-\pi_{.1})$ 和未涂记号的球发生的概率 $\pi_{22} = (1-\pi_1.)(1-\pi_{.1})$ 以及试验次数 N。n 的二项分布概率密度函数是：

$$P(\eta_{11} + \eta_{12} + \eta_{21} = n; N, \pi_{11} + \pi_{12} + \pi_{21}, \pi_{22})$$

$$= \frac{N!}{n!(N-n)!} [1-(1-\pi_1.)(1-\pi_{.1})]^n [(1-\pi_1.)(1-\pi_{.1})]^{N-n}$$

$$(2.19)$$

式 (2.19) 中，n 是现实的样本观察值，并且，$\pi_{1.}$ 和 $\pi_{.1}$ 是已知的数值时，我们写出变数 N 的似然函数：

$$L(n, \pi_{1.}, \pi_{.1}; N) = \frac{N!}{n!(N-n)!}[1-(1-\pi_{1.})(1-\pi_{.1})]^n [(1-\pi_{1.})(1-\pi_{.1})]^{N-n} \qquad (2.20)$$

式 (2.20) 中，概率 L 是 N 的函数，目标是找出使得概率 L 最大的 N 的值。为此，首先将式 (2.20) 取对数，然后针对取对数的结果求关于 N 的导数并令所求之导数等于 0，从而得到关于 N 的方程，最后从中求得 N 的解：

$$\hat{N} = \left[\frac{n}{1-(1-\pi_{1.})(1-\pi_{.1})} \right] \qquad (2.21)$$

式 (2.21) 中的方括号表示取小于或等于方括号内计算结果的最大整数值。最后把式 (2.18) 代入式 (2.21)，若不考虑方括号，就得到：

$$\hat{N} = n_{1.} \frac{n_{.1}}{n_{11}} \qquad (2.22)$$

这正是式 (2.1)，称为林肯估计量。

七　估计量的方差

式 (2.1) 的方差为：

$$V(\hat{N}) = \frac{n_{1.} n_{.1} n_{12} n_{21}}{n_{11}^3} \qquad (2.23)$$

现在使用 Delta 法证明式 (2.23)。这种方法的基本思路是，首先利用多项概率分布写出复杂估计量函数 $\hat{N}(n_{11})$ 的概率表达式，其次假定表达式中的总体人数 N，$n_{1.}$，$n_{.1}$ 固定不变，但允许 n_{11} 变动，而且 $E[n_{11}]$ 和 $V[n_{11}]$ 容易计算，最后通过公式和利用 $V[n_{11}]$ 推出函数 $\hat{N}(n_{11})$ 的方差。基于 Delta 法的 $\hat{N}(n_{11})$ 为：

$$V[\hat{N}(n_{11})] \approx \left[\left(\frac{\partial \hat{N}}{\partial n_{11}} \right)^2 \right]_E V(n_{11}) \qquad (2.24)$$

式 (2.24) 中的 E 为均值。

用 $\pi_{1.}$, $\pi_{.1}$ 表示池塘中的鱼在第一次和第二次捕获中的概率,假设 N, $n_{1.}$, $n_{.1}$ 已知,n_{11} 为随机变量,服从二项分布,其均值与方差分别为:

$$E(n_{11}) = N\pi_{1.}\pi_{.1} = N\frac{n_{1.}}{N}\frac{n_{.1}}{N} = \frac{n_{1.}n_{.1}}{N} \tag{2.25}$$

$$V(n_{11}) = N\pi_{1.}(1-\pi_{1.})\pi_{.1}(1-\pi_{.1}) = \left(\frac{n_{1.}n_{.1}}{N}\right)\left(1-\frac{n_{1.}}{N}\right)\left(1-\frac{n_{.1}}{N}\right) \tag{2.26}$$

式(2.22)的方差为:

$$V(\hat{N}) = V\left(\frac{n_{1.}n_{.1}}{n_{11}}\right) = (n_{1.})^2 (n_{.1})^2 V\left(\frac{1}{n_{11}}\right) \tag{2.27}$$

又依据式(2.24)得到:

$$V\left(\frac{1}{n_{11}}\right) = \left[\frac{\partial}{\partial n_{11}}\left(\frac{1}{n_{11}}\right)\right]_E^2 V(n_{11}) = \left(-\frac{1}{[E(n_{11})]^2}\right)^2 \times \left(\frac{n_{1.}n_{.1}}{N}\right)\left(1-\frac{n_{1.}}{N}\right)\left(1-\frac{n_{.1}}{N}\right)$$

$$= \frac{N^4}{(n_{1.}n_{.1})^4}\frac{n_{1.}n_{.1}n_{2.}n_{.2}}{N^3} = \frac{N}{(n_{1.}n_{.1})^3}n_{2.}n_{.2} \tag{2.28}$$

将式(2.28)代入式(2.27)得到:

$$\widehat{V(\hat{N})} = \frac{\hat{N}n_{2.}n_{.2}}{n_{1.}n_{.1}} \tag{2.29}$$

将 $n_{2.} = n_{21} + n_{22}$,$n_{.2} = n_{12} + n_{22}$,$n_{1.}n_{.1} = n_{12}n_{21} + n_{21}n_{11} + n_{12}n_{11} + (n_{11})^2$,以及 $n_{22} = (n_{12}n_{21})/n_{11}$,$\hat{N} = (n_{1.}n_{.1})/n_{11}$ 一并代入式(2.29),并做简单计算,即可得到式(2.23)。

Chapman(1951)给出了比式(2.22)偏差更小的估计量:

$$\widehat{N_c} = \frac{(n_{1.}+1)(n_{.1}+1)}{(n_{11}+1)} - 1 \tag{2.30}$$

此时,式(2.23)变为:

$$V(\widehat{N_c}) = \frac{(n_{1.}+1)(n_{.1}+1)(n_{1.}-n_{11})(n_{.1}-n_{11})}{(n_{11}+1)^2(n_{11}+2)} \tag{2.31}$$

下面举一个例子说明式(2.30)和式(2.31)的应用。1974 年 8 月,一位美国动物学家在俄勒冈州中部捕获棉尾兔 87 只,在它们腿部做上记号,全放放回原住处。1974 年 9 月 5 日,再次捕获 14 只,其中 7 只有记号。

$$\widehat{N}_c = \frac{(n_{1.}+1)(n_{.1}+1)}{(n_{11}+1)} - 1 = \frac{(87+1)(14+1)}{(7+1)} - 1 = 164$$

$$V(\widehat{N}_c) = \frac{(n_{1.}+1)(n_{.1}+1)(n_{1.}-n_{11})(n_{.1}-n_{11})}{(n_{11}+1)^2(n_{11}+2)}$$

$$= \frac{(87+1)(14+1)(87-7)(14-7)}{(7+1)^2(7+2)} = 1283$$

N_c 95% 的置信区间为：$\widehat{N}_c \pm 1.95 V(\widehat{N}_c)^{0.5} = 164 \pm 70$

第二节 捕获－再捕获模型应用的一般问题

一 试验背景的考察

捕获－再捕获模型的试验背景是四项分布随机试验。在上一节用发生四种类型的球的随机试验机来模拟此种试验背景。事实上，还可以列举其他一些等价的例子。

例 2.1，加工产品随机试验。用一台机器加工某种产品。产品质量被划分为四个等级，各等级产品发生的概率是固定的。对于一次试验，观察加工出来的产品为何种等级，此时加工结果即随机向量 $\mathbf{X} = (X_1, X_2, X_3, X_4)$ 服从四点分布；对于独立同分布的 N 次重复试验，观察各等级产品发生的件数，此时各等级产品发生的件数即随机向量 $\mathbf{\eta} = (\eta_1, \eta_2, \eta_3, \eta_4)$ 服从四项分布。

例 2.2，随机投点试验。某一地理区域被划分为四个没有重叠、紧密连接没有间隙的地块，四个地块合在一起就是整个地理区域。现在向该地理区域投射随机点，随机点投射到地理区域任何一个位置的可能性相等并且只能投射在地理区域范围内而不会投射到范围之外。显然，随机点投中某一个地块的概率与地块的面积成比例。对于一次试验，观察随机点投中哪一个地块，此时投点结果即随机向量 $\mathbf{X} = (X_1, X_2, X_3, X_4)$ 服从四点分布；对于独立同分布的 N 次重复投点，观察各地块被投中的次数，此时各地块被投中的次数即随机向量 $\mathbf{\eta} = (\eta_1, \eta_2, \eta_3, \eta_4)$ 服从四项分布。

例 2.3，有放还抽球随机试验。袋中装有 8 个球，其中，红白双色球 1

个，全红色球 1 个，全白色球 3 个，无色透明球 3 个。现将它们充分混匀，从中抽出一个，抽取时，袋中所有的球都有可能并且有相等的可能被抽到，抽取一次后将球放回再抽下一次。对于一次抽取，观察所抽之球为何种颜色，此时抽球结果即随机向量 $\mathbf{X} = (X_1, X_2, X_3, X_4)$ 服从四点分布；对于独立同分布的 N 次重复抽取，观察各种颜色的球出现的次数，此时各种颜色的球出现的次数即随机向量 $\boldsymbol{\eta} = (\eta_1, \eta_2, \eta_3, \eta_4)$ 服从四项分布。

捕获－再捕获模型与这些案例的关系是：池塘中的 N 条鱼相当于这些案例中的 N 次独立重复随机试验所发生的结果。可以想象，池塘中的这 N 条鱼是由一台随机试验机生产出来后放入池塘中的，每条鱼都是一个具有固定的概率分布的随机变量的样本观察值。这个固定的概率分布是：所生产出来的鱼将来在第一次捕捞和第二次捕捞中都被捕到的概率是 π_{11}，所生产出来的鱼将来只是在第一次捕捞中被捕到而在第二次捕捞中未被捕到的概率是 π_{12}，所生产出来的鱼将来只是在第二次捕捞中被捕到而在第一次捕捞中未被捕到的概率是 π_{21}，所生产出来的鱼将来在第一次捕捞和第二次捕捞中都未被捕到的概率是 π_{22}（$\pi_{11} + \pi_{12} + \pi_{21} + \pi_{22} = 1$）。这几个概率值是多少呢？在对池塘中的鱼实际进行捕获－再捕获的操作、获得了数据 $n_{1\cdot}$，$n_{\cdot 1}$ 以及 n_{11} 后，便可通过式（2.18）得到对它们的估计，就是：$\hat{\pi}_{11} = \hat{\pi}_{1\cdot} \times \hat{\pi}_{\cdot 1}, \hat{\pi}_{12} = \hat{\pi}_{1\cdot} - \hat{\pi}_{11}, \hat{\pi}_{21} = \hat{\pi}_{\cdot 1} - \hat{\pi}_{11}, \hat{\pi}_{22} = 1 - (\hat{\pi}_{11} + \hat{\pi}_{12} + \hat{\pi}_{21})$。

请特别注意一下例 2.3。如果把这个例子中的口袋类比成池塘，把袋中的 8 个球类比成池塘中的 N 条鱼，那是不对的。事实上，例 2.3 中的口袋相当于随机试验机，从袋中抽出的球相当于随机试验机生产出来的鱼，红白双色、全红色、全白色、无色透明四种特征相当于所生产出来的鱼将来在第一次捕捞和第二次捕捞中都被捕到、所生产出来的鱼将来只是在第一次捕捞中被捕到而在第二次捕捞中未被捕到、所生产出来的鱼将来只是在第二次捕捞中被捕到而在第一次捕捞中未被捕到、所生产出来的鱼将来在第一次捕捞和第二次捕捞中都未被捕到四种情况。假设从袋中有放还抽球 24 次，那么抽取的结果是：红白双色球出现 4 次，全红色球出现 5 次，全白色球出现 8 次，无色透明球出现 7 次。这里的 24 相当于池塘中的 N 条鱼，4 相当于 n_{11}，$4+5=9$ 相当于 $n_{1\cdot}$，$4+8=12$ 相当于 $n_{\cdot 1}$。4、5、8、7

的结构比例不同于1、1、3、3的结构比例，是由抽样的机会误差所致。假如我们在有放还抽球的重复试验中由于疏忽，没有记住试验次数和无色透明球出现的次数，那就和捕获－再捕获模型的背景完全一样了。

二　应用原则及差距分析

（一）应用原则

捕获－再捕获模型基本的估计量式（2.1）是以多项分布为试验背景推出的，因此当想要用这个模型去解决某一个研究对象问题的时候，必须先仔细审查，研究对象是否满足多项分布的试验背景，是否类似于池塘中鱼的捕获－再捕获。多项分布的试验背景对池塘中鱼的捕获－再捕获限定了下列一些条件，它们也是需要对自己手中想要应用捕获－再捕获模型的研究对象进行审查的要点。这些要点就形成了应用捕获－再捕获模型必须遵守的几个原则。

（1）总体封闭原则。这是要求两次捕捞所针对的应该是同一个研究对象。这个要求的道理是显然的。从试验背景来看，池塘中鱼的总数实际上是多项分布随机试验的样本容量。两次捕捞实际上是对多项分布随机试验的同一个样本进行的。顺便说一句，从多项分布随机试验的角度来说，所谓总体封闭原则，其实是样本同一原则。

总体封闭原则从直观上说，就是要求池塘中鱼的数目在两次捕捞期间保持稳定不变，既没有新增，也没有减少。

固然统计学家后来进一步发明了把捕获－再捕获模型应用于开放总体的技术，但那并不意味着对"总体封闭"这一基本条件的否定，而是发明了使开放总体满足"总体封闭"这一基本条件的措施。

（2）个体同质原则。这是要求所有个体应当能够看作同一个个体样式的复制。个体同质原则从统计学的概念上说，是要求：第一，池塘中的每条鱼在第一次捕捞中被捕到的概率$\pi_{1.}$应该都相同；第二，池塘中的每条鱼在第二次捕捞中被捕到的概率$\pi_{.1}$应该都相同。这是由于，捕获－再捕获模型以四项分布随机试验为背景，而四项分布随机试验是独立重复的 N 重四点分布随机试验。池塘中的一条鱼是一次试验的结果，池塘中的所有鱼则是独立重复的 N 重试验的结果，换句话说，池塘中的所有鱼都来自同一个四点分布总体，是对同一个总体的反映，因而从统计学的概念上说，每条鱼应该有相同的概率分布，也就是说，每条鱼的 π_{11}，π_{12}，π_{21}，π_{22} 应分别相等，从式（2.2）至式（2.5）可知，只要每条鱼的 $\pi_{1.}$ 和 $\pi_{.1}$ 相等就够了。

个体同质原则从直观上说，就是要求所有的鱼在与捕获－再捕获概率有关的特征上做到：第一，所有的鱼生活习性相同；第二，所有的鱼游动能力相同，对捕捞工具和诱饵的反应相同；第三，所有的鱼能够在池塘中自由游动从而自动充分混匀。

（3）独立性原则。这是要求两次捕捞相互独立，也就是要求第二次捕捞结果的概率分布不受第一次捕捞发生何种结果的影响。从定义上说，就是要求成立 $\pi_{ij} = \pi_{i.} \cdot \pi_{.j}$（$i=1, 2; j=1, 2$）。

回顾导出式（2.22）的过程看到，基于上述定义的关系式 $\pi_{11} = \pi_{1.} \times \pi_{.1}$ 是建立推导过程的一个基石。因此，要求两次捕捞遵守独立性原则是必需的。

独立性原则从直观上说，就是要求注意寻找有可能导致伤及独立性的因素并设法避免之。例如，若第一次捕捞中被捕到的鱼在捕获和做记号过程中受到伤害，就会降低其在第二次捕捞中的被捕获概率；再如，若捕获时采用诱饵方式，则曾经被捕到的鱼在再次诱捕时被捕到的概率可能会受到影响，有可能提高，也有可能降低。

（二）对实际问题与理论原则之间的差距进行分析

面对研究对象的实际问题与理论原则之间的差距，研究人员应该做的事情是：第一，发现所面临的问题，也就是发现实际问题与理论原则之间的所有分歧点；第二，评估各个分歧点问题的严重程度；第三，寻找解决问题的办法，设计缩小分歧的策略。

在上面的三件事情中，第一件事情是最为重要的。因为实际问题与理论原则之间的差距会使分析结论发生偏差。假如实际问题与理论原则之间有很大的差距而未被发现，人们就会把错误的分析结论误认作正确并当作决策依据加以使用而导致决策错误；相反，只要发现了实际问题与理论原则之间的差距，即便没有找到满意的消除差距的办法，至少还可以就此发出警示，提醒资料的使用者注意，分析结论"仅供参考"。前面关于这第一件事情，特别使用了"发现"一词。因为实际问题与理论原则之间的分歧点并不是摆在桌面上的，这些分歧点多数是潜在的，要靠研究人员通过小心而缜密的思考去发现。

第三节　总体和样本

一　总体和样本基本概念概说

(一)"总体"一词在统计学中的两种不同的含义

在统计学中,"总体"这一术语会分别用于两种不同的场合,在各自的场合,分别有各自不同的含义。

一种场合:当对一个集团现象(如全国经济单位的集合)进行统计调查时,把统计调查任务所规定的属于调查范围的该集团现象的全体基本单位的集合叫作总体。在这里,统计调查所要收集的数据的承担者是该集团现象的每个基本单位,它们被称作调查单位。因此,这里所说的总体,不妨把它叫作"由调查任务定义的总体"。这种总体由特定的调查任务规定了观察的范围,因此它有明确的边界,它所包含的单位数目是有限的,在这个意义上,有的文献将其称为"有限总体"。

另一种场合:有的时候会面对一个具有随机性的研究对象。这里所说的随机性,指的是下面两种情况之一:事情还没有发生,将要发生的结果呈现不确定性;事情已经发生,但所发生的为何种结果我们不知道,对所发生的结果的猜测呈现不确定性。对于所面对的这个具有随机性的研究对象,可能想要了解它的某种或某些未知特征,为此要收集来自这个研究对象的数据。这时,把来自这个具有随机性的研究对象的数据叫作样本,相应地把产生数据的那个具有随机性的研究对象叫作总体。在统计学中,对于一个具有随机性的研究对象,是用随机试验来定义的,而研究者所关注的试验结果则被定义为一个适当的随机变量。概率分布是对随机变量最完整的描述。因此,这里所说的总体,实际上是由特定的随机试验定义的具有特定概率分布的随机变量,不妨把它叫作"由随机试验定义的总体"。例如,由"抛掷一枚均匀的骰子观察出现的点数"这一随机试验定义的总体是具有下列概率分布的随机变量 X:

$$X \sim \begin{bmatrix} 1 & 2 & 3 & 4 & 5 & 6 \\ 1/6 & 1/6 & 1/6 & 1/6 & 1/6 & 1/6 \end{bmatrix} \qquad (2.32)$$

有的人把这里的总体说成（1，2，3，4，5，6），那是不对的。（1，2，3，4，5，6）仅仅是随机试验的6种互不相容的结局，把各种结局和各种结局出现的概率结合在一起才是抛掷骰子随机试验定义的总体。如果有的读者习惯于把总体看作一些元素的集合，那么可以这样理解现在的这个总体：假如独立重复地把这个抛掷骰子的随机试验无限地进行下去，把每次抛掷结果出现的点数记录下来，会得到一个由若干个1、若干个2、若干个3、若干个4、若干个5、若干个6这样一些数字组成的无限数列。随着数列的项数趋于无穷大，数列中1、2、3、4、5、6出现的频率会分别向1/6逼近。这个由若干个1、若干个2、若干个3、若干个4、若干个5、若干个6这样一些数字组成的无限数列与式（2.24）等价，也就是现在所说的总体。在无限地重复进行同一个随机试验得到一个由试验结果组成的无限数列的意义上，有学者把"由随机试验定义的总体"叫作"无限总体"。随机试验有可重复和不可重复两种情形。当然，对不可重复的情形，无所谓"无限总体"之说。

（二）两种不同含义的总体之间的联系

例2.4，在连续重复加工产品过程中抽取随机样本。用一台机器在一组不变的条件下连续重复地加工某种产品。在这一过程中截取了某一个时间段内加工完成的N件产品。任务1：想要通过这N件产品估计该加工过程产品尺寸的数学期望值μ和产品合格的概率π。任务2：一位购买者购买这N件产品时，想要知道产品的质量状况特别是产品的尺寸是否符合要求。为此，他测量了每件产品的尺寸，计算出平均尺寸$\bar{X}$，并依据质量标准检验了每件产品是否合格，计算出产品合格率P。

先看任务2。显然，就任务2而言，这N件产品是一个"由调查任务定义的总体"。为完成任务2所做的调查工作同常见的各种社会经济统计调查（如对全国经济单位总体进行的经济普查）性质是一样的。在本项任务中计算的平均尺寸$\bar{X}$和产品合格率P是对N件产品（由调查任务定义的总体）现实状态的描述。

再看任务1。就任务1而言，这N件产品是来自"由随机试验定义的总体"的简单随机样本。说得确切些：若把产品尺寸记作ξ，则由随机试验定义的总体是正态随机变量$\xi \sim N(\mu, \sigma^2)$，样本是$\xi_1, \xi_2, \cdots, \xi_N$；若把产品是否合格记作$\zeta$，则由随机试验定义的总体是具有概率分布式（2.33）

的随机变量 ζ，样本是 ζ_1，ζ_2，…，ζ_N。在这里，

$$\zeta \sim \begin{bmatrix} 1 & 0 \\ \pi & 1-\pi \end{bmatrix} \quad (2.33)$$

式（2.33）中，1 表示产品合格，0 表示产品不合格。另外，之所以说样本 ξ_1，ξ_2，…，ξ_N 和 ζ_1，ζ_2，…，ζ_N 是简单随机样本，是因为各个 ξ_i（$i=1$，2，…，N）独立，并且都和 ξ 具有相同的分布，各个 ζ_i（$i=1$，2，…，N）独立，并且都和 ζ 具有相同的分布。最后还要注意到，在任务 2 中计算的平均尺寸 $\bar{X}$ 和产品合格率 P 拿到任务 1 中，是任务 1 中的样本统计量，可以用来充当 μ 和 π 的估计量，我们知道，它们是 μ 和 π 的无偏估计量。

用例 2.4 说明这样一件事情，那就是：任何一个"由调查任务定义的总体"都可以看作某一个适当的实际发生的或想象中的"由随机试验定义的总体"的简单随机样本。

统计学中有所谓"描述统计学"和"推断统计学"之说。在例 2.4 中，任务 2 是描述实际发生的事物的现实状态，属于描述统计学范畴；任务 1 是用来自具有随机性的研究对象的数据（样本）去推断这个研究对象的未知特征，属于推断统计学范畴。由于作为任务 2 描述对象的"由调查任务定义的总体"其实是"由随机试验定义的总体"的样本，所以在统计学中对描述统计学有所谓"描述统计是就样本来描述样本"这样的说法。

（三）有限总体概率抽样

例 2.5，从例 2.4 抽取的 N 件产品中抽取概率样本。假设例 2.4 中抽取的 N 件产品，N 很大，对这些产品逐一进行检查有困难。于是从中不放回地抽取了一个容量为 n 的简单随机样本。一方面，对这 n 件产品逐一测量它们的尺寸，测量结果记作 x_1，x_2，…，x_n，计算它们的平均数 $\bar{x}$；另一方面，对这 n 件产品逐一检验它们是否合格，检验结果记作 z_1，z_2，…，z_n，计算合格品所占的比例 p。用 $\bar{x}$ 充当 $\bar{X}$ 的估计量，用 p 充当 P 的估计量。$\bar{x}$ 和 p 分别是 $\bar{X}$ 和 P 的无偏估计量。

首先，虽然这里的 n 样本和例 2.4 中的 N 样本都叫简单随机样本，但抽取方式是不相同的。例 2.4 是在独立重复进行的随机试验过程中抽取样本，只要在这个过程中截取一个段落就可以了，N 样本就是这样得到的；

本例是在一个有限总体中抽取样本，要想从有限总体中得到一个概率样本，必须对抽取行为专门进行精心的组织，使得每次抽取行为都成为一个随机试验，这里的 n 样本是经过对有限总体的 N 件产品逐一编号然后用随机数表读取 n 个随机数这样的操作抽取出来的。

其次，本例中用 $\bar{x}$ 和 p 去估计 $\bar{X}$ 和 P，这种工作是描述还是推断？一方面，这种工作归根到底是为了完成 $\bar{X}$ 和 P 所担负的任务，而在例 2.4 的任务 2 中，$\bar{X}$ 和 P 所担负的是描述的任务，所以，用 $\bar{x}$ 和 p 去估计 $\bar{X}$ 和 P，从工作目标来说属于描述统计范畴；另一方面，这种工作在路径上是用来自具有随机性的研究对象的数据（样本）去推断这个研究对象的未知特征，所以，用 $\bar{x}$ 和 p 去估计 $\bar{X}$ 和 P，从方法论来说属于推断统计范畴。

最后，许多时候会近似地用 n 样本的 $\bar{x}$ 和 p 去完成估计 μ 和 π 的任务。这时，一定要明白，这是在代替 N 样本的 $\bar{X}$ 和 P 去执行任务，其效果无疑较之用按理应当使用的 N 样本的 $\bar{X}$ 和 P 的效果要差。二者差距的大小取决于什么呢？下面只用估计 μ 的任务来说明。显然，二者差距的大小要看样本 x_1, x_2, $\cdots$, x_n 与样本 ξ_1, ξ_2, $\cdots$, ξ_N 接近的程度。这两个样本接近的程度表现在两个方面：一是样本量 n 与 N 之间的接近程度，希望 n 尽可能接近 N；二是各个 x_i（$i=1$, 2, $\cdots$, n）的分布（它们是同分布的）与各个 ξ_i（$i=1$, 2, $\cdots$, N）的分布（它们也是同分布的）的接近程度，希望 x_i 的分布尽可能接近 ξ_i 的分布。x_i 的分布与 ξ_i 的分布之间的差距取决于什么呢？我们知道，各个 ξ_i（$i=1$, 2, $\cdots$, N）的分布与总体 $\xi \sim N(\mu, \sigma^2)$ 的分布相同，而各个 x_i（$i=1$, 2, $\cdots$, n）的分布与产生 n 样本的有限总体的分布相同。产生 n 样本的有限总体是我们从生产线上抽出（截取）的 N 件产品。如果我们对这 N 件产品的尺寸进行组距式分组整理然后画出频率分布直方图，那么这个直方图是对产生 n 样本的有限总体的分布的一个描述。我们知道，其实这个分布是 $\xi \sim N(\mu, \sigma^2)$ 的经验分布。经验分布与理论分布的接近程度取决于样本量 N 的大小。N 越大，经验分布就越接近于理论分布。可见，x_i 的分布与 ξ_i 的分布之间的差距取决于 N 的大小，N 越大，x_i 的分布越接近于 ξ_i 的分布。

二 捕获－再捕获模型中的总体和样本

（一）想要对池塘中的鱼点数

想要知道池塘中鱼的数目，最原始的想法是对池塘中的鱼点数。这个任务和例 2.4 的任务 2 属于同一类型。这里的池塘中所有的鱼和例 2.4 中顾客想要购买的 N 件产品一样，都是"由调查任务定义的总体"。为了完成点数的任务，当然需要把鱼捕捞上来。先后捕捞了两次，每次捕捞的结果都是从池塘中所有的鱼这个有限总体中抽取的概率样本。

在这个工作中，不幸的是，不论是哪一次捕捞，都没有把池塘中所有的鱼全部捕捞上来，因此对每次捕捞所清点的鱼的数目都不是池塘中所有的鱼的数目。于是就提出了一个问题：怎样根据手中得到的数据去估计池塘中鱼的数目。

（二）随机化推断和模型化推断

Cochran（2007）介绍了有限总体概率抽样中的随机化推断理论框架和模型化推断理论框架。所谓随机化推断理论框架是把有限总体的统计指标数值看作固定不变的，用概率样本来估计这个数值。所谓模型化推断理论框架是把有限总体看作一个超总体的随机样本，把有限总体的统计指标看作由该超总体的某个适当的数学模型所定义的随机变量。至于所面对的那个特定的有限总体的统计指标数值，则看作上述模型的一个具体实现。

（三）用模型化推断理论框架解决池塘中鱼的数目的估计问题

池塘中鱼的数目的估计问题无法用随机化推断理论框架去解决，只能求助于模型化推断理论框架。在模型化推断理论框架下，池塘中的鱼被看作一个超总体的随机样本。这里所说的超总体，指的是一个由随机地产生鱼的随机试验机定义的四点分布随机变量。随机试验机所产生的鱼有下列四种可能的互不相容的结局：x_{11} ＝｛所产生出来的鱼将在第一次捕捞和第二次捕捞中都被捕到｝；x_{12} ＝｛所产生出来的鱼将只是在第一次捕捞中被捕到而在第二次捕捞中未被捕到｝；x_{21} ＝｛所产生出来的鱼将只是在第二次捕捞中被捕到而在第一次捕捞中未被捕到｝；x_{22} ＝｛所产生出来的鱼在第一次捕捞和第二次捕捞中都将未被捕到｝。这个四点分布随机变量可以表示为具有概率密度函数式（2.10）的随机向量 **X**，也可以表示为具有下面的分布列的随机变量 X：

$$X \sim \begin{bmatrix} x_{11} & x_{12} & x_{21} & x_{22} \\ \pi_{11} & \pi_{12} & \pi_{21} & \pi_{22} \end{bmatrix} \quad (2.34)$$

式（2.10）和式（2.26）中，π_{11}，π_{12}，π_{21}，π_{22} 分别表示发生 x_{11}，x_{12}，x_{21}，x_{22} 的概率，$\pi_{11}+\pi_{12}+\pi_{21}+\pi_{22}=1$。在模型化推断理论框架下，池塘中的鱼这个有限总体的统计指标即鱼的数目 N 被看作由上述四点分布随机变量的某个适当的数学模型所定义的随机变量。这里所说的适当的数学模型，指的是似然函数式（2.20）。在这个似然函数中，N 被看作随机变量，而所关心的那个特定的池塘中的鱼的数目则是随机变量 N 的一个具体实现。

第四节　捕获-再捕获模型与双系统估计量的关系

鱼与人毕竟不同。在将捕获-再捕获模型移植到人类总体构造双系统估计量时需要做六项工作。

第一项工作，剔除普查人口名单中不属于普查目标总体的人口，包括普查员登记的普查时点前死亡或之后出生的人口，登记的临时来访者，重复登记的人口。第一次或第二次捕获只会发生遗漏，而不会发生同一条鱼在一次捕获中被捕获一次以上，也不会捕获池塘之外的鱼。

第二项工作，将普查日与事后计数调查日之间不可避免的人口移动因素纳入双系统估计量，构造人口移动的双系统估计量。进行事后计数调查所遇到的一个问题是普查日与事后计数调查日之间的延迟（通常在半个月以上）。这样的延迟虽然一定程度上可以保证这两项调查独立，但较长的延迟也会带来一些风险。首先，随着调查之间间隔的增加，受访者可能会忘记他们或他们的家庭成员普查日的居住地址或与估计有关的其他详细信息。更为严重的是，随着时间的推移，将会有更多的人搬到另一处住所，这使得确定这些人在普查日的居住地更加困难。双系统估计量所要估计的是普查时点上的人数。这需要获取每个人普查时点的居住地址，以便确定该时点上每个住房单元的人数。第一次和第二次捕获之间通常不过几天时间。在这段时间内，池塘中鱼的数量不会增加或减少。也就是说，构造封闭捕获－再捕获模型可以忽略时间差异。

第三项工作，通过比对普查人口名单和事后计数调查人口名单，获得匹配人数。这两份人口名单中的有些人信息量过少，影响比对质量和效率。后续调查收集新信息再次比对，以提高匹配率和减少比对误差。如果信息量过少的人口的频率较低，对双系统估计量的普查人数及匹配人数的影响一定程度上可以相互抵消。在捕获－再捕获模型中，通过做记号的方法识别同时在两次捕获中捕到的鱼，发生误差的概率较小。

第四项工作，先假设事后计数调查是对总体的全面调查，在这种假设条件下，与普查结合在一起依据捕获－再捕获模型构造理论双系统估计量。然后利用抽取的事后计数调查样本资料构造理论双系统估计量的构成部分的估计量。捕获－再捕获模型的两次捕获都是全面捕获，无须构造其构成部分的估计量。换句话说，捕获－再捕获模型的第一次、第二次及两次同时捕获的动物数目都是指标，而不是估计量。由于这个差异，双系统估计量的抽样方差使用分层刀切抽样方差估计量近似计算，而捕获－再捕获模型的方差使用 Delta 方法计算。

第五项工作，采取措施使普查与事后计数调查独立。措施包括两项调查使用不同的调查员，成立不同的调查机构，使用不同的调查方法。构造封闭捕获－再捕获模型时，第一次和第二次捕获往往使用不同的捕获方法，两次捕获之间的独立性可以得到较好满足。

第六项工作，确保总体中的每个人有同样的概率在普查中登记，有同样的概率在事后计数调查中登记，这两个概率不要求相等。捕获－再捕获模型要求池塘中的每条鱼有同样的机会在第一次捕获或第二次捕获中被捕到。

第三章　对总体人口等概率分层

本章内容，主要参考笔者2010年和2015年分别在《数理统计与管理》上发表的论文《美国2000年和2010年人口普查质量评估方法解读》和《人口普查质量评估中抽样后分层变量的选择》；2015年在《数量经济技术经济研究》上发表的论文《人口普查质量评估中Logistic回归模型的应用》。

捕获－再捕获模型为双系统估计量的建立奠定了理论基础。但捕获－再捕获模型并不是双系统估计量。在将捕获－再捕获模型应用到人类总体构造双系统估计量的时候，还需要解决的一个重要问题是，对总体中的人口等概率分层。具体来说，就是寻找适当的人口统计特征或居住位置作为分层变量。这些变量应当能够做到，把人口普查登记概率大致相同的人口放在同一个层。

第一节　分层变量的选择

那么，怎样选择对总体人口等概率分层的变量？在决定对总体人口等概率分层后，就要考虑如何选择分层变量。那么应当怎样确认影响人口在普查中登记概率的变量？下面通过一个具体的案例，说明如何选择分层变量。研究人员会根据对本国人口状况的知识以及以往人口普查工作的经验，或者再进一步参考别的国家所选用的分层变量，提出备选变量群。尚未见到任何国家或地区的政府统计部门提出对总体中的人口进行等概率分层的具体方法。

中国学者率先在人口普查质量评估领域提出加权优比排序法，以完成对备选变量群中的变量按影响人口登记概率作用的大小进行排序的任务（胡桂华，2015）。全部讨论将借助一个假设的算例来进行。关注点在于怎样应用统计方法而不在于变量选择的结果。所以，在算例中，备选变量群中变量的数目将比实际工作中的数目少得多；对于算例中出现的变量，排序的结果与现实生活中这几个变量的排序可能也不一致。另外还要说明，对备选变量群中的变量按影响人口登记概率作用的大小进行排序所依据的样本应当是一个在全国范围内抽取的样本，而不应该仅仅使用某个局部地区的样本。因为地区本身（或者还有，按不同地区聚居的不同的民族）可能就是影响人口登记概率的重要变量。

一 算例及说明

（一）算例

研究人员根据经验及其他有关信息猜想，人口的性别、年龄、受教育程度可能对其在人口普查中登记的概率有影响。现在的任务有两个：一是用样本数据来检验这种猜想是否正确，也就是说，要检验性别、年龄、受教育程度这三个变量各自与"在普查中是否登记"这个变量是统计相依还是统计独立；二是性别、年龄、受教育程度三者中与"在普查中是否登记"统计相依的是哪几个，相依程度的顺序如何。研究人员整理了上次全国人口普查事后计数调查的资料，得到的数据如表3-1所示。

表3-1 各种类型人口进行普查登记的人数

单位：人

性别 x	年龄 y	受教育程度* z	在普查中是否登记 w 是（$t=1$）	否（$t=2$）	合计
男 ($i=1$)	0~14岁 ($j=1$)	文盲半文盲（$k=1$）	1135	170	1305
		小学及初中（$k=2$）	1424	158	1582
		高中及以上（$k=3$）	6	1	7
		男0~14岁小计	2565	329	2894
	15~59岁 ($j=2$)	文盲半文盲（$k=1$）	165	70	235
		小学及初中（$k=2$）	7551	2937	10488
		高中及以上（$k=3$）	1038	466	1504
		男15~59岁小计	8754	3473	12227

续表

性别 x	年龄 y	受教育程度* z	在普查中是否登记 w 是 ($t=1$)	否 ($t=2$)	合计
男 ($i=1$)	60 岁及以上 ($j=3$)	文盲半文盲 ($k=1$)	564	132	696
		小学及初中 ($k=2$)	1198	299	1497
		高中及以上 ($k=3$)	97	21	118
		男 60 岁及以上小计	1859	452	2311
	男性合计		13178	4254	17432
女 ($i=2$)	0~14 岁 ($j=1$)	文盲半文盲 ($k=1$)	1074	81	1155
		小学及初中 ($k=2$)	1401	90	1491
		高中及以上 ($k=3$)	4	1	5
		女 0~14 岁小计	2479	172	2651
	15~59 岁 ($j=2$)	文盲半文盲 ($k=1$)	172	57	229
		小学及初中 ($k=2$)	7571	2261	9832
		高中及以上 ($k=3$)	1042	329	1371
		女 15~59 岁小计	8785	2647	11432
	60 岁及以上 ($j=3$)	文盲半文盲 ($k=1$)	642	104	746
		小学及初中 ($k=2$)	1336	254	1590
		高中及以上 ($k=3$)	127	22	149
		女 60 岁及以上小计	2105	380	2485
	女性合计		13369	3199	16568
合计			26547	7453	34000

注：*本表中的文盲半文盲包括两部分人，一是 0~6 岁人口；二是 6 岁以上的文盲半文盲人口。

（二）对算例的说明

1. 关于样本的抽取方式

计算优比时需要先计算上面列联表各单元的概率估计量。假如对整个人口有限总体按上面的列联表进行分组，则用这样的分组结果计算的各单元的人口百分比（各单元的频率）是单元概率的无偏估计量。如果从人口有限总体中以人为抽样单位进行不分层的简单随机抽样，对这个样本按上面的列联表进行分组，则用这样的分组结果计算的各单元的人口百分比是前述人口有限总体单元概率的无偏估计量，从而也是无限总体单元概率的无偏估计量。

但是，在事后计数调查中，不可能以人为抽样单位。这是因为，在进行此种抽样时，无法为抽样制备整个人口总体按人编制的抽样框（此时所拥有的在人口普查中登记的人口名单，因其会遗漏一些人口，还会含有一些错误登记，所以不具备充当抽样框的条件）。因此，事后计数调查通常是把某种地理小区（街区、街区群、普查小区等）作为抽样单位，并且对这种抽样单位进行抽样时还要进行这样或那样的事先分层。在这种采用比较复杂的方式抽取有限总体概率样本的条件下，需要相应地采用较为复杂的构造估计量的方法，才能得到人口有限总体各组格频率的无偏估计量，从而用它充当单元概率的估计量。

先假定表 3-1 中的 34000 人是从全国人口有限总体中以人为抽样单位进行不分层的简单随机抽样抽取出来的，以便能够集中精力说明优比的计算和分析过程。

2. 关于人口普查中进行登记的人和遗漏的人

人口普查中进行登记的人有两种情况，一是应该进行普查登记；二是不应该进行普查登记。人口普查登记遗漏的人只有通过事后计数调查才能被发现。上面我们说，假定表 3-1 中的 34000 人是从全国人口有限总体中以人为单位抽取出来的。这里所说的"全国人口有限总体"不是指人口普查登记名单，而是指从人口普查登记名单中剔除了错误登记的人，又把被普查登记遗漏的人全都补充完整以后的一个理想的新名单。

二 优比的一般概念

假定随机变量 ξ 取 A 和 $\bar{A}$ 两个值，随机变量 η 取 B 和 $\bar{B}$ 两个值，它们的联合概率分布和边缘概率分布为下面的不完整二维列联表（见表 3-2）。

表 3-2　不完整二维列联表的单元概率

		η		合计
		B（列标 =1）	$\bar{B}$（列标 =2）	
ξ	A（行标 =1）	π_{11}	π_{12}	$\pi_{1.}$
	$\bar{A}$（行标 =2）	π_{21}	π_{22}	$\pi_{2.}$
	合计	$\pi_{.1}$	$\pi_{.2}$	1

定义

$$P(AB)/P(A\bar{B}) = \pi_{11}/\pi_{12} \tag{3.1}$$

为具有属性 A 时 B 发生比 B 不发生（$\bar{B}$ 发生）的优势。定义

$$P(\bar{A}B)/P(\bar{A}\bar{B}) = \pi_{21}/\pi_{22} \tag{3.2}$$

为具有属性 $\bar{A}$ 时 B 发生比 B 不发生（$\bar{B}$ 发生）的优势。而式（3.1）与式（3.2）之比

$$[P(AB)/P(A\bar{B})]/[P(\bar{A}B)/P(\bar{A}\bar{B})] = (\pi_{11}/\pi_{12})/(\pi_{21}/\pi_{22}) \tag{3.3}$$

则定义为优势比，简称优比。优比等于 1 时表明 A 与 B、A 与 $\bar{B}$、$\bar{A}$ 与 B、$\bar{A}$ 与 $\bar{B}$ 两两配对独立，也就是随机变量 ξ 与 η 独立；优比不等于 1 则表明随机变量 ξ 与 η 统计相依；优比值离 1 越远意味着随机变量 ξ 与 η 统计相依的程度越强。我们知道，事件 A 与 B 独立的直观意义是，不论 A 是否发生，不影响 B 发生或不发生的概率，或者反过来，不论 B 是否发生，不影响 A 发生或不发生的概率。这也就是优比等于 1 的直观意义。

三 变量 x、y、z 各自与 w 之间的统计相依程度

（一）假定样本用以人为单位的简单随机抽样方法抽出

在算例中，想要知道变量 x、y、z 各自与 w 之间的统计相依程度，只要分别计算三个优比便能得到说明。它们是：给定 y 和 z 时描述 x 与 w 之间关系的优比 $\alpha(xw \mid yz)$；给定 x 和 z 时描述 y 与 w 之间关系的优比 $\alpha(yw \mid xz)$；给定 x 和 y 时描述 z 与 w 之间关系的优比 $\alpha(zw \mid xy)$。

1. 列联表的单元概率

为了计算所需要的优比，先要计算表 3-1 各个单元的单元概率。在这里，假定表 3-1 中的 34000 人是从全国人口有限总体中以人为抽样单位进行未分层的简单随机抽样抽取出来的。在这样的假定下，便可以用单元实际频数除以总频数 34000 获得的单元频率 p_{ijkt} 代替单元概率 π_{ijkt}。计算结果如表 3-3 所示。

表 3-3　性别、年龄、受教育程度、在普查中是否登记四维列联表的单元概率

性别 x	年龄 y	受教育程度* z	在普查中是否登记 w 是（$t=1$）	否（$t=2$）	合计
男 ($i=1$)	0~14 岁 ($j=1$)	文盲半文盲（$k=1$）	0.033382	0.005000	0.038382
		小学及初中（$k=2$）	0.041882	0.004647	0.046529
		高中及以上（$k=3$）	0.000176	0.000029	0.000205
		男 0~14 岁小计	0.075440	0.009676	0.085116
	15~59 岁 ($j=2$)	文盲半文盲（$k=1$）	0.004853	0.002059	0.006912
		小学及初中（$k=2$）	0.222088	0.086382	0.308470
		高中及以上（$k=3$）	0.030529	0.013706	0.044235
		男 15~59 岁小计	0.257470	0.102147	0.359617
	60 岁及以上 ($j=3$)	文盲半文盲（$k=1$）	0.016588	0.003882	0.020470
		小学及初中（$k=2$）	0.035235	0.008794	0.044029
		高中及以上（$k=3$）	0.002853	0.000618	0.003471
		男 60 岁及以上小计	0.054676	0.013294	0.067970
		男性合计	0.387586	0.125117	0.512703
女 ($i=2$)	0~14 岁 ($j=1$)	文盲半文盲（$k=1$）	0.031588	0.002382	0.033970
		小学及初中（$k=2$）	0.041206	0.002647	0.043853
		高中及以上（$k=3$）	0.000118	0.000029	0.000147
		女 0~14 岁小计	0.072912	0.005058	0.077970
	15~59 岁 ($j=2$)	文盲半文盲（$k=1$）	0.005059	0.001677	0.006736
		小学及初中（$k=2$）	0.222677	0.066500	0.289177
		高中及以上（$k=3$）	0.030647	0.009676	0.040323
		女 15~59 岁小计	0.258383	0.077853	0.336236
	60 岁及以上 ($j=3$)	文盲半文盲（$k=1$）	0.018883	0.003059	0.021942
		小学及初中（$k=2$）	0.039295	0.007471	0.046766
		高中及以上（$k=3$）	0.003736	0.000647	0.004383
		女 60 岁及以上小计	0.061914	0.011177	0.073091
		女性合计	0.393209	0.094088	0.487297
		合计	0.780795	0.219205	1

2. 计算优比

首先，给定 x 和 z 时描述 y 与 w 之间关系的优比 $\alpha\,(yw\mid xz)$。

由于在本算例中变量 y 有 3 个取值，所以我们要分别在 $y=1$ 变到 $y=2$、$y=1$ 变到 $y=3$、$y=2$ 变到 $y=3$ 这 3 种情形下对 $w=1$ 比 $w=2$ 的概率优势计算优比，而给定 x 和 z 又分别有给定 $x=1$、$z=1$，给定 $x=1$、$z=2$，给定 $x=1$、$z=3$，给定 $x=2$、$z=1$，给定 $x=2$、$z=2$，给定 $x=2$、$z=3$ 这 6 种情形。把给定 x 和 z 的 6 种情形与 y、w 取值的 3 种情形相结合，一共有 18 种情形，于是需要计算 18 个优比，$\alpha\,(yw\mid xz)$ 则是这 18 个优比的加权算术平均数。计算这 18 个优比所用的公式是式（3.3）的推广：

$$\alpha_{(i)\frac{j}{j+v}(k)\frac{t}{t+1}} = \frac{\dfrac{\pi_{(i)j(k)t}}{\pi_{(i)j(k)t+1}}}{\dfrac{\pi_{(i)j+v(k)t}}{\pi_{(i)j+v(k)t+1}}} = \frac{\dfrac{P(y=j,w=t\mid x=i,z=k)}{P(y=j,w=t+1\mid x=i,z=k)}}{\dfrac{P(y=j+v,w=t\mid x=i,z=k)}{P(y=j+v,w=t+1\mid x=i,z=k)}} \quad (3.4)$$

第一，分别计算 18 个优比。现在我们来计算上面所说的 18 个优比中的第一个，即在给定 $x=1$、$z=1$ 的条件下，$w=t$（$w=1$）对 $w=t+1$（$w=2$）的概率优势在 $y=1$ 与 $y=2$（$y=j$ 为 $y=1$，$y=j+v$ 为 $y=2$）两种情形下的比。依照式（3.4），这个优比应写为：

$$\alpha_{(1)1/2(1)1/2} = \frac{\dfrac{P(y=1,w=1\mid x=1,z=1)}{P(y=1,w=2\mid x=1,z=1)}}{\dfrac{P(y=2,w=1\mid x=1,z=1)}{P(y=2,w=2\mid x=1,z=1)}} \quad (3.5)$$

式（3.5）中包括 4 个条件概率，先来看其中的 $P\,(y=1,\,w=1\mid x=1,\,z=1)$。它的意思是：在已经知道被观察者为男性（$x=1$）文盲半文盲（$z=1$）的条件下，其为 0~14 岁（$y=1$）且进行了普查登记（$w=1$）的概率。这个条件概率是被观察者为男性（$x=1$）、0~14 岁（$y=1$）、文盲半文盲（$z=1$）、进行了普查登记（$w=1$）同时发生的概率 p_{1111} 与被观察者为男性（$x=1$）且为文盲半文盲（$z=1$）的概率 $p_{1\cdot1\cdot}$ 之比。在这里，前者可从表 3-3 中直接找到，为 0.033382；后者是被观察者为 0~14 岁或 15~59 岁或 60 岁及以上，进行了普查登记或未进行普查登记的男性文盲半文盲这一复合事件的概率，是表 3-3 中 0.038382、0.006912、0.020470 这 3 个数字之和。式（3.5）中的其他三个条件概率可依同理计算。把这 4 个条件概率一并写在下面：

$P(y=1,w=1|x=1,z=1)=0.507603, P(y=1,w=2|x=1,z=1)=0.076029$

$P(y=2,w=1|x=1,z=1)=0.073794, P(y=2,w=2|x=1,z=1)=0.031309$

把它们代入式（3.5），得到 $\alpha_{(1)1/2(1)1/2}=2.836251$。

依据式（3.4）并仿照上面的过程，可算出其他 17 个优比。表 3-4 中的第（1）栏便是这里算出的 18 个优比。

第二，综合计算给定 x 和 z 不同值的优比的加权算术平均数。为综合描述 y 与 w 之间统计相依程度，须计算上述 18 个优比的加权算术平均数，记作 $\alpha(yw|xz)$。表 3-1 提供权数值。加权算术平均数的计算过程如表 3-4 所示。

表 3-4 $\alpha(yw|xz)$ 的计算

组号 τ	$x=i$	$z=k$	$y=j$	$y=j+v$	给定 $x=i$，$z=k$ 时 y 取 j 和 $j+v$ 以及 w 取 1 和 2 的优比 $\alpha_{(i)\frac{j}{j+v}(k)\frac{t}{t+1}}$	校正方向优比值 $\alpha^*_{(i)\frac{j}{j+v}}(k)\frac{t}{t+1}$	$n_{ijk}.$ $n_{i1k}.$	$n_{i2k}.$	$n_{i3k}.$	$n_{i\cdot k}.$	$\alpha^*(i)\frac{j}{j+v}(k)\frac{t}{t+1}\times n_{i\cdot k}.$
(甲)					(1)	(2)	(3)	(4)	(5)	(6)	(7)
1	1	1	1	2	2.832651	0.353026	1305	235	696	2236	789.3661
2	1	1	1	3	1.562446	0.640022	1305	235	696	2236	1431.0892
3	1	1	2	3	0.551584	0.551584	1305	235	696	2236	1233.3418
4	1	2	1	2	3.505464	0.285269	1582	10488	1497	13567	3870.2445
5	1	2	1	3	2.249409	0.444561	1582	10488	1497	13567	6031.3591
6	1	2	2	3	0.641687	0.641687	1582	10488	1497	13567	8705.7675
7	1	3	1	2	2.725610	0.366890	7	1504	118	1629	597.6638
8	1	3	1	3	1.315087	0.760406	7	1504	118	1629	1238.7014
9	1	3	2	3	0.482493	0.482493	7	1504	118	1629	785.9811
10	2	1	1	2	3.395957	0.227482	1155	229	746	2130	483.5367
11	2	1	1	3	2.148253	0.465495	1155	229	746	2130	991.5044
12	2	1	2	3	0.488688	0.488688	1155	229	746	2130	1040.9054
13	2	2	1	2	3.648610	0.215118	1491	9832	1590	12913	2777.8187
14	2	2	1	3	2.959500	0.337895	1491	9832	1590	12913	4363.2381

续表

组号 τ	$x=i$	$z=k$	$y=j$	$y=j+v$	给定 $x=i$, $z=k$ 时 y 取 j 和 $j+v$ 以及 w 取 1 和 2 的优比 $\alpha_{(i)\frac{j}{j+v}(k)\frac{t}{t+1}}$	校正方向优比值 $\alpha^*_{(i)\frac{j}{j+v}(k)\frac{t}{t+1}}$	$n_{ijk\cdot}$ $n_{i1k\cdot}$	$n_{i2k\cdot}$	$n_{i3k\cdot}$	$n_{i\cdot k\cdot}$	$\alpha^*_{(i)\frac{j}{j+v}(k)\frac{t}{t+1}} \times n_{i\cdot k\cdot}$
(甲)					(1)	(2)	(3)	(4)	(5)	(6)	(7)
15	2	2	2	3	0.636642	0.636642	1491	9832	1590	12913	8220.9581
16	2	3	1	2	1.283881	0.778888	5	1371	149	1525	1187.8042
17	2	3	1	3	0.704237	0.704237	5	1371	149	1525	1073.9614
18	2	3	2	3	0.548522	0.548522	5	1371	149	1525	836.4961
合计					—	—	—			102000	45660.7376

$$\alpha(yw \mid xz) = \frac{\sum_{r=1}^{18} \alpha_{(i)\frac{j}{j+v}(k)\frac{t}{t+1}} n_{i\cdot k\cdot}}{\sum_{r=1}^{18} n_{i\cdot k\cdot}} = \frac{45660.7376}{102000} = 0.4477$$

对上面的计算过程做两点说明。首先，关于权数的选择。被平均的每个优比，分别是在普查目标总体的 i 性别 k 受教育程度中计算的人口在普查目标总体总人口中所占的比例，反映了优比在被平均的各个优比中的相对重要性。因此，应该以上述比例作为加权算术平均数的权数。上面的计算过程中，采用了上述总体比例的估计量即相应的样本比例来充当权数。其次，关于校正方向优比值。我们以 $\alpha_{(1)1/2(1)1/2}$ 为例来说明。这个优比是用 0~14 岁文盲半文盲男性进行普查登记，相比不进行普查登记的概率优势（6.676439）除以 15~59 岁文盲半文盲男性进行普查登记，相比不进行普查登记的概率优势（2.356958）得到的结果，前者数值大于后者，所得之商是一个大于 1 的数字（2.832651）；相应地，它的倒数 $\alpha_{(1)2/1(1)1/2}$ 即 15~59 岁文盲半文盲男性进行普查登记，相比不进行普查登记的概率优势除以 0~14 岁文盲半文盲男性进行普查登记，相比不进行普查登记的概率优势则是一个小于 1 的数字（0.353026）。二者的统计意义是等价的，都是描述在文盲半文盲男性人口子总体中年龄与在普查中是否登记两个变量之间统计相依关系的程度，只不过前者是在大于 1 的方向上来说明问题，而后者是在小于 1 的方向上来说明问题。要注意的是，上面互为倒数的两个优比固然具有等价的统计意义，但它们是两种不同的用于说明问题的"语言"。表 3-4 把 18 个子总体的优比列示在一起，想要对它们进行平均，不言而喻，它应该属于同一个类型的语言，即所计算的优比应该要么都在大于 1 的方向上来说明问题，要么都在小于 1 的方向上来说明问题。假如这些优比有的大于 1，有的小于 1，那么这些数据就失去了同质性，不能计算平均数。现在我们约定，统一使用小于 1 的优比值来说明问题。为了满足这一约定，特别对表 3-4 第（1）栏的 18 个优比进行一次方向性校正，定义校正方向优比值，校正结果列在表 3-4 第（2）栏。校正规则如下面的式（3.6）：

$$\alpha^*(i)\frac{j}{j+v}(k)\frac{t}{t+1} = \begin{cases} \alpha_{(i)\frac{j}{j+v}(k)\frac{t}{t+1}} & [若\ \alpha_{(i)\frac{j}{j+v}(k)\frac{t}{t+1}} \leq 1] \\ 1/\alpha_{(i)\frac{j}{j+v}(k)\frac{t}{t+1}} & [若\ \alpha_{(i)\frac{j}{j+v}(k)\frac{t}{t+1}} > 1] \end{cases} (i=1,2;k=1,2,3)$$

(3.6)

加权算术平均数 $\alpha(yw \mid xz)$ 用表 3-4 第（2）栏校正方向优比值计算。

其次，给定 y 和 z 时描述 x 与 w 之间关系的优比 $\alpha(xw \mid yz)$ 以及给定 x 和 y 时描述 z 与 w 之间关系的优比 $\alpha(zw \mid xy)$。仿照上面的过程可以算得，$\alpha(xw \mid yz) = 0.7228$，$\alpha(zw \mid xy) = 0.8711$。

3. 三个优比之间的比较

我们关心的问题是，性别（x）、年龄（y）、受教育程度（z）这三个变量哪一个与在普查中是否登记（w）的统计相依关系最密切，哪一个次之，哪一个排在最后。对上面算出的三个优比进行比较，即可回答我们所关心的问题。三个优比的比较如表 3-5 所示。

表 3-5 三个优比的比较

	统计相依关系的变量		
	性别 x 与在普查中是否登记 w	年龄 y 与在普查中是否登记 w	受教育程度 z 与在普查中是否登记 w
优比	$\alpha(xw \mid yz) = 0.7228$	$\alpha(yw \mid xz) = 0.4477$	$\alpha(zw \mid xy) = 0.8711$
1-优比	0.2772	0.5523	0.1289
优比与 1 距离远近	次远	最远	最近
变量间统计相依强弱	次强	最强	最弱

优比等于 1 时表明两个变量统计关系独立，优比值离 1 越远，表明两个变量统计相依关系越强。从表 3-5 看到，对于在普查中是否登记这个变量的影响关系来说，年龄最强，性别次之，受教育程度最弱。所以，在人口普查质量评估工作中出于构造双系统估计量的需要想要对样本进行抽样后分层的时候，假如我们想要从年龄、性别、受教育程度三个变量中选择两个，那么在本算例中，应该选择年龄和性别而把受教育程度舍去。

这里有一个问题，上面算出的三个优比实际上分别是三个样本统计量的观察值，不应该直接用它们来比较大小，而应当分别进行对总体的统计推断，然后用对总体统计推断的结果进行比较。《生存数据分析的统计方法》一书中介绍了优比区间的估计方法。根据它可以讨论表 3-5 中三个加权平均优比的置信区间。

（二）若样本用两重抽样

对总体普查小区，按城乡变量分在 2 个层中，用 h 表示，在每层，以普查小区为抽样单位，抽取简单随机样本。对抽取的第一重样本，按照调查难度分在三层，用 g 表示，分别独立地在上述每个 g 层，以普查小区为抽样单位，抽取简单随机第二重样本。对进入第二重样本的普查小区中的每个住房单元及其中的每人 100% 调查登记。

在这种抽样操作方式下，表 3-3 中各个单元概率的估计量不能由表 3-1 直接计算的样本中人数百分比来充当，而应当用复杂抽样方式的样本构造表 3-3 中各单元的人口有限总体的总体人口比例的估计量，拿此种估计量替换表 3-3 中各单元的人数百分比之后用以计算优比。

进行人口普查质量评估的时候，要对样本中各普查小区中的住房单元逐一调查，登记该住房单元中普查日在该处居住的居民。在登记时会遇到三种情况。一是无移动者。这些人在普查日是该处的居民，进行事后计数调查登记时仍是该处的居民。二是向外移动者。这些人在普查日是该处的居民，进行事后计数调查登记时迁移到了本普查小区以外的其他的地方。对这些人要请知情人（如邻居、公寓管理人员等）帮助提供他们的情况。三是向内移动者。这些人在普查日不是该处的居民，进行事后计数调查登记时从其他地方迁移到了本普查小区。通过调查，编制一份包括无移动者和向外移动者在内的人的名单，称为事后计数调查时追溯的普查日的人口名单。与这份名单平行,在各个样本普查小区还有一份在人口普查时登记的人口名单。进行人口普查质量评估的时候,要用这份名单与普查时登记的人口名单进行匹配性比对,得到匹配人数。普查登记的人口名单中未匹配的那些人一般是错误登记;事后计数调查时追溯的普查日的人口名单中未匹配的那些人是应该进行普查登记但是未进行普查登记的遗漏者;而匹配者则是应该并且进行了普查登记的人。

构造表3-3各个单元的总体人口比例的估计量,需要对样本中各普查小区采集下列数据:本小区在普查日应该进行普查登记的人数;在这些人中进行了普查登记的人数和未进行普查登记的人数;上述这三种人中各种性别的人数、各种年龄的人数、各种受教育程度的人数。由于向内移动者不是应该在本小区进行普查登记的人,所以在采集所需要的数据时要把向内移动者排除在外。至于向外移动者,固然这些人属于本小区在普查日应该进行普查登记的人口,但是追踪这些人的人数较为困难,弄清他们的性别、年龄、受教育程度以及是否进行了普查登记就更加困难,因此,在采集所需要的数据时不妨把向外移动者忽略,这样做相当于仅仅在普查目标总体的无移动者中研究性别、年龄、受教育程度三个变量与是否进行普查登记的关系。直观地考虑,忽略向外移动者对研究结论应该不会有多大的影响。

用足标 s 表示某个普查小区,用足标 hgs 表示我们正在观察的那个省份的 h 层 g 子层中的某个普查小区,用足标 hs 表示我们正在观察的那个省份的 h 层中的某个普查小区。对某个普查小区 s 中的全体无移动者进行观察,获得本小区形如表3-1的列联表数据,为了书写公式简单,以下统一用记号 γ_s 表示某个普查小区 s 此种数据表中各个单元的人数以及所有单元人数的和(该小区全体无移动者的人数),这样,全省无移动者总体用表3-1方式分组的各个单元人数的估计量以及全省无移动者人数的估计量便可以用下面一个统一的公式来表述:

$$\hat{\Gamma}_{省份} = \sum_{h=1}^{H} \sum_{g=1}^{G} \sum_{s=1}^{m_n} \frac{N_h}{n_h} \frac{n_{hg}}{m_{hg}} \lambda_{hgs} \beta_{hgs} \gamma_{hs} \qquad (3.7)$$

式(3.7)中,N_h 是 s 普查小区所在的 h 层的普查小区总数目;n_h 是这个 h 层第一重样本的普查小区数目;n_{hg} 是 s 普查小区所在的 h 层并且所在的 g 子层的第一重样本属于该子层的普查小区数目;m_{hg} 是从 n_{hg} 中抽取出来的第二重样本的普查小区数目；λ_{hgs} 是指示第二重抽样各个分样本所对应的作业总体的示性函数，若 h 层中普查小区 s 属于 g 则 λ_{hgs} 取值 1，若是其他情形则 λ_{hgs} 取值 0；β_{hgs} 是指示第二重抽样各个分样本的示性函数，若第一重样本 hg 层中的普查小区 s 被抽入第二重样本则 β_{hgs} 取值 1，若是其他情形则 β_{hgs} 取值 0；y_{hs} 是 h 层第一重样本中各个普查小区 s 的正在关注的某一个单元的人数，通过两个示性函数把它们分别归入不同的 g 层并且把其中未进入第二重样本的排除掉。

对于上面所做的人口普查质量评估中采集样本数据情况的介绍以及构造估计量式（3.7）的机理，见前面的讨论。

把全国各省区市不同单元的 $\hat{\Gamma}_{省份}$ 值分别对应相加汇总，便得到全国无移动者人口总体用表 3-1 方式分组的各单元人数的以及总人数的估计量 $\hat{\Gamma}_{全国}$。在全国无移动者人口总体用表 3-1 方式的分组表中，我们把各单元人数记为 η_{ijkt}（$i=1, 2; j=1, 2, 3; k=1, 2, 3; t=1, 2$），把总人数记作 χ，于是，上面所算出的各个 $\hat{\Gamma}_{全国}$ 值，可以分别记作 $\hat{\eta}_{ijkt}$（$i=1, 2; j=1, 2, 3; k=1, 2, 3; t=1, 2$）和 $\hat{\chi}_{省份}$。用新的记号写出全国无移动者人口总体用表 3-1 方式分组各单元人数比例 P_{ijkt} 的估计量为：

$$\hat{P}_{ijkt} = \frac{\hat{\eta}_{ijkt}}{\hat{\chi}} \quad (1, 2; j=1, 2, 3; k=1, 2, 3; t=1, 2) \quad (3.8)$$

在两重抽样方式下，应该用式（3.8）的计算结果替换表 3-3 各单元的数据，然后据以计算所需要的优比。

第二节　等概率分层方案

加权优比排序法提供了对总体人口等概率分层变量选择的数量依据。不同国家基于不同国情、不同人口特点，选择的分层变量会有所差异。分层变量的数目受样本规模限制。如果样本规模足够大，可以选择足够多的影响人们在普查中等概率的变量对总体人口分层，否则要压缩变量数目，确保每个等概率人口层分配一定的样本量。本节讨论美国 2000 年等概率分层方案（U. S. Census Bureau，2004）和中国 2020 年等概率分层方案。

一 美国 2000 年等概率分层方案

（一）所选择的分层变量以及每个分层变量下所划分的层

1. 人口的种族以及是否为西裔

①居留地上的印第安人或阿拉斯加世居居民；②非居留地上的印第安人或阿拉斯加世居居民；③西裔；④非西裔黑人；⑤夏威夷世居居民或太平洋岛民；⑥非西裔亚裔；⑦非西裔白人或其他种族。

2. 人口的年龄和性别

①18 岁及以下的男性和女性；②18～29 岁男性；③18～29 岁女性；④30～49 岁男性；⑤30～49 岁女性；⑥50 岁及以上男性；⑦50 岁及以上女性。

3. 人口所在住房单元是否拥有房屋所有权

①人口所在住房单元拥有房屋所有权；②人口所在住房单元没有房屋所有权。

4. 人口常住地所在地区的城市类型

①大型城市，普查表的发出与回收区（指全国最大的 10 个城市）；②中型城市，普查表的发出与回收区（指除去全国最大的 10 个城市以外人口规模不少于 50 万人的城市）；③小型城市或非城市，普查表的发出与回收区（指人口规模少于 50 万人的城市）；④所有其他的不是普查表的发出与回收区的地区。

5. 人口常住地所在地区的普查表回收率类型

①高回收率地区（回收率在 25% 及以上）；②低回收率地区（回收率在 25% 以下）。

6. 人口常住地所在地区的地理位置类型

①北部地区；②中西部地区；③南部地区；④西部地区。

（二）交叉分层设计

如果把上面 6 个变量（我们把"人口的种族以及是否为西裔"视作 1 个变量，把"人口的年龄和性别"视作 1 个变量）的分层设计完全地进行交叉，那么就会形成 7×7×2×4×2×4＝3136 个交叉层。出于实际情况的考虑，在进行交叉分层设计时，对上面的某些交叉层做了适当的合并（这些合并是在收集数据之前进行的）。具体合并情况如下。

（1）非西裔白人或其他种族的房屋拥有者：不合并。

（2）非西裔白人或其他种族的非房屋拥有者：地理位置表现合并，但普查表回收率表现不合并。

（3）非西裔黑人：地理位置表现合并，普查表回收率表现不合并，城市类型的第一、二组合并以及第三、四组合并。

（4）西裔：地理位置表现合并，普查表回收率表现不合并，城市类型的第一、二组合并以及第三、四组合并。

（5）夏威夷世居居民或太平洋岛民：只保留是否拥有房屋所有权下面的分层以及年龄和性别下面的分层，其他变量的分层全部合并。

（6）非西裔亚裔：只保留是否拥有房屋所有权下面的分层以及年龄和性别下面的分层，其他变量的分层全部合并。

（7）居留地上的印第安人或阿拉斯加世居居民：只保留是否拥有房屋所有权下面的分层以及年龄和性别下面的分层，其他变量的分层全部合并。

（8）非居留地上的印第安人或阿拉斯加世居居民：只保留是否拥有房屋所有权下面的分层以及年龄和性别下面的分层，其他变量的分层全部合并。

经过这些合并以后，"人口的年龄和性别"以外其他的1、3、4、5、6五个分层变量共交叉分成了64个层，如表3-6所示（表中各个组格中的数字是64个层的编号）。

把表3-6中64个层的每个层再进一步按"人口的年龄和性别"这一分层变量划分为7个层，就得到了64×7=448个层。

不过，这还不是交叉分层设计最后的结果。由于在实际工作中，事后计数调查是分别以州为范围、以街区群为单位抽取样本进行的（所谓"P普查"就成了"P样本"），这时，按照上面的交叉分层设计对一个州范围内P样本中的人进行分层后，应能做到每个层中分到的样本人数都不要太少，因为如果哪一个层中样本人数过少，将会使得在这个层无法计算双系统估计量。为此，美国2000年人口普查事后计数调查工作方案中提出了一套"后合并"规则。这个规则规定，如果有的层分到的P样本人数不足100人，就进行"后合并"工作。具体合并办法如下。

（1）如果448个层中的某一个层分得的P样本人数不足100人，首先考虑对"人口的年龄和性别"的分层设计进行合并。也就是说,如果"人口的年龄和性别"的 7 个类型组中的某一个的 P 样本人数不足 100 人,就将"人口的年龄和性别"的 7 个类型组合并为三个:18 岁及以下的男性和女性;18 岁以上的男性;18 岁以上的女性。

(2) 如果合并了"人口的年龄和性别"类型组后,仍然有一部分事后层的样本量太少,下一步就合并"人口常住地所在地区的地理位置类型"的类型组。这种合并只适合于在"非西裔白人或其他种族"层中进行。在这样的情况下,所有的地理位置类型组全部合并。

(3) 合并"人口常住地所在地区的城市类型"的类型组。合并为两类:把"大型城市,普查表的发出与回收区"与"中型城市,普查表的发出与回收区"合并成一类,再把"小型城市或非城市,普查表的发出与回收区"与"所有其他的不是普查表的发出与回收区的地区"合并成一类。

(4) 如果还有必要进行合并的话,就把"人口常住地所在地区的普查表回收率类型"的两个类型组合并起来。

(5) 如果还有必要,就把"人口常住地所在地区的城市类型"的四个类型组全部合并起来。

(6) 如果再有必要,就把"人口所在住房单元是否拥有房屋所有权"的两个类型组合并起来。

(7) 如果还需要合并,就把"人口的年龄和性别"的全部 7 个类型组合并起来。

(8) 如果"人口的种族以及是否为西裔"分层变量下的某一个层分得的 P 样本人数不足 100 人,就将该层与"非西裔白人或其他种族"合并为一层。

实际上,在美国 2000 年人口普查事后计数调查工作中,只是使用了上面所列的第一条"后合并"操作,即在 64 个交叉层中编号为 57~64 的这 8 个层的每个层中,把 7 个"人口的年龄和性别"层折叠成 3 个层(18 岁及以下的男性和女性;18 岁以上的男性;18 岁以上的女性)。这样就又减少了 32 个层(8×4=32),结果,448 个交叉层最终被压缩成 448-32=416 个交叉层。

最后有一点需要说明的是,在进行人口普查登记和事后计数调查登记的时候,一个人对于他自己属于哪一个种族的认识可能会有改变。美国 2000 年人口普查事后计数调查中规定,在依照上述分层设计方案对样本中的人员进行分层时,必须以他在人口普查表中实际所做的回答为准,不允许改变他在人口普查表中所做的回答。

表 3-6 除去"人口的年龄和性别"以外其他五个分层变量交叉形成的 64 个层

人口的种族以及是否为西裔	人口所在的住房单元是否拥有房屋所有权		人口常住地所在地区的城市类型	人口常住地所在地区的普查表回收率类型							
				高回收率地区				低回收率地区			
				人口常住地所在地区的地理位置类型				人口常住地所在地区的地理位置类型			
				北部	中西部	南部	西部	北部	中西部	南部	西部
非西裔白人或其他种族	拥有房屋所有权	收发普查表	大型城市	01	02	03	04	05	06	07	08
			中型城市	09	10	11	12	13	14	15	16
			小型城市或非城市	17	18	19	20	21	22	23	24
			不收发普查表	25	26	27	28	29	30	31	32
	不拥有房屋所有权	收发普查表	大型城市	33				34			
			中型城市	35				36			
			小型城市或非城市	37				38			
			不收发普查表	39				40			
非西裔黑人	拥有房屋所有权	收发普查表	大型城市	41				42			
			中型城市								
			小型城市或非城市	43				44			
			不收发普查表								
	不拥有房屋所有权	收发普查表	大型城市	45				46			
			中型城市								
			小型城市或非城市	47				48			
			不收发普查表								
西裔	拥有房屋所有权	收发普查表	大型城市	49				50			
			中型城市								
			小型城市或非城市	51				52			
			不收发普查表								
	不拥有房屋所有权	收发普查表	大型城市	53				54			
			中型城市								
			小型城市或非城市	55				56			
			不收发普查表								

续表

人口的种族以及是否为西裔	人口所在的住房单元是否拥有房屋所有权	人口常住地所在地区的城市类型	人口常住地所在地区的普查表回收率类型							
			高回收率地区				低回收率地区			
			人口常住地所在地区的地理位置类型				人口常住地所在地区的地理位置类型			
			北部	中西部	南部	西部	北部	中西部	南部	西部
夏威夷世居居民或太平洋岛居民	拥有房屋所有权		57								
	不拥有房屋所有权		58								
非西裔亚裔	拥有房屋所有权		59								
	不拥有房屋所有权		60								
居留地上的印第安人或阿拉斯加世居居民	在居留地	拥有房屋所有权	61								
		不拥有房屋所有权	62								
	不在居留地	拥有房屋所有权	63								
		不拥有房屋所有权	64								

美国人口普查局对等概率人口分层的前沿研究结论是，虽然等概率人口层的层数越多，每个等概率人口层的同质性越强，异质性偏差越小，估计精度越高，但是，等概率人口层的层数受到事后计数调查样本规模制约。在样本规模一定的情况下，等概率人口层的层数越多，每层分配的样本量越少，估计值的抽样方差越大。为了解决这个问题，美国人口普查局在 2010 年构造了基于 Logistic 回归模型的双系统估计量。其基本思路是，把分层变量当作 Logistic 回归模型的自变量，把普查正确计数概率等当作该模型的因变量，以此完成总体分层构造双系统估计量的任务。由于回归分析中回归自变量的数目不受限制，所以分层变量受样本规模限制的问题得到了解决。

美国人口普查局在 2010 年同时使用基于对总体人口直接等概率人口分层的双系统估计量和基于 Logistic 回归模型的双系统估计量估计总体实际人数。结果发现后者比前者估计精度的提高很有限，而且基于 Logistic 回归模型的双系统估计量很复杂，不便于操作与应用。于是 2010 年后，美国人口普查局决定放弃使用基于 Logistic 回归模型的双系统估计量，仍然使用基于对总体人口直接等概率人口分层的双系统估计量。

以上分析表明，等概率人口分层是目前对总体人口分层的最优方法，值得推广应用。迄今所有国家都没有找到能够替代它的方法。

二　中国 2020 年等概率分层方案

截至 2010 年，中国未设计对总体人口进行等概率分层方案。原因主要有两个。一是事后计数调查样本规模过小。中国 2000 年事后计数调查全国样本总规模为 602 个普查小区，2010 年为 402 个普查小区。如此小的样本规模，无法进行有效的等概率分层。要形成科学有效的等概率分层方案，须扩大全国样本规模。美国 2000 年事后计数调查全国样本规模为 11303 个街区群，为对总体人口等概率分层奠定了基础。二是中国在事后计数调查中，未建立起理论完备的双系统估计量，直接在非等概率人口层使用双系统估计量，忽视了等概率分层环节，导致较大的异质性偏差，影响估计精度。2020 年，中国借鉴美国和其他一些国家的等概率分层经验，第一次设计适合于中国人口特点的等概率分层方案，为科学适用双系统估计量迈出了关键一步。随着国家统计局对等概率分层的日益重视，科学完整的等概率分层方案可期。

根据中国人口特点，使用城乡、离开户口登记地时间、年龄、性别和受教育程度这 5 个变量对中国人口总体分层。未选择地区作为分层变量，是因为中国各地区人口在普查中的登记情况差异并不明显。这也是中国在人口普查质量评估中一直只评估全国的普查登记质量，而不评估各地区和各省（自治区、直辖市）普查登记质量的原因之一。

受样本总量所限，不得不合并一些变量值，例如，年龄合并为 0~14 岁、15~59 岁、60 岁及以上，受教育程度合并为未上过学和学前教育、中小学、大学及研究生。合并后的等概率层总共 108 层，如表 3-7 所示。第 1 层为城市 - 未离开户口登记地 - 0~14 岁 - 男 - 未上过学和学前教育。如果总体中的某人居住在城市、未离开户口登记地、10 岁、男、文盲，就属于这一层。表中数字表示第 X 个等概率层，例如，"1" 表示第一个等概率人口层。

表 3-7 中国等概率人口分层方案

城乡	人口流动性	年龄	人口性别					
			男			女		
			受教育程度（3 周岁以上填写）			受教育程度（3 周岁以上填写）		
			未上过学和学前教育	中小学	大学及研究生	未上过学和学前教育	中小学	大学及研究生
城市	未离开户口登记地	0~14 岁	1	2	3	4	5	6
		15~59 岁	7	8	9	10	11	12
		60 岁及以上	13	14	15	16	17	18
	离开户口登记地不足半年	0~14 岁	19	20	21	22	23	24
		15~59 岁	25	26	27	28	29	30
		60 岁及以上	31	32	33	34	35	36
	离开户口登记地半年以上	0~14 岁	37	38	39	40	41	42
		15~59 岁	43	44	45	46	47	48
		60 岁及以上	49	50	51	52	53	54
乡村	未离开户口登记地	0~14 岁	55	56	57	58	59	60
		15~59 岁	61	62	63	64	65	66
		60 岁及以上	67	68	69	70	71	72
	离开户口登记地不足半年	0~14 岁	73	74	75	76	77	78
		15~59 岁	79	80	81	82	83	84
		60 岁及以上	85	86	87	88	89	90
	离开户口登记地半年以上	0~14 岁	91	92	93	94	95	96
		15~59 岁	97	98	99	100	101	102
		60 岁及以上	103	104	105	106	107	108

全国由 108 个等概率人口层组成，各省区市也由 108 个等概率人口层构成。每个层相当于一个同质小总体。中国 2020 年把表 3-7 作为净覆盖误差及普查漏报估计的等概率人口层。

三 中美两国等概率分层方案的比较

（一）用于等概率分层的变量不同

美国不只是在 2000 年，在 2000 年及前后主要是使用种族/西裔、房屋所有权、城市类型、普查表回收率、地理位置、性别及年龄对总体人口等概率分层。美国是一个多种族、多民族国家，在每次人口普查中，黑人、西裔、少数民族人口、租房者、西部人口更容易遗漏。中国不存在这些问题。但中国城乡存在较大差异，农村户口者离开原户口所在地到外地打工或经商等。因此，中国在 2020 年将离开户口所在地作为重要的分层变量。中国各地人口普查登记质量差异不明显，另外普查表回收率几乎为 100%。因此，中国不宜将地理位置和普查表回收率作为等概率分层变量。

（二）等概率人口层的层数不同

美国 2000 年等概率人口层的层数为 416 个，而中国 2020 年等概率人口层只有 108 个。这与两国事后计数调查样本量有直接关系。美国 2000 年事后计数调查样本量为约 11303 个街区群，抽样比率约为 3‰，而中国 2020 年只有 406 个普查小区，抽样比率约为 0.0611‰。可见，美国的抽样比率几乎是中国的 50 倍。美国 2010 年和 2020 年的抽样比例与 2000 年几乎持平。

第三节 重要学术观点

估计人口普查净覆盖误差的双系统估计量和三系统估计量须在等概率人口层建立和使用。然而总体中的人口的人口统计特征变量和居住位置变量存在差异，这就需要按照体现人口在普查中登记概率的变量对总体人口等概率分层，把变量值相同或大致相同的人放在同一等概率人口层，在这样的层中构造双系统估计量或三系统估计量。受样本规模等诸多因素影响，等概率人口层的人口并不具备真正意义上的同质性。

加权优比排序法或 Logistic 回归模型是对总体人口等概率分层的重要方法，为人口普查净覆盖误差估计提供等概率人口层。为科学使用这两种方法，需要首先根据对本国人口状况的了解、变量值的可得性、本国人口特点、别国选用的分层变量，提出不重复备选变量群，根据优比值大小选择分层变量，或将变量群中的所有变量作为 Logistic 回归模型的自变量。

选择分层变量，要考虑到本次事后计数调查全国样本总规模，根据样本规模选择分层变量。如果样本规模足够大，就把变量群中的所有变量作为分层变量。如果样本规模未达到足够大，就使用加权优比排序法计算各个变量与"在普查中是否登记"变量的优比,根据优比值选择重要分层变量。如果样本规模过小,就把变量群的所有变量作为 Logistic 回归模型的自变量,把普查正确登记概率等当作该模型的因变量,利用 Logistic 回归模型预测的正确登记概率和匹配概率构造基于 Logistic 回归模型的双系统估计量或三系统估计量。

第四章　双系统估计量与净覆盖误差估计

本章内容，主要参考笔者在《统计研究》上发表的论文《人口普查净误差构成部分的估计》(2011)；在《数量经济技术经济研究》上发表的论文《人口普查质量评估调查的抽样设计》(2014)、《人口普查质量评估中Logistic 回归模型的应用》(2015) 和《人口普查净误差估计中的双系统估计量研究》(2016)；在《数理统计与管理》上发表的论文《人口普查质量评估调查中的双系统估计量》(2016)、《论双系统估计量的无偏性》(2017) 和《交互作用偏差对双系统估计量的影响》(2017)。

人口普查质量评估的首要任务是计算人口普查净覆盖误差 (Cantwell, 2015)。目前各国政府统计部门使用双系统估计量估计总体实际人数及净覆盖误差 (陶然，2014；胡桂华、丁杨，2016；胡桂华等，2018)。估计净覆盖误差有两个目的。一是判断各国人口普查登记质量。净覆盖误差率不足 2%，表明普查登记质量高；净覆盖误差率在 2%~5%，表明普查登记质量较高；净覆盖误差率超过 5%，表明普查登记质量较低。二是为修正普查登记人数提供基础依据 (Renaud, 2004)。

在假设事后计数调查是对总体人口全面登记的情况下构造双系统估计量，分为三个步骤。第一步，通过比对事后计数调查人口名单和普查人口名单，获得同时登记在这两份名单的人数；登记在事后计数调查人口名单但未登记在普查人口名单的人数；登记在普查人口名单但未登记在事后计数调查人口名单的人数。第二步，根据这三个已知人数估计同时遗漏于这两项调查的人数。如果这两项调查独立，那么同时遗漏于这两项调查的人数等于后两个已知人数的乘积除以第一个已知人数。如果这两项调查不独立，那么估计的同时遗漏于这两项调查的人数可能低于或高于独立情形下的估计结果。第三步，双系统估计量为三个已知人数与估计的同时遗漏于这两项调查的人数之和。

双系统估计量由最初用于估计野生动物数目的捕获 – 再捕获模型移植而来。但从1940年起，双系统估计量逐步应用于人类总体人数估计。美国人口普查局从1950年起，使用双系统估计量估计全国，50个州和哥伦比亚特区，以及按照种族、性别和年龄分类的类别人口的人口普查净覆盖误差。也就是说，双系统估计量不只是能够估计总体实际人数，还能估计各个类别人口的实际人数及各个地区的实际人数。

捕获 – 再捕获模型在每次捕获中只会遗漏总体中的动物，而不会在一次捕获中捕获同一动物一次以上，也不会捕获总体之外的动物。据此事实，双系统估计量允许普查人口名单和事后计数调查人口名单遗漏人口，但不允许重复登记人口及登记普查目标总体之外的人口。事后计数调查范围小，其人口名单做到这一点不会遇到太大困难。但是，在每次人口普查中，其人口名单总是不可避免地重复登记普查目标总体内的人一次以上，或者登记普查目标总体外的人。为了满足双系统估计量和下一章（第五章）的三系统估计量要求，需要采取科学有效的方法估计人口普查中的多报人数或重报人数，从普查登记人数中将其剔除，使得作为双系统估计量和三系统估计量重要构成部分的普查登记人数为普查正确登记人数或普查目标总体内的人数。因此，构造双系统估计量、三系统估计量及其净覆盖误差估计量时要考虑普查多报因素。

双系统估计量须在等概率人口层建立及使用。等概率人口层由在普查中登记概率相同或大致相同的人口构成。度量一个人在普查中的登记概率有比较大的困难，实际中通常使用体现登记概率大小的变量对总体人口分层，把登记概率相同或大致相同的人放在同一层，在这样的层构造双系统估计量。这些变量包括年龄、性别、受教育程度、人口流动性和居住位置。

有两种形式的双系统估计量：一是基于对总体人口等概率分层的双系统估计量；二是基于Logistic回归模型的双系统估计量。目前各国政府统计部门在计算人口普查净覆盖误差估计量时均使用第一种双系统估计量。

本章研究这种双系统估计量。对基于 Logistic 回归模型的双系统估计量有兴趣的读者，请参看文献（胡桂华、武洁，2015）。

无论哪种形式的双系统估计量，均与事后计数调查抽样设计密切相关。在分层抽样下，其各个构成元素的估计量为简单的线性估计量；在分层二重抽样下，其各个构成元素的估计量采取再加权扩张估计量或双重扩张估计量构造，为复杂的线性估计量。

第一节　等概率人口层的双系统估计量及其抽样方差估计

用 v 表示等概率人口层。在每个等概率人口层 v 构造双系统估计量。先构造事后计数调查假定对等概率人口层全面调查情况下的双系统估计量，然后构造事后计数调查实际对等概率人口层抽样调查情况下的双系统估计量的估计量。用 N_{11} 表示等概率人口层在普查及事后计数调查同时登记的人数，N_{12} 表示在普查登记但未在事后计数调查登记的人数，N_{21} 表示未在普查登记但在事后计数调查登记的人数，N_{22} 表示同时未在这两项调查登记的人数。把这 4 个指标写在表 4-1 中。

表 4-1　等概率人口层 v 的双系统估计量

	在事后计数调查	不在事后计数调查	总和
在普查	N_{11}	N_{12}	N_{1+}
不在普查	N_{21}	N_{22}	N_{2+}
总和	N_{+1}	N_{+2}	N_{++}

除 N_{22} 外，表 4-1 中的其他单元的人数是已知的，其他单元的边际人数也是可以直接得到的。双系统估计量假设普查和事后计数调查独立。这意味着等概率人口层的每个人在第 ik 单元的概率 p_{ik} 等于相应的边际概率的乘积 $(p_{i+}p_{+k})$，$i=1,2$；$k=1,2$。在独立性假设条件下，估计等概率人口层总体规模的双系统估计量为：

$$\widehat{DSE} = \hat{N}_{++} = \frac{N_{1+}N_{+1}}{N_{11}} \tag{4.1}$$

独立性假设可能不成立。这源于普查和事后计数调查的相关性，或等概率人口层登记概率的异质性。一个人参与或没有参与普查，会影响到他参与事后计数调查的态度。例如，有些答复了普查的人，认为已经做得足够多了，因而不愿意配合事后计数调查。然而，即使普查与事后计数调查对所有人独立，即 $p_{ik} = p_{i+} p_{+k}$，独立性假设也可能由于异质性而被违背。等概率人口层的所有人在普查中的登记概率 p_{i+} 或在事后计数调查中的登记概率 p_{+k} 必须相同。这意味着不要求同时在这两项调查中登记的人具有同质性。例如，有些人可能设法躲避同时在普查和事后计数调查中登记，结果这些人比其他人在这两项调查中同时登记的概率要小。人口普查质量评估专家把统计相关性或异质性引起的独立性假设失败造成的误差称为交互作用偏差。

等概率人口层内的人有大致相同的在普查中登记的概率。在等概率人口层建立和使用双系统估计量一定程度上减少交互作用偏差。为便于后面叙述，我们把式（4.1）改为式（4.2）：

$$\widehat{DSE} = N_{1+}\left(\frac{N_{+1}}{N_{11}}\right) \tag{4.2}$$

式（4.2）表明，等概率人口层的总人数，为等概率人口层的普查人数与事后计数调查人数和这两项调查匹配人数比值的乘积。

式（4.1）或式（4.2）成立的条件是，事后计数调查为全面调查。实际上，事后计数调查是抽样调查。在抽样调查情况下，式（4.2）变为式（4.3）：

$$\widehat{DSE}_v = DD_v \times \frac{\widehat{CE}_v}{\widehat{N}_{ev}} \times \frac{\widehat{N}_{pv}}{\widehat{M}_v} \tag{4.3}$$

式（4.3）中，DD 为等概率人口层在事后计数调查比对工作开始时得到的普查数据定义人数，普查数据定义人数指在普查表中登记了两个及以上普查项目的人；$\widehat{CE}$ 为依据所有样本小区的普查人口名单中的普查正确登记人口估计的等概率人口层的普查正确登记人数；$\hat{N}_e$ 为依据所有样本小区的普查人口名单中的全部人口估计的等概率人口层的普查登记人数；$\hat{N}_p$ 为依据所有样本小区的事后计数调查人口名单估计的等概率人口层的事后计数调查人数；$\hat{M}$ 为依据所有样本小区的这两份人口名单比对后得到的匹配人口（同时在两份名单的人口）估计的等概率人口层的匹配人数。

那么，所有样本小区的这两份人口名单如何形成，其匹配人口如何判断？这分为四个步骤。第一步是依据每个样本小区的所有普查表中的人口编制普查人口名单。第二步是依据每个样本小区的所有事后计数调查表中的人口编制事后计数调查人口名单。第三步是使用姓名、性别、年龄、居住地点等变量，在同一样本小区内比对这两份人口名单。如果某人在这两份人口名单中的姓名、性别、年龄、居住地点等一样，就称为事后计数调查人口名单的匹配人口和普查人口名单的正确登记人口。如果某人只是登记在普查人口名单，但现场调查证实其客观存在且属于普查目标总体，也称为普查人口名单的正确登记人口。第四步是对只登记在事后计数调查人口名单的未匹配人口，组织后续调查收集信息再次比对。为提高匹配率，比对的范围可以由本样本小区扩大到其邻近区域，即搜索区域。

在普查时点和事后计数调查时点之间不可避免发生人口移动。因此，人口普查事后计数调查时所进行的人口登记，应该是对普查时点人口的追溯登记。可是，进行此种登记的时间已经离开了普查时点，过去了一段时间，在这段时间里会发生人口移动。就一个普查小区来说，普查时点该小区的常住人口，在这段时间里有些人可能会迁离该小区（称为向外移动者）；普查时点常住在其他地方的人口，有些人可能会迁移至该小区（称为向内移动者）。于是，在进行人口普查事后计数调查时，我们看到的是该小区的无移动者和向内移动者。可是，按照追溯登记的要求，该小区的无移动者和向外移动者才是追溯登记的该小区的普查时点人口。然而，调查人员不可能追踪每个向外移动者的去向，找到其本人登记。这些向外移动者的情况，只能通过访问留在该小区的知情人来获得。有研究表明，这样获得的追溯登记普查时点人数有相当大的误差。相反，如果在事后计数调查时，对所看到的普查小区无移动者和向内移动者进行登记，与前者相比误差要小得多。事实上，如果对向国外移动以及从国外移入的人口忽略不计，那么就全国来说，全国普查小区的向内移动者人数之和等于向外移动者人数之和。因此，可以用向内移动者人数来代替双系统估计量公式中所需要的向外移动者人数。双系统估计量公式中与之相应，需要向内移动者中进行了普查登记的人数（称为与普查匹配人数）。这个数字要靠推算得到。推算方法是，用向外移动者的匹配率（向外移动者中的匹配人数除以向外移动者人数）乘以向内移动者人数（美国人口普查局 2000 年采用的方法）。也可以通过向内移动者提供的普查日地址查询是否在普查中登记，或者通过向内移动者和向外移动者的数量关系平衡式推出向内移动者中的匹配人数。

在考虑人口移动的情况下，式（4.3）变为式（4.4）：

$$\widehat{\widehat{DSE}}_v = DD_v \left(\frac{\widehat{CE}_v}{\widehat{N}_{ev}}\right) \left[\frac{\widehat{N}_{nv} + \widehat{N}_{iv}}{\widehat{M}_{nv} + \left(\frac{\widehat{M}_{ov}}{\widehat{N}_{ov}}\right)\widehat{N}_{iv}}\right] \quad (4.4)$$

式（4.4）中，$\widehat{N}_n$ 为依据所有样本小区的事后计数调查人口名单的无移动者估计的等概率人口层的无移动者事后计数调查人数；$\widehat{N}_i$ 为依据所有样本小区的事后计数调查人口名单的向内移动者估计的等概率人口层的向内移动者事后计数调查人数；$\widehat{M}_n$ 为依据所有样本小区的这两份人口名单比对后得到的无移动者匹配人口估计的等概率人口层的无移动者匹配人数；$\widehat{M}_o$ 为依据所有样本小区的这两份人口名单比对后得到的向外移动者匹配人口估计的等概率人口层的向外移动者匹配人数；$\widehat{N}_o$ 为依据所有样本小区的事后计数调查人口名单的向外移动者估计的等概率人口层的向外移动者的事后计数调查人数。

现在讨论式（4.4）中每个构成元素的估计。每个构成元素的一般表达式用 $\widehat{T}_y$ 表示：

$$\widehat{T}_y = \sum_i w_i y_i \quad (4.5)$$

式（4.5）中，w_i 表示第 i 样本普查小区的抽样权数，y_i 表示第 i 样本小区在等概率人口层 v 的普查正确登记人数、普查登记人数、无移动者人数等。

为构造式（4.5）的估计量，需要确定事后计数调查的抽样方式。在人口普查事后计数调查中，不同国家基于不同国情，采用不同的抽样方式。新西兰采取分层不等概率抽样抽取样本。澳大利亚使用分层三阶段抽样抽取样本。美国采取分层多重抽样，外加目标延伸搜索环节。中国、南非、卢旺达等发展中国家采取分层抽样。这些国家和其他许多国家，以省级单位为抽样范围，以较小范围的地理区域为抽样单位。美国的抽样单位是街区群。中国的抽样单位是普查小区。南非、乌干达和卢旺达的抽样单位是普查计数区。这里采取分层二重抽样。

相比分层一重抽样，分层二重抽样有两大优势。一是节约成本开支或数据处理时间。第一重样本抽取后，如果发现样本单位之间差异较小，此时对第一重样本全面调查，显然是不必要的人力、物力和财力浪费。这也是西方学者和美国人口普查局在人口普查质量评估和其他领域研究中采用分层二重抽样的重要原因。二是获得新的分层变量。通过对第一重样本的预调查，寻找对其重新分层的变量，例如，普查小区住房单元数目。按照该变量对第一重样本重新分层，在每个新层抽取第二重样本。这样的样本代表性较强。

在分层二重抽样下，式（4.5）有两种不同的点估计量，其一为双重扩张估计量（DEE）：

$$\widehat{T}_y = DEE = \sum_g \sum_{i \in A_2} \frac{n_g}{r_g} w_i x_{ig} y_i \qquad (4.6)$$

式（4.6）中，A_2 为第二重样本普查小区集合，g 为对第一重样本小区所分的新层，n_g 为第一重样本在 g 层的总小区数，r_g 为 g 层进入第二重样本的小区数，x_{ig} 为示性函数，如果第一重样本小区 i 进入 g 层，则 $x_{ig} = 1$，否则 $x_{ig} = 0$。

其二为再加权扩张估计量（REE）：

$$\widehat{T}_y = REE = \sum_g \sum_{i \in A_2} \left(\frac{\sum_{i \in A} w_i x_{ig}}{\sum_{i \in A_2} w_i x_{ig}} \right) w_i x_{ig} y_i \qquad (4.7)$$

式（4.7）中，A 为第一重样本普查小区集合。由于 $n_g = \sum_{i \in A} x_{ig}$，$r_g = \sum_{i \in A_2} x_{ig}$，所以：

$$\begin{aligned}
\widehat{T}_y = DEE &= \sum_g \sum_{i \in A_2} \frac{n_g}{r_g} w_i x_{ig} y_i = \sum_g \sum_{i \in A_2} \left(\frac{\sum_{i \in A} x_{ig}}{\sum_{i \in A_2} x_{ig}} \right) w_i x_{ig} y_i \\
&= \sum_g \sum_{i \in A_2} \left(\frac{\sum_{k \in A} w_k x_{kg} w_k^{-1}}{\sum_{k \in A_2} w_k x_{kg} w_k^{-1}} \right) w_i x_{ig} y_i \qquad (4.8)
\end{aligned}$$

DEE 重新改写式（4.8）后，与 REE 十分类似。这启发我们 DEE 和 REE 可以用一个公式 $\hat{T}_{y2}$ 表示：

$$\hat{T}_{y2} = \sum_{i \in A_2} \alpha_i y_i \tag{4.9}$$

$$\alpha_i = \sum_g \left(\frac{\sum_{k \in A} w_k x_{kg} q_k}{\sum_{k \in A_2} w_k x_{kg} q_k} \right) w_i x_{ig} \tag{4.10}$$

式（4.10）中，对 REE，$q_k = 1$；对 DEE，$q_k = w_k^{-1}$。

在分层二重抽样下，如果每重抽样采取简单随机抽样，式（4.10）为：

$$\alpha_i = \frac{N_h}{n_h} \frac{n_g}{r_g} \tag{4.11}$$

式（4.11）中 N_h 为 h 层的总体调查小区数，n_h 为 h 层第一重样本的样本量。

在构造式（4.4）后，还要构造其抽样方差估计量。分层多重抽样不同于分层多阶段抽样。后者各个阶段分层的信息是已知的，而前者在完成前面抽样之前，各个阶段的分层信息是未知的。由于多重抽样设计的本质，需要建立新的抽样方差估计量。

没有精确计算双系统估计量抽样方差的方差估计量。泰勒线性方差估计量非常复杂。这使得复制方法是唯一实际可用的方差近似计算法。分层刀切方差估计量是复制方法之一（Hagan et al., 2019）。复制的次数等于第一重样本普查小区的总数目。复制方法的关键是复制权数的计算。复制权数是指，每剔除第一重样本一个普查小区，重新计算其余样本小区的抽样权数。被剔除的那个样本小区的复制权数为零。这里需要特别注意两点。一是刀切对象为第一重样本普查小区，而且是一个一个地刀切，有多少个小区，就刀切多少次。二是虽然可以计算第一重样本所有普查小区的复制权数，但由于在双系统估计量构造及使用中实际用到的是进入第二重样本的普查小区，所以只需要计算第二重样本普查小区的复制权数，而不需要计算未进入第二重样本小区的第一重样本普查小区的复制权数。

式（4.8）的剔除层 s 的第一重样本普查小区 t 的复制估计量为：

$$\hat{T}_y^{(t)} = \sum_i w_i^{(t)} y_i \tag{4.12}$$

进一步写出式（4.9）的复制估计量：

$$\widehat{T}_{y2}^{(t)} = \sum_{i \in A_2} \alpha_i^{(t)} y_i \qquad (4.13)$$

$$\alpha_i^{(t)} = \sum_g \left[\frac{\sum_{k \in A} w_k^{(t)} x_{kg} q_k}{\sum_{k \in A_2} w_k^{(t)} x_{kg} q_k} \right] w_i^{(t)} x_{ig} \qquad (4.14)$$

式 (4.4) 等概率人口层 v 的复制估计量为：

$$\widehat{\widetilde{DSE}}_v^{st} = DD_v \left[\frac{\widehat{CE}_v^{(t)}}{\widehat{N}_{ev}^{(t)}} \right] \left\{ \frac{\widehat{N}_{nv}^{(t)} + \widehat{N}_{iv}^{(t)}}{\widehat{M}_{nv}^{(t)} + \left[\frac{\widehat{M}_{ov}^{(t)}}{\widehat{N}_{ov}^{(t)}} \right] \widehat{N}_{iv}^{(t)}} \right\} \qquad (4.15)$$

式 (4.15) 每个构成部分依据式 (4.13) 和式 (4.14) 确定。

现在给出剔除层 s 的第一重样本普查小区 t 后各种情况的式 (4.14) 的复制权数 $\alpha_i^{(t)}$：

$$\alpha_i^{(t)} = \begin{cases} 0, & \text{如果 } h = s, t \in A, t \in A_2, i = t \\ \dfrac{r_g}{r_g - 1} \dfrac{n_h - 1}{n_h} \dfrac{n_h}{n_h - 1} \alpha_i, & \text{如果 } h = s, t \in A, t \in A_2, i \neq t \\ \dfrac{n_g - 1}{n_g} \dfrac{n_h}{n_h - 1} \alpha_i, & \text{如果 } h = s, t \in A, t \notin A_2, i \neq t \\ \dfrac{n_h}{n_h - 1} \alpha_i, & \text{如果 } h = s, t \notin A, i \neq t \\ \alpha_i, & \text{如果 } h \neq s \end{cases}$$

$$(4.16)$$

如果每层采取重复抽样，那么式 (4.4) 的等概率人口层 v 的方差估计为：

$$\text{var}(\widehat{\widetilde{DSE}}_v) = \sum_{h=1}^{H} \sum_{t=1}^{n_h} \frac{n_h - 1}{n_h} (\widehat{\widetilde{DSE}}_v^{st} - \widehat{\widetilde{DSE}}_v)^2 \qquad (4.17)$$

如果每层采取不重复抽样，那么式 (4.4) 的等概率人口层 v 的方差估计为：

$$\text{var}(\widehat{\widetilde{DSE}}_v) = \sum_{h=1}^{H} \sum_{t=1}^{n_h} \left(1 - \frac{n_h}{N_h}\right) \frac{n_h - 1}{n_h} (\widehat{\widetilde{DSE}}_v^{st} - \widehat{\widetilde{DSE}}_v)^2$$

如果层 $n_h = 1$，那么取

相应地，$\mathrm{var}(\widehat{\widehat{DSE_v}}) = \sum_{h=1}^{H}\sum_{t=1}^{n_h}\left(1 - \frac{n_h}{N_h}\right)\frac{n_h-1}{n_h} = 1 \cdot (\widehat{\widehat{DSE_v}}^{st} - \widehat{\widehat{DSE_v}})^2$。

第二节 总体的双系统估计量及其抽样方差估计

在构造了等概率人口层 v 的双系统估计量后，再建立总体的双系统估计量 $\widehat{\widehat{DSE}}_T$。

$$\widehat{\widehat{DSE}}_T = \sum_{v=1}^{V}\widehat{\widehat{DSE}}_v \qquad (4.18)$$

总体的抽样方差估计量为：

$$\mathrm{var}(\widehat{\widehat{DSE}}_T) = \sum_{v}\sum_{v'}\mathrm{cov}(\widehat{\widehat{DSE}}_v,\widehat{\widehat{DSE}}_{v'}) \qquad (4.19)$$

式（4.19）中

$$\mathrm{cov}(\widehat{\widehat{DSE}}_v,\widehat{\widehat{DSE}}_{v'}) = \mathrm{var}(\widehat{\widehat{DSE}}_v) \qquad (4.20)$$

$$\mathrm{cov}(\widehat{\widehat{DSE}}_v,\widehat{\widehat{DSE}}_{v'}) = \sum_{h=1}^{H}\sum_{t=1}^{n_h}\frac{n_h-1}{n_h}(\widehat{\widehat{DSE}}_v^{st} - \widehat{\widehat{DSE}}_v)(\widehat{\widehat{DSE}}_{v'}^{st} - \widehat{\widehat{DSE}}_{v'})$$

$$(4.21)$$

第三节 人口普查净覆盖误差估计

前面说过，人口普查净覆盖误差（Census Net Error）为双系统估计量与普查登记人数之差：

$$\widehat{\widehat{CNE}}_v = \widehat{\widehat{DSE}}_v - C_v \qquad (4.22)$$

$$\mathrm{var}(\widehat{\widehat{CNE}}_v) = \mathrm{var}(\widehat{\widehat{DSE}}_v) \qquad (4.23)$$

总体的人口普查净覆盖误差（Total Census Net Error，TCNE），为总体实际人数估计量 $\widehat{\widehat{DSE}}_T$ 与总体普查登记人数之差，抽样方差记为 $\mathrm{var}(\widehat{\widehat{TCNE}})$，净覆盖

误差率为$\widehat{TCNER}$，净覆盖误差率抽样方差记为$\text{var}(\widehat{TCNER})$，计算公式分别为：

$$\widehat{TCNE} = \widehat{DSE}_T - \sum_{v=1}^{V} C_v \qquad (4.24)$$

$$\text{var}(\widehat{TCNE}) = \text{var}(\widehat{DSE}_T) \qquad (4.25)$$

$$\widehat{TCNER} = \frac{\widehat{TCNE}}{\widehat{DSE}_T} \qquad (4.26)$$

$$\text{var}(\widehat{TCNER}) = \frac{\text{var}(\widehat{TCNE})}{\widehat{DSE}_T^2} \qquad (4.27)$$

为简化式（4.27）抽样方差计算，将$\widehat{DSE}_T$视为常数。否则使用分层刀切抽样方差估计量近似计算其抽样方差。

第四节　小区域净覆盖误差估计

研究小区域的普查登记质量是必要的。全国普查登记质量高，并不意味着其管辖范围内的省级行政区的普查登记质量一定高。同样省级行政区的普查登记质量高，也并不意味着其管辖范围内的各区域的普查登记质量高。为了对一个国家或地区的普查登记质量做出全面客观评估，评估对象应该扩大到小区域。小区域有两种理解：一是指省级及其以下行政区；二是指小区域的某类人口。

小区域净覆盖误差估计的关键是，如何构造估计小区域实际人数的估计量。有两种估计小区域实际人数的估计量。一是直接估计量，即根据小区域本身的样本单位估计。很多小区域没有或者只有数量很少的样本单位。这将导致估计无法实施或估计值的抽样误差大到无法接受的程度。面对此种困难，可采用样本追加策略（李莉莉等，2007）。根据小区域估计精度要求，在小区域已有或没有样本单位基础上，追加一定数量的样本单位。但在人口普查质量评估工作中，追加样本量要克服许多困难，如更改调查计划，增加调查时间、调查员和调查经费。这在实际工作中难以做到。二是合成估计量。该估计量不是利用小区域样本数据估计，而是借助大区域估计结果来间接估计小区域人数。合成估计的基本思想是，对一个大区域，从其样本中可以获得无偏估计值；当使用这个估计值获得小区域估计值时，如果小区域与大区域特征相同，小区域估计值就是合成估计值。

合成估计量建立在合成假设条件上，即等概率人口层内的各个地区的覆盖修正因子相同，或者净覆盖误差率相同。该假设通常不成立，因此合成估计量是有偏的。如美国把拥有房屋的亚裔作为一个等概率人口层，并假设所有州拥有房屋的亚裔的人口普查净覆盖误差率是一样的。实际情况表明，在明尼苏达州，这个等概率人口层的人口普查净覆盖误差率低于佛罗里达州。合成估计量的精度取决于覆盖修正因子的同质性。同质性越高，估计精度越高。另外还与小区域的规模有关。偏差随着小区域规模扩大而变小，规模越大，偏差越小。对省级单位，偏差几乎可以忽略。对省级行政区及大城市，抽样误差是其人数估计值误差的主要来源。

既然这个假设不成立，为何美国等国家一直使用合成估计呢？原因有三个。一是人口普查事后计数调查抽样设计往往服务于全国估计精度要求。小区域分配的样本量很少甚至可能一个也没有。可是小区域的信息也同样重要，同样需要估计小区域实际人数及其人口普查净覆盖误差。二是无须抽取新样本和采集新数据，从而节约成本开支。三是借助其他小区域的样本信息，来应对本小区域样本信息不足问题，间接提高估计精度。

本节构造合成双系统估计量及其抽样方差估计量。合成双系统估计量建立在等概率人口层覆盖修正因子（Coverage Correction Factor，CCF）基础上。其计算公式为：

$$\widehat{\widehat{CCF_v}} = \frac{\widehat{\widehat{DSE_v}}}{C_v} \qquad (4.28)$$

式（4.28）中，C_v 为等概率人口层 v 的最终普查登记人数。

假设小区域 t 分为 V 个等概率人口层，每个等概率人口层 v 的覆盖修正因子为 CCF_v，最终未修正的普查登记人数为 $C_{v,t}$ 的合成双系统估计量为：

$$\widehat{\widehat{SYNDSE_t}} = \sum_{v=1}^{V} C_{v,t} \times \widehat{\widehat{CCF_v}} \qquad (4.29)$$

式（4.29）的抽样方差采用分层刀切法（刘礼、邹国华，2006）近似计算：

$$\mathrm{var}(\widehat{SYNDSE_t}) = \mathrm{var}\left(\sum_{v=1}^{V} C_{v,t} \times \widehat{CCF_v}\right)$$

$$= \sum_{v=1}^{V}\sum_{v'=1}^{V} \mathrm{cov}(C_{v,t} \times \widehat{CCF_v}, C_{v',t} \times \widehat{CCF_{v'}})$$

$$= \sum_{v=1}^{V}\sum_{v'=1}^{V} [C_{v,t} \times C_{v',t} \times \mathrm{cov}(\widehat{CCF_v}, \widehat{CCF_{v'}})]$$

$$= \sum_{v=1}^{V}\sum_{v'=1}^{V} C_{v,t} \times C_{v',t} \times \mathrm{cov}\left(\frac{\widehat{DSE_v}}{C_v}, \frac{\widehat{DSE_{v'}}}{C_{v'}}\right)$$

$$= \sum_{v=1}^{V}\sum_{v'=1}^{V} \frac{C_{v,t} \times C_{v',t}}{C_v \times C_{v'}} \times \mathrm{cov}(\widehat{DSE_v}, \widehat{DSE_{v'}}) \tag{4.30}$$

第五节 双系统估计量的交互作用偏差测算

双系统估计量存在交互作用偏差，需要测算，以修正双系统估计值。美国人口普查局测算了双系统估计量的交互作用偏差（胡桂华等，2017c）。本节利用美国人口普查局提供的相关数据测算交互作用偏差。Bell 模型是当前公认的测算交互作用偏差的有效方法。该方法建立在 0~17 岁及成年女性的双系统估计值不存在交互作用偏差的假设条件下。

在探讨 Bell 模型之前，简要介绍由在人口普查及其事后计数调查中的登记概率及登记数据构成的 2×2 列联表。由于假设女性不存在交互作用偏差，所以下面只探讨男性（用英语单词男性 male 的首写字母 m 表示男性）等概率人口层 k 双系统估计量交互作用偏差问题（见表 4-2）。

表 4-2 等概率人口层 k 男性的概率及其数据

	在人口普查的事后计数调查之中		不在人口普查的事后计数调查中		总和	
在人口普查中	$P_{k11,m}$	$x_{k11,m}$	$P_{k12,m}$	$x_{k12,m}$	$P_{k1+,m}$	$x_{k1+,m}$
不在人口普查中	$P_{k21,m}$	$x_{k21,m}$	$P_{k22,m}$	—	$P_{k2+,m}$	—
总和	$P_{k+1,m}$	$x_{k+1,m}$	$P_{k+2,m}$	—	1	$N_{k,m}$

$P_{k**,m}$ 表示等概率人口层 k 的男性在表 4-2 各个方格的概率 $x_{k**,m}$ 为等概率人口层 k 的男性在各个方格的加权人数。例如，$p_{k11,m}$ 为等概率人口层 k 的男性同时在普查及其事后计数调查登记的概率，而 x_{k11} 为等概率人口层 k 的男性在这两项调查中登记的加权人数。等概率人口层 k 的男性加权人

数 $N = x_{k11,m} + x_{k12,m} + x_{k21,m} + x_{k22,m}$。如果普查与其事后计数调查独立，那么等概率人口层 k 的男性独立双系统估计量为：

$$\hat{N}^I_{DSE,k,m} = x_{k(1),m} + x'_{k22,m} \quad (4.31)$$

式（4.31）中，$x_{k(1),m} = x_{k11,m} + x_{k12,m} + x_{k21,m}$，$x'_{k22,m} = (x_{k12,m} x_{k21,m})/x_{k11,m}$

Bell 模型的一个基本假设条件是，女性对人口普查的答复独立于对事后计数调查的答复，换句话说，女性不存在交互作用偏差。这个模型用于测算双系统估计量估计的男性人数的交互作用偏差。Bell 模型使用三个年龄组，即 18~29 岁、30~49 岁和 50 岁及以上，外加两个种族组，即黑人和非黑人。三个年龄组与两个种族组交叉分组得到若干个年龄－种族组，用 τ 表示任意一个年龄－种族组。由于女性不存在交互作用偏差，所以使用式（4.31）计算的 τ 年龄－种族组的所有等概率人口层女性的双系统估计值是无偏估计值。从理论上看，由于双系统估计量是在两个系统独立前提下建立的，所以如果两个系统不独立，那么使用式（4.31）计算的男性双系统估计值就内含交互作用偏差。从实践来看，包括中国、美国在内的世界所有国家或地区在应用双系统估计量时都未严格遵守该估计量所要求的独立原则，从而导致了男性的双系统估计值内含交互作用偏差，低估了男性实际人数。

τ 年龄－种族组的全国女性的双系统估计值等于它所包含的所有等概率人口层的独立双系统估计值的总和。使用女性的独立双系统估计值和人口统计分析模型的男女性别比率可以得到 τ 年龄－种族组男性人数的最佳估计量：

$$\hat{N}^{DA}_{m,\tau} = r^{DA}_\tau \hat{N}^I_{DSE,f,\tau} \quad (4.32)$$

式（4.32）中的 m，f 分别代表男性和女性；r^{DA}_τ 为 τ 年龄－种族组的人口统计分析模型的性别比率；$\hat{N}^I_{DSE,f,\tau}$ 为 τ 年龄－种族组的女性的独立双系统估计量；I 表示人口普查与其事后计数调查独立；DA 表示人口统计分析模型。

为了建立 Bell 模型，假定 2×2 列联表等概率人口层 k 男性的每个方格的人属于两组之一，例如，难以计数个人组和容易计数个人组。这两个组的男性在人口普查或事后计数调查中的登记概率不一样。第一组男性的登

记概率 $\pi_{k,m,\tau} = N^1_{k,m,\tau}/N_{k,m,\tau}$，第二组男性的登记概率为 $1 - \pi_{k,m,\tau}$，$N_{k,m,\tau}$ 为等概率人口层 k 男性实际人数，$N^1_{k,m,\tau}$ 为等概率人口层 k 第一组男性人数。假设在 τ 年龄－种族组的男性所有等概率人口层存在相等的需要估计的共同参数 $\eta_{m,\tau}$。$p_{k,ij,m,\tau} = \pi_{k,m,\tau} p^1_{k,ij,m,\tau} + (1 - \pi_{k,m,\tau}) p^2_{k,ij,m,\tau}$。$\tau$ 年龄－种族组男性等概率人口层 k 的独立双系统估计量的数学期望为：

$$E(\widehat{N}^I_{DSE,k,m,\tau}) = N_{k,m,\tau} \eta_{m,\tau} \qquad (4.33)$$

式（4.33）中的参数 $\eta_{m,\tau}$ 定义为：

$$\eta_{m,\tau} = \frac{[\pi_{k,m,\tau} + (1 - \pi_{k,m,\tau})\alpha_{k,1,m,\tau}][\pi_{k,m,\tau} + (1 - \pi_{k,m,\tau})\alpha_{k,2,m,\tau}]}{[\pi_{k,m,\tau} + (1 - \pi_{k,m,\tau})\alpha_{k,1,m,\tau}\alpha_{k,2,m,\tau}]} \qquad (4.34)$$

式（4.34）中，$\alpha_{k,1,m,\tau} = p^2_{1+k,m,\tau}/p^1_{1+k,m,\tau}$，$\alpha_{k,2,m,\tau} = p^2_{k+1,m,\tau}/p^1_{k+1,m,\tau}$。如果知道 $\eta_{m,\tau}$，就能够估计等概率人口层 k 男性的实际人数 $N_{k,m,\tau}$：

$$\widehat{N}^I_{k,m,\tau} = \frac{\widehat{N}^I_{DSE,k,m}}{\eta_{m,\tau}} \qquad (4.35)$$

然而，实际上无法获得 $\eta_{m,\tau}$，只能通过计算男性独立双系统估计量数学期望之和的方法估计它。现在，写出 τ 年龄－种族组男性的独立双系统估计量：

$$\widehat{N}^I_{DSE,m,\tau} = \sum_k \widehat{N}^I_{DSE,m,k,\tau} \qquad (4.36)$$

对式（4.36）所有等概率人口层独立双系统估计量之和求均值得到：

$$E(\sum_k \widehat{N}^I_{DSE,m,k,\tau}) = \sum_k \eta_{m,\tau} \widehat{N}_{m,k,\tau} = \eta_{m,\tau} \sum_k \widehat{N}_{m,k,\tau} = \eta_{m,\tau} \widehat{N}^{DA}_{m,\tau} \qquad (4.37)$$

由式（4.37），可以得到 $\eta_{m,\tau}$ 的估计量：

$$\hat{\eta}_{m,\tau} = \frac{\widehat{N}^I_{DSE,m,\tau}}{\widehat{N}^{DA}_{m,\tau}} \qquad (4.38)$$

式（4.38）中，$\widehat{N}^{DA}_{m,\tau}$ 为 τ 年龄－种族组依据完美数据构造的男性人数估计量，不包含交互作用偏差；而 $\widehat{N}^I_{DSE,m,\tau}$ 为 τ 年龄－种族组依据实际数据构造的男性人数的独立双系统估计量，包含交互作用偏差。

为提供修正男性交互作用偏差的修正因子 $\hat{\lambda}_{m,\tau}$，取式（4.38）的倒数：

$$\hat{\lambda}_{m,\tau} = \frac{1}{\hat{\eta}_{m,\tau}} = \frac{\widehat{N}_{m,\tau}^{DA}}{\widehat{N}_{DSE,m,\tau}^{I}} \tag{4.39}$$

利用人口统计分析模型及交互作用偏差修正前的独立双系统估计量的性别比率，将式（4.39）的分子与分母除以人口统计分析模型估计的女性人数，得到下式：

$$\hat{\lambda}_{m,\tau} = \frac{\widehat{N}_{m,\tau}^{DA} / \widehat{N}_{f,\tau}^{DA}}{\widehat{N}_{DSE,m,\tau}^{I} / \widehat{N}_{f,\tau}^{DA}} \tag{4.40}$$

由于假设女性不存在交互作用偏差，所以 $\widehat{N}_{f,\tau}^{DA} = \widehat{N}_{DSE,f,\tau}^{I}$，这样式（4.41）变为：

$$\hat{\lambda}_{m,\tau} = \frac{\widehat{N}_{m,\tau}^{DA} / \widehat{N}_{f,\tau}^{DA}}{\widehat{N}_{DSE,m,\tau}^{I} / \widehat{N}_{DSE,f,\tau}^{I}} = \frac{r_{DA,\tau}}{r_{\overline{PREDSE},\tau}} \tag{4.41}$$

式（4.41）中，$r_{DA,\tau}$，$r_{\overline{PREDSE},\tau}$ 分别表示 τ 年龄 – 种族组的人口统计分析模型和独立双系统估计量的性别比率。

利用式（4.41）的修正因子 $\hat{\lambda}_{m,\tau}$，可以得到 τ 年龄 – 种族组男性交互作用偏差修正后的双系统估计量 $\overline{ADJDSE}_{m,\tau}$：

$$\overline{ADJDSE}_{m,\tau} = \hat{\lambda}_{m,\tau} \times \overline{PREDSE}_{m,\tau} \tag{4.42}$$

式（4.42）中，$\overline{ADJDSE}_{m,\tau}$，$\overline{PREDSE}_{m,\tau}$ 分别为 τ 年龄 – 种族组交互作用偏差修正前后的男性双系统估计量。

τ 年龄 – 种族组男性双系统估计量的绝对交互作用偏差（Correlation Bias, CR）及相对交互作用偏差（Relative Correlation Bias, RCR）分别为：

$$\widehat{CR}_{m,\tau} = \overline{ADJDSE}_{m,\tau} - \overline{PREDSE}_{m,\tau} \tag{4.43}$$

$$\widehat{RCR}_{m,\tau} = \frac{\overline{ADJDSE}_{m,\tau} - \overline{PREDSE}_{m,\tau}}{\overline{PREDSE}_{m,\tau}} \tag{4.44}$$

前面探讨的是 τ 年龄 – 种族组的男性交互作用偏差的测算及其双系统估计量的修正。现在讨论其等概率人口层 k 男性的交互作用偏差问题。为此，先写出全国 τ 年龄 - 种族组的男性交互作用偏差 Δ 计算公式：

$$\hat{\Delta}_{\tau} = \hat{N}_{m,\tau}^{DA} - \hat{N}_{DSE,m,\tau}^{I} \tag{4.45}$$

式（4.45）左边为正数，因为人口普查与事后计数调查不独立，而在不独立前提下，使用独立时的双系统估计量 $\hat{N}_{DSE,m,\tau}^{I}$ 必然是低估实际人数。$\hat{N}_{m,\tau}^{DA}$ 为男性实际人数的最佳估计量。

不难看出，依据 $\eta_{m,\tau}$ 的估计量可以得到等概率人口层 k 男性另外的双系统估计量：

$$\hat{N}_{DSE,m,k,\tau}^{\hat{\eta}} = \hat{N}_{DSE,m,k,\tau}^{I} + \hat{\Delta}_{\tau}(\frac{\hat{N}_{DSE,m,k,\tau}^{I}}{\hat{N}_{DSE,m,\tau}^{I}}) \tag{4.46}$$

等概率人口层 k 男性的绝对交互作用偏差为：

$$\hat{C}_{k,m,\tau} = \hat{N}_{DSE,m,k,\tau}^{I} - \hat{N}_{DSE,m,k,\tau}^{\hat{\eta}} = -\hat{\Delta}_{\tau}(\frac{\hat{N}_{DSE,m,k,\tau}^{I}}{\hat{N}_{DSE,m,\tau}^{I}}) \tag{4.47}$$

等概率人口层 k 男性的相对交互作用偏差为：

$$\hat{C}_{k,m,\tau}^{R} = -\hat{\Delta}_{\tau}(\frac{\hat{N}_{DSE,k,\tau}^{I}}{\hat{N}_{DSE,m,\tau}^{I}}) / \hat{N}_{DSE,m,k,\tau}^{\hat{\eta}} = \frac{-\hat{\Delta}_{\tau}}{r^{DA} \hat{N}_{DSE,f,\tau}^{I}} \tag{4.48}$$

上述式（4.31）至式（4.48）的所有估计量都比较复杂，普通抽样方差公式难以计算其抽样标准误差。国外学者研究了复杂总体参数估计量的方差计算方法。在美国人口普查质量评估中，一般是使用分层刀切方差估计量近似计算双系统估计量及性别比率、交互作用偏差修正因子的抽样标准误差。由于人口统计分析模型依据全面数据构造，所以不存在抽样误差。

第六节 双系统估计量的统计性质

一 无偏性

（一）背景

在目标总体参数估计理论体系中，无偏性是优良估计量的重要条件之一。只有无偏的估计量，才能保证估计结果平均等于待估计参数。所以，当人们构造一个估计量的时候，总是十分关注它是否无偏，或者关注在何种条件下才能保证它无偏。现在，把捕获－再捕获模型移植到人口普查质量评估工作中构造双系统估计量，由于人口总体和池塘中的鱼有很多不同，这就会很自然地想到，捕获－再捕获模型的无偏性结论在这里是否成立？也就是说，仿照捕获－再捕获模型构造的双系统估计量是否为总体实际人数的无偏估计量？或者说双系统估计量在何种条件下是实际人数的无偏估计量？实现双系统估计量无偏性的路径是什么？这些就是本节所要讨论的问题。

相关文献显示，包括美国人口普查局在内的所有国家的政府统计部门工作人员，在人口普查质量评估中应用双系统估计量都忽视了它是否无偏这个问题，直接把它当作无偏估计量来使用，只计算它的方差，而未计算它的偏差及均方误差。这是一个理论失误。事实上，双系统估计量本身并不是一个无偏估计量，它成为无偏估计量需要一定假设条件。也就是说，在某种或某些假设条件成立的情况下，它才可以被当作无偏估计量来使用（丁杨等，2017）。

美国学者讨论了双系统估计量的无偏性条件（Mulry and Kostanich，2006）。他们指出，双系统估计量是否无偏与三个假设有关。假设1是，人口普查登记的目标总体人数与目标总体实际人数的比值等于事后计数调查登记的人数与事后计数调查登记的人数和普查漏报人数之和的比值。假设2是，事后计数调查登记的普查项目登记完整人数与普查项目登记完整人数的比值等于事后计数调查登记的人数与人口普查登记的目标总体人数的比值。假设3是，普查项目登记完整且登记地点正确的普查登记人数与普查项目登记完整人数的比值，等于事后计数调查登记的普查项目登记完整且登记地点正确的普查登记人数与事后计数调查登记的普查项目登记完整的人数的比值。这三个假设直观上看，事后计数调查得到的结果能够完完全全地、丝毫不差地反映总体的真实情况。果真如此的话，即便没有辅助变量，只靠事后计数调查结果，就能够得到一个比无偏更完美的估计量，当然无偏至少可以满足。然而，这三个假设难以成立。Mulry和Kostanich（2006）通过论证发现：假设1是双系统估计量为无偏估计量最基本的条件，如果假设1不成立，双系统估计量就是有偏估计量；双系统估计量为无偏估计量所需要的假设条件多少与对普查正确登记的要求有关。对普查正确登记的要求放宽，例如，将普查项目登记完整且登记地点正确，放宽为普查项目登记完整，不考虑登记地点是否正确，即使没有假设 2 和假设 3，双系统估计量也是无偏估计量。在使用双系统估计量之前，最好组织一次小规模试点调查，测试采集的人口普查资料与事后计数调查资料是否满足这三个假设。如果满足其全部或部分，就考虑使用双系统估计量。

（二）无偏性论证

如果不考虑人口移动，并且假设事后计数调查为全面调查，那么双系统估计量为：

$$\widehat{DSE} = CE\frac{N_p}{M} \tag{4.49}$$

CE，N_p，M 分别表示普查正确登记人数、事后计数调查人数和这两项调查的匹配人数。CE 进一步分为四类：①普查项目登记完整且登记地点正确的 CE'，CE' 进一步分为在事后计数调查中登记的 CE'_{11} 和未在事后计数调查中登记的 CE'_{10}；②普查项目登记完整但登记地点错误的 WL，WL 进一步分为在事后计数调查中登记的 WL_{11} 和未在事后计数调查中登记的 WL_{10}；③普查项目登记不完整但能识别登记者的 II，II 进一步分为在事后计数调查中登记的 II_{01} 和未在事后计数调查中登记的 II_{00}；④普查登记项目不完整且无法识别登记者的 NDD，NDD 进一步分为在事后计数调查中登记的 NDD_{01} 和未在事后计数调查中登记的 NDD_{00}。普查漏报人数 OM 进一步分为在事后计数调查中登记的 OM_{01} 和未在事后计数调查中登记的 OM_{00}。

如果 $CE = CE'$，那么式（4.49）中

$$CE = CE' \tag{4.50}$$

$$N_p = CE'_{11} + WL_{11} + II_{01} + NDD_{01} + OM_{01} \tag{4.51}$$

$$M = CE'_{11} \tag{4.52}$$

$$\widehat{DSE} = CE'\frac{CE'_{11} + WL_{11} + II_{01} + NDD_{01} + OM_{01}}{CE'_{11}} \tag{4.53}$$

为讨论式（4.53）的无偏性，美国人口普查局专家 Mulry 和 Kostanich（2006）提出了三个假设。

假设 1 是：

$$\frac{CE' + WL + II + NDD}{\theta} = \frac{CE'_{11} + WL_{11} + II_{01} + NDD_{01}}{CE'_{11} + WL_{11} + II_{01} + NDD_{01} + OM_{01}} \quad (4.54)$$

θ 表示总体实际人数。

假设 2 是：

$$\frac{CE'_{11} + WL_{11}}{CE' + WL} = \frac{CE'_{11} + WL_{11} + II_{01} + NDD_{01}}{CE' + WL + II + NDD} \quad (4.55)$$

假设 3 是：

$$\frac{CE'}{CE' + WL} = \frac{CE'_{11}}{CE'_{11} + WL_{11}} \quad (4.56)$$

由式（4.54）可以推出式（4.57）：

$$\theta = (CE' + WL + II + NDD) \times \frac{CE'_{11} + WL_{11} + II_{01} + NDD_{01} + OM_{01}}{CE'_{11} + WL_{11} + II_{01} + NDD_{01}}$$

$$(4.57)$$

由式（4.55）可以推出式（4.58）：

$$CE' + WL + II + NDD = \frac{(CE' + WL)(CE'_{11} + WL_{11} + II_{01} + NDD_{01})}{CE'_{11} + WL_{11}}$$

$$(4.58)$$

把式（4.58）代入式（4.57）得到：

$$\theta = \frac{CE' + WL}{CE'_{11} + WL_{11}} \times (CE'_{11} + WL_{11} + II_{01} + NDD_{01} + OM_{01}) \quad (4.59)$$

由式（4.56）推出式（4.60）：

$$\frac{CE' + WL}{CE'_{11} + WL_{11}} = \frac{CE'}{CE'_{11}} \quad (4.60)$$

把式（4.60）代入式（4.59）得到：

$$\theta = CE' \frac{CE'_{11} + WL_{11} + II_{01} + NDD_{01} + OM_{01}}{CE'_{11}} \quad (4.61)$$

将式（4.61）与式（4.53）相对照，看到式（4.61）等号右边就是式（4.53）。这意味着，如果这三个假设全部成立，那么使用式（4.53）能够算得目标总体人数，而且是比无偏估计量更优的估计量，至少是无偏估计量。

如果将式（4.49）中的 CE 放宽为 $CE' + WL$，那么

$$CE = CE' + WL \tag{4.62}$$

$$N_p = CE'_{11} + WL_{11} + II_{01} + NDD_{01} + OM_{01} \tag{4.63}$$

$$M = CE'_{11} + WL_{11} \tag{4.64}$$

将式（4.62）至式（4.64）代入式（4.53）得到式（4.65）：

$$\widehat{DSE} = (CE' + WL) \frac{CE'_{11} + WL_{11} + II_{01} + NDD_{01} + OM_{01}}{CE'_{11} + WL_{11}} \tag{4.65}$$

现在来讨论式（4.65）的无偏条件。前面已经由式（4.54）推出式（4.57），由式（4.55）推出式（4.58），并且将式（4.58）代入式（4.57）得到式（4.59）。把式（4.59）与式（4.65）对照，看到式（4.59）等号右边就是式（4.65）。可见，只需要假设1和假设2成立，不需要假设3成立，便可以使双系统估计量具有无偏性。

如果将式（4.49）中的 CE 放宽为 $CE' + WL + II + NDD$，那么式（4.49）中的各项为：

$$CE = CE' + WL + II + NDD \tag{4.66}$$

$$N_p = CE'_{11} + WL_{11} + II_{01} + NDD_{01} + OM_{01} \tag{4.67}$$

$$M = CE'_{11} + WL_{11} + II_{01} + NDD_{01} \tag{4.68}$$

将式（4.66）至式（4.68）代入式（4.49）得到：

$$\widehat{DSE} = (CE' + WL + II + NDD) \times \frac{CE'_{11} + WL_{11} + II_{01} + NDD_{01} + OM_{01}}{CE'_{11} + WL_{11} + II_{01} + NDD_{01}} \tag{4.69}$$

现在我们来讨论式（4.69）的无偏条件。前面已经由式（4.54）推出式（4.57）。将式（4.57）与式（4.69）相对照，看到式（4.57）等号右边就是式（4.69）。可见，只要假设1成立，不需要假设2和假设3成立，便可以使双系统估计量具有无偏性。

从以上讨论的三种情况来看，假设1是双系统估计量为无偏估计量最

基本的条件。也就是说，如果假设 1 不成立，双系统估计量就是有偏估计量。

（三） 双系统估计量无偏性的统计学意义

$n_{1\cdot}$ 为人口普查登记的目标总体人数；$n_{\cdot 1}$ 为人口普查事后计数调查登记的目标总体人数；n_{11} 为人口普查和人口普查事后计数调查同时登记的目标总体人数；N 为目标总体实际人数。

上面我们说到，Mulry 和 Kostanich 论证双系统估计量无偏性所提出的三个假设中，关键条件是假设 1。现在来考虑假设 1 在统计学上意味着什么。

这里的假设 1 又可以写作：

$$\frac{n_{1\cdot}}{N} = \frac{n_{11}}{n_{\cdot 1}} \qquad (4.70)$$

由式（4.70）又可以写出：

$$N = n_{1\cdot} \frac{n_{\cdot 1}}{n_{11}} \qquad (4.71)$$

Bishop 等（1975）指出，式（4.71）是 N 的最大似然估计量。这就是说，N 是 $(n_{1\cdot} \times n_{\cdot 1})/n_{11}$ 这个数字的概率比 N 是别的数字的概率大。现在由假设 1 推导出 N 等于 $(n_{1\cdot} \times n_{\cdot 1})/n_{11}$。这个假设意味着什么呢？显然，"$N$ 等于 $(n_{1\cdot} \times n_{\cdot 1})/n_{11}$" 与 "$N$ 是 $(n_{1\cdot} \times n_{\cdot 1})/n_{11}$ 的概率最大" 并不矛盾（并且更进了一步）。具体来说，"N 是 $(n_{1\cdot} \times n_{\cdot 1})/n_{11}$ 的概率最大" 这一结论所要求的充要条件，对 "N 等于 $(n_{1\cdot} \times n_{\cdot 1})/n_{11}$" 这个假设来说也是必不可少的，是它的必要条件；但是，这种条件并不仅仅能够导出 "N 等于 $(n_{1\cdot} \times n_{\cdot 1})/n_{11}$" 的结论，它还可以导出 "$N$ 虽然不一定等于 $(n_{1\cdot} \times n_{\cdot 1})/n_{11}$，但是取这个值的概率最大" 的结论，所以不是它的充分条件。

既然 "N 是 $(n_{1\cdot} \times n_{\cdot 1})/n_{11}$ 的概率最大" 这一结论所要求的充要条件如此重要，那么我们就再讨论一下，这个充要条件意味着什么呢？

为了说明捕获－再捕获模型的试验背景，不妨设计一台分别以确定的概率发生只涂有红色记号、只涂有白色记号、涂有红白两种记号、未涂记号四种球的随机试验机以及相应的用 "是否涂有红色记号" 和 "是否涂有白色记号"两个变量分组的反映上述四种试验结果的四格列联表。我们把"发生涂有红白两种记号的球"的概率记作 π_{11}，在 N 次试验中实际发生的次数记作 n_{11}；把"发生只涂有红色记号未涂白色记号的球"的概率记作 π_{12}，在 N 次试验中实际发生的次数记作 n_{12}；把"发生只涂有白色记号未涂红色记号的球"的概率记作 π_{21}，在 N 次试验中实际发生的次数记作 n_{21}；把"发生未涂记号的球"的概率记作 π_{22}，在 N 次试验中实际发生的次数记作 n_{22}。由文献的论证可知：当且仅当下面两个条件同时具备的时候，试验次数 N 的最大似然估计为 $(n_{1.} \times n_{.1})/n_{11}$。这两个条件是：第一，$\pi_{ij} = \pi_{i.} \times \pi_{.j}$ ($i = 1, 2; j = 1, 2$)，也就是"是否涂有红色记号"和"是否涂有白色记号"两个变量独立；第二，N 次试验独立，且同分布于同一个四点分布随机试验。

把"发生涂有红白两种记号的球"换成"发生在两次捕获中都出现的鱼"，概率为 π_{11}，在 N 次试验中实际发生的次数为 n_{11}；把"发生只涂有红色记号未涂白色记号的球"换成"发生只在第一次捕获中出现而在第二次捕获中未出现的鱼"，概率为 π_{12}，在 N 次试验中实际发生的次数为 n_{12}；把"发生只涂有白色记号未涂红色记号的球"换成"发生只在第二次捕获中出现而在第一次捕获中未出现的鱼"，概率为 π_{21}，在 N 次试验中实际发生的次数为 n_{21}；把"发生未涂记号的球"换成"发生在两次捕获中都未出现的鱼"，概率为 π_{22}，在 N 次试验中实际发生的次数为 n_{22}。然后再把上面所发生的鱼统统放入池塘。则成立"池塘中鱼的数目的最大似然估计量为 $(n_{1.} \times n_{.1})/n_{11}$"这一结论的充要条件是：第一，$\pi_{ij} = \pi_{i.} \times \pi_{.j}$ ($i = 1, 2; j = 1, 2$)，也就是两次捕获行为独立；第二，N 次试验独立，且同分布于同一个四点分布随机试验，也就是每条鱼在第一次捕捞中出现的概率相同，都是 $\pi_{1.}$，每条鱼在第二次捕捞中出现的概率也相同，都是 $\pi_{.1}$（注意：只要有每条鱼的 $\pi_{1.}$ 相同和 $\pi_{.1}$ 相同，便保证了每条鱼的 π_{11}、π_{12}、π_{21} 以及 π_{22} 相同）。

这两个条件是成立"池塘中鱼的数目 = $(n_{1.} \times n_{.1})/n_{11}$"这一假设的必要但非充分的条件。

Mulry 和 Kostanich 的假设 1 成立的必要但非充分的条件是：第一，人口普查与人口普查事后计数调查相互独立；第二，目标总体中的每个人在人口普查或事后计数调查中登记的概率相同。在这里，一个人在人口普查中是否登记与在事后计数调查中是否登记这两个变量通常是相依的，所以为了叙述简便，对上面第二个条件，可以只简单地说"人口总体中的每个人在人口普查中登记的概率相同"。这两个条件也是双系统估计量无偏的必要但非充分的条件。

在实际工作中，为了满足上述第一个条件，即人口普查与人口普查事后计数调查之间相互独立，通常可以在事后计数调查的工作安排上采取一些措施。例如，设法使事后计数调查时所编制的住房单元地址目录与人口普查时编制的住房单元地址目录相独立；又如，恰当安排事后计数调查开始的时间，把这个时间规定在人口普查及复查全部结束之后；再如，设法避免由调查员引起的相关性，尽量聘用不同于普查员的另外一支人员队伍进行事后计数调查工作，如果受经费和人力所限而不得不仍然使用原来的优秀普查员从事事后计数调查工作，那至少也要将他们派往普查时未曾工作过的小区去进行事后计数调查；等等。

为满足上述第二个条件，即总体中的每个人在人口普查中登记的概率相同，关键是要找到影响目标总体人口在人口普查中登记概率的变量。在选择出这些变量后，先进行所有变量的交叉分层，形成若干交叉层，使每个交叉层内的人口具有同质性；然后考虑样本总量大小及研究目标，适当压缩某些交叉层；在剩下的每个交叉层构造双系统估计量。然而，我们发现，在使用双系统估计量时，对目标总体人口分层的国家并不多见，主要是美国、瑞士、澳大利亚和英国等国家在做这项分层工作。中国、乌干达和南非等发展中国家对这项工作一贯不够重视，认为是否对总体人口分层对使用双系统估计量估计的人数精度影响不大。那为什么这些发展中国家不重视分层工作呢？一是其尚未深入研究双系统估计量的理论基础，作为双系统估计量理论基础的捕获-再捕获模型对池塘中鱼的数目估计要求池塘中的每条鱼有同样的概率捕获。二是其对全国样本总量的测算缺乏理论依据，往往是凭经验、感觉测算，另外为节省数据采集成本，又进一步压缩样本总量，从而导致抽样比例远远小于以美国为代表的许多发达国家。中国2000年人口普查事后计数调查的调查小区抽样比例仅为0.109‰，而美国街区群抽样比例为3‰。如此小的样本总规模自然分配到每个层的样本量也少，从而造成无法估计的尴尬局面或估计的结果抽样误差过大。三是对总体人口分层程序比较复杂，涉及分层变量（变量）的选择，对交叉层的合并，对样本调查小区人口在各个层的分配。这表明，虽然在人口普查净覆盖误差估计中应用双系统估计量已经成为国际上的主流方法，但中国（以及其他一些国家）对这个方法的应用并不规范，在若干重要的技术环节上做了不恰当的处理，因而在这些国家构造的双系统估计量失去了它应有的科学性。

二 有效性

进行估计量有效性比较的前提条件是，这两个估计量是无偏的。由于双系统估计量是有偏估计量，所以无法进行双系统估计量和其他估计量的比较。与其他研究领域不同的是，各国政府统计部门采取什么估计量评估人口普查的登记质量都是一定时代的产物。也就是说，在某个特定时代，通常只会使用一种估计量。美国自1950年起，在每次人口普查净覆盖误差估计中都采用双系统估计量。虽然在此期间，美国人口普查局也使用人口统计分析模型估计净覆盖误差，但只是用来验证双系统估计量的估计结果，作为其辅助手段。中国自1982年起，在每次人口普查净覆盖误差估计中，使用漏报率与多报率之差作为净覆盖误差率。这就是说，在人口普查净覆盖误差估计中，比较双系统估计量的有效性意义不大。

三 一致性

双系统估计量依据最大似然估计构造，在一定条件下（如样本规模足够大）具有一致性。然而，几乎所有国家的政府统计部门在每次人口普查事后计数调查中，样本规模都达不到足够大这个标准。美国2000年样本街区群抽样比例为3‰，南非2011年从全国89305个普查计数区抽取600个普查计数区，抽样比例为0.67%，中国2000年和2010年样本普查小区抽样比例分别为0.0728‰和0.109‰。因此双系统估计量难以满足一致性。

四 充分性

如果一个估计量充分利用了样本中关于待估计参数的全部信息，那么这样的估计量具有充分性。双系统估计量目标是估计总体规模。与总体规模估计有关的信息主要包括样本普查小区的本次普查人口名单、事后计数调查人口名单和行政记录人口名单。双系统估计量同时利用了前两份人口名单。单系统估计量只利用了事后计数调查人口名单。三系统估计量同时利用了三份人口名单。人口统计分析模型未利用对总体规模估计有重大影响的本次普查人口名单。不难看出,从信息利用的角度来看,三系统估计量最优,而双系统估计量次之。

第七节 实证分析

一 街道及某样本小区的净覆盖误差估计

实证对象是某街道,估计该街道及某样本小区的 2010 年 11 月 1 日零时的常住人口的实际人数及净覆盖误差。该街道共有 1000 个普查小区。采取分层为二重抽样的方法从中抽取普查小区 8 个。在抽取第二重样本之前,按规模将该街道的 1000 个普查小区划分为两层:规模大普查小区层,该层每个小区的住房单元数为 80 个及以上;其他小区层,该层每个小区的住房单元数不足 80 个。规模大普查小区层共有小区 600 个,即 $N_1 = 600$,其他小区层共有 400 个,即 $N_2 = 400$。用 H 表示总层数,即 $H = 2$。在每层,以普查小区为抽样单位,分别抽取 7 个和 6 个普查小区,即 $n_1 = 7$,$n_2 = 6$。对第一重样本普查小区,按照流动人口比例再分为两层:超过 30% 层,用 G_1 表示;未超过 30% 层,用 G_2 表示。$M_{11} = 4$,$M_{12} = 3$,$M_{21} = 3$,$M_{22} = 3$。在每个 hg 层,为压缩样本规模,仍然以普查小区为抽样单位,抽取第二重样本,样本量分别为 $m_{11} = 2$,$m_{12} = 2$,$m_{21} = 2$,$m_{22} = 2$。结果如表 4 - 3 所示。

对抽取的 8 个样本小区,使用问卷和现场核实方法获得其 2010 年 11 月 1 日零时的普查人口名单及事后计数调查人口名单。采用手工比较和计算机比较技术,比对这两份名单。在对可能匹配及悬而未决比对结果处理后,获得了最终比对结果。

将比对结果分配到按照民族、年龄和性别形成的下面 12 个等概率人口层:①汉族,男,0~14 岁;②汉族,男,14~59 岁;③汉族,男,60 岁及以上;④汉族,女,0~14 岁;⑤汉族,女,14~59 岁;⑥汉族,女,

60 岁及以上；⑦少数民族，男，0～14 岁；⑧少数民族，男，14～59 岁；⑨少数民族，男，60 岁及以上；⑩少数民族，女，0～14 岁；⑪少数民族，女，14～59 岁；⑫少数民族，女，60 岁及以上。分配结果如表 4-4 所示，其中的小区 1、小区 2、小区 5、小区 6、小区 8、小区 9、小区 11 和小区 12 表示抽取的第二重样本小区。为使表 4-4 容纳 8 个样本小区的普查正确登记人数、事后计数调查人数和匹配人数，未列出 N_p 及 M_p 分别进一步细分的无移动者和向外移动者人数及其匹配人数，即 N_n、N_o 及 M_n、M_o。这么处理不影响估计结果。

表 4-3 抽样层及样本量

第一重抽样层	第一重抽样层的小区总数	第一重样本量	第二重抽样层	第二重抽样层的小区总数	第二重样本量
$h=1$	$N_1=600$	$n_1=7$	$g=1$	$M_{11}=4$	$m_{11}=2$
$h=1$	$N_1=600$	$n_1=7$	$g=2$	$M_{12}=3$	$m_{12}=2$
$h=2$	$N_2=400$	$n_2=6$	$g=1$	$M_{21}=3$	$m_{21}=2$
$h=2$	$N_2=400$	$n_2=6$	$g=2$	$M_{22}=3$	$m_{22}=2$

表 4-4 样本普查小区人数

单位：人

等概率人口层 v	小区 1			小区 2			小区 5			小区 6		
	CE	N_p	M_p	CE	N_p	M_p	CE	N_p	M_p	CE	N_p	M_p
汉，男，0～14 岁	16	17	16	17	18	17	18	20	18	18	19	18
汉，男，14～59 岁	49	50	48	50	51	49	51	49	47	53	50	48
汉，男，60 岁及以上	10	10	9	11	11	10	12	13	12	13	14	13
汉，女，0～14 岁	15	16	15	16	17	16	17	17	16	18	19	18
汉，女，14～59 岁	46	47	45	46	47	45	47	48	46	47	46	44
汉，女，60 岁及以上	9	9	8	10	10	9	10	11	10	11	12	11
少，男，0～14 岁	10	10	9	11	12	11	12	11	10	13	13	12
少，男，14～59 岁	28	30	28	30	31	30	31	30	29	32	34	32
少，男，60 岁及以上	8	9	8	8	9	7	9	11	9	9	10	9

续表

等概率人口层 v	小区 1			小区 2			小区 5			小区 6		
	CE	N_P	M_P	CE	N_P	M_P	CE	N_P	M_P	CE	N_P	M_P
少,女,0~14岁	9	7	6	10	10	9	10	11	10	11	12	11
少,女,14~59岁	26	23	22	25	25	24	26	26	25	26	27	26
少,女,60岁及以上	6	7	6	6	7	6	7	8	7	9	8	7

等概率人口层 v	小区 8			小区 9			小区 11			小区 12		
	CE	N_P	M_P	CE	N_P	M_P	CE	N_P	M_P	CE	N_P	M_P
汉,男,0~14岁	15	16	15	19	20	19	13	14	13	20	20	19
汉,男,14~59岁	46	47	45	51	52	50	43	44	42	50	50	48
汉,男,60岁及以上	8	8	8	12	13	12	10	10	10	13	14	13
汉,女,0~14岁	13	14	13	17	19	17	15	16	15	19	19	18
汉,女,14~59岁	44	46	44	47	49	47	43	44	42	47	45	43
汉,女,60岁及以上	10	9	8	10	10	9	9	7	6	10	9	8
少,男,0~14岁	8	9	8	11	11	11	9	8	7	12	13	12
少,男,14~59岁	26	27	26	30	31	30	30	28	27	34	35	34
少,男,60岁及以上	9	10	9	7	7	7	8	8	8	10	9	8
少,女,0~14岁	9	7	6	12	12	12	10	11	10	11	10	9
少,女,14~59岁	24	23	22	26	26	25	25	26	25	25	26	25
少,女,60岁及以上	6	7	6	8	8	8	7	8	7	7	8	7

注:"汉"指汉族,"少"指少数民族。下同。

根据式(4.4)至式(4.21),以及表4-3和表4-4数据,得到等概率人口层及总体的估计结果,如表4-5所示。

在表4-5中,从右上角到左下角对角线上的数据表示每个等概率人口层双系统估计量的抽样方差。表4-5表明,总体抽样方差并不等于所有等概率人口层抽样方差之和。这源于等概率人口层之间存在相关性,协方差一般不为零。有些等概率人口层正相关,使总体抽样方差增加,也有些等概率人口层之间负相关,使总体抽样方差减少。忽视等概率人口层协方差,会高估或低估总体抽样方差。

表 4-5 等概率人口层及总体的抽样方差及协方差

等概率人口层	1	2	3	4	5	6	7	8	9	10	11	12	总体
1	805644	819161	576728	586199	462967	97151	402470	520174	174439	178788	51233	63692	4738646
2	819161	1023384	679827	687029	512773	158929	484910	636514	91126	247976	74217	206058	5621904
3	576728	679827	554861	560649	357341	99000	391067	561672	20041	193526	69195	156142	4220049
4	586199	687029	560649	566818	361652	100483	396488	568245	26143	194898	69551	158089	4276244
5	462967	512773	357341	361652	291684	44124	242202	324459	63479	111454	67770	66152	2906057
6	97151	158929	99000	100483	44124	72160	89367	117823	34009	55386	-40994	63517	890955
7	402470	484910	391067	396488	242202	89367	288818	413099	41422	142106	33984	135170	3061103
8	520174	636514	561672	568245	324459	117823	413099	651224	67991	206101	50080	211683	4329065
9	174439	91126	20041	26143	63479	34009	41422	67991	262877	-1547	-59075	-21344	699561
10	178788	247976	193526	194898	111454	55386	142106	206101	-1547	78548	7411	77527	1492174
11	51233	74217	69195	69551	67770	-40994	33984	50080	-59075	7411	91952	31380	446704
12	63692	206058	156142	158089	66152	63517	135170	211683	-21344	77527	31380	167699	1315765
总体	4738646	5621904	4220049	4276244	2906057	890955	3061103	4329065	699561	1492174	446704	1315765	33998232

注:1~12 分别表示第 1~12 等概率人口层。

依据式（4.22）至式（4.27），得到等概率人口层及总体的净覆盖误差及其抽样标准误差，如表4-6所示。

表4-6　普查覆盖修正因子、实际人数及净覆盖误差估计值

等概率人口层	普查人数（人）	实际人数（人）	覆盖修正因子	净覆盖误差（人）	抽样标准误差（人）
汉，男，0～14岁	17950	18123	1.0096	173	898
汉，男，14～59岁	50012	51430	1.0283	1418	1012
汉，男，60岁及以上	11000	11941	1.0855	941	745
汉，女，0～14岁	17000	17332	1.0195	332	753
汉，女，14～59岁	47258	48019	1.0161	761	540
汉，女，60岁及以上	9998	10989	1.0991	991	269
少，男，0～14岁	10816	11891	1.0993	1075	537
少，男，14～59岁	31045	31370	1.0104	325	807
少，男，60岁及以上	9560	9430	0.9864	-130	513
少，女，0～14岁	11898	11177	0.9394	-721	280
少，女，14～59岁	26070	26482	1.0158	412	303
少，女，60岁及以上	7345	7851	1.0688	506	410
总体	249952	256035	1.0243	6083	5831

从表4-6可以看出：①某街道的人口普查净覆盖误差为6083人，净覆盖误差率为2.38%，表明普查人数低于实际人数，或者说普查漏报比多报严重；②有些等概率人口层净覆盖误差为正，也有些等概率人口层净覆盖误差为负，为正表示净漏报，为负表示净多报，如果使用估计的净覆盖误差率修正普查人数，有些等概率人口层的普查人数会减少，例如"少数民族，男，60岁及以上"和"少数民族，女，0～14岁"，也有些等概率人口层通过修正普查人数会增加；③少数民族比汉族的净覆盖误差小得多，表明少数民族对普查的合作意愿程度相对汉族高得多；④性别和年龄对净覆盖误差有比较大的影响，不同性别和年龄的净覆盖误差差异较大；⑤不同等概率人口层的普查覆盖修正因子有较大差异，有的大于1，有的小于1，大于1表示净漏报，小于1表示净多报；⑥各个等概率人口层净覆盖误差估计值的抽样标准误差存在较大差异，最小的是"汉族，女，60岁及以上"的269人，最大的是"汉族，男，14～59岁"的1012人，表

明前者估计精度最高,后者估计精度最低。

进一步,按照式(4.28)至式(4.30),得到小区域(普查小区)的估计结果,如表4-7所示。

表4-7 某普查小区估计值

等概率人口层	普查人数（人）	覆盖修正因子	实际人数（人）	净覆盖误差（人）	抽样标准误差（人）
汉,男,0~14岁	17	1.0096	17.1632	0.1632	0.8504
汉,男,14~59岁	52	1.0283	56.4716	1.4716	1.0522
汉,男,60岁及以上	12	1.0855	16.026	1.026	0.8127
汉,女,0~14岁	16	1.0195	16.312	0.312	0.7087
汉,女,14~59岁	49	1.0161	49.7889	0.7889	0.5599
汉,女,60岁及以上	11	1.0991	12.0901	1.0901	0.2959
少,男,0~14岁	11	1.0993	12.0923	1.0923	0.5461
少,男,14~59岁	29	1.0104	29.3016	0.3016	0.7538
少,男,60岁及以上	9	0.9864	8.8776	-0.1224	0.4826
少,女,0~14岁	10	0.9394	9.394	-0.606	0.2353
少,女,14~59岁	27	1.0158	27.4266	0.4266	0.3138
少,女,60岁及以上	7	1.0688	7.4816	0.4816	0.3907
本小区	250	1.0240	256.4255	6.4255	4.8320

表4-7表明:①要估计某个小区域(如普查小区)的实际人数及净覆盖误差,首先要找到覆盖它的所有等概率人口层及其覆盖修正因子,将每个等概率人口层在这个小区域的普查人数乘以该等概率人口层的覆盖修正因子,得到这部分的实际人数,然后汇总这些实际人数估计值,得到该小区域的实际人数及净覆盖误差估计值;②该小区域实际人数为256.4255人,而普查人数为250人,表明该小区普查漏报大于多报,从该普查小区内部来看,漏报存在差异,有的等概率人口层甚至是多报比漏报严重;③普查小区内部各个等概率人口层的实际人数估计精度存在一定程度的差异,估计精度最高的是"少数民族,女,0~14岁"覆盖的那部分,其抽样标准误差最小,为0.2353人,而估计精度最低的是"汉族,男,14~59岁"所覆盖的那一部分,其抽样标准误差为1.0522人。

二 双系统估计量的交互作用偏差测算

美国人口普查局 2010 年使用人口统计分析模型及双系统估计量估计全国性别比率及年龄-种族-性别人数。这里使用这些数据资料和 Bell 模型计算交互作用偏差，包括各年龄-种族组的性别比率、交互作用偏差修正因子、双系统估计量交互作用偏差修正。下面列出实证结果，并做统计分析。

（一）性别比率估计值的计算与分析

从表 4-8 可以看出，在三个年龄组，2010 年 DA 模型估计值比 2010 年双系统估计值的黑人成年男性性别比率明显高。这表明黑人成年男性的双系统人数估计值存在显著的交互作用偏差，而且是负偏差，这说明黑人成年男性数目被双系统估计量严重低估。这告诉我们，双系统估计量严重低估黑人成年男性数目，低估其人口普查净覆盖误差。

在非黑人 30~49 岁组和 50 岁及以上组，2010 年 DA 模型估计值的性别比率只是稍高于双系统估计值的性别比率。表明这两个组的双系统估计值的交互作用偏差较小，双系统估计量低估人数并不显著。

在非黑人 18~29 岁组，2010 年 DA 模型估计值的性别比率只是稍低于双系统估计值的性别比率。然而，这并不意味着 2010 年双系统估计值存在交互作用偏差（正偏差）。事实上，它可能是数据收集与处理误差、比较误差等导致的。美国人口普查局从未认为非黑人 18~29 岁组的双系统估计值存在交互作用偏差，也就是说，视该组的交互作用偏差为零，即修正前的双系统估计值与修正后的双系统估计值相等。

表 4-8 美国 2010 年双系统估计值及人口统计分析模型估计值的性别比率

年龄组	黑人 $r_{DA,\tau}$	黑人 $r_{PREDSE,\tau}$	非黑人 $r_{DA,\tau}$	非黑人 $r_{PREDSE,\tau}$
18~29 岁	0.94	0.89（0.012）	1.03286	1.02998（0.006）
30~49 岁	0.91	0.81（0.006）	1.02	0.99（0.002）
50 岁及以上	0.80	0.76（0.004）	0.89	0.88（0.002）

（二）交互作用偏差修正因子的计算与分析

利用表 4-8 中的性别比率，使用式（4.41）计算男性 τ 年龄-种族组的交互作用偏差修正因子 $\hat{\lambda}_{m,\tau}$，计算结果如表 4-9 所示。

表 4-9 美国 2010 年双系统估计值的交互作用偏差修正因子

年龄组	$\hat{\lambda}_{m,\tau}$ 黑人	非黑人
18~29 岁	1.056（1.15）	1.002796（0.98）
30~49 岁	1.123（0.81）	1.030（0.32）
50 岁及以上	1.052（0.78）	1.011（0.32）

表 4-9 中的交互作用偏差修正因子有两个用途。一是修正成年男性双系统估计值；二是计算相对交互作用偏差。值得一提的是，18~29 岁非黑人男性组的交互作用偏差修正因子接近于 1，这反映该年龄组双系统估计值交互作用偏差很小，可以忽略不计。对该年龄-种族组的修正因子，美国人口普查局通常取值为 1。另外，我们可以看到，18~29 岁黑人组的修正因子 1.056，明显超过这个年龄组的非黑人的 1.002796。这说明，黑人比非黑人更容易在普查及其事后计数调查中同时遗漏，即双重遗漏，是双系统估计量遗漏的主要人群。

（三）全国成年男性双系统估计值交互作用偏差的计算与分析

利用表 4-9 交互作用偏差修正因子修正男性双系统估计值的交互作用偏差。修正前后的双系统估计值如表 4-10 所示。

表 4-10 交互作用偏差对美国 2010 年成年男性双系统估计值的影响

单位：千人，%

年龄-种族组	交互作用偏差修正前双系统估计值	交互作用偏差修正后双系统估计值	修正前后的双系统估计值的绝对差异	修正前后的双系统估计值差异百分比
18 岁及以上黑人男性	12262（72）	13251（70）	989（64）	8.07（0.6）
18~29 岁黑人男性	3348（43）	3535（38）	187（44）	4.59（1.5）
30~49 岁黑人男性	4764（36）	5350（30）	586（39）	12.30（0.9）
50 岁及以上黑人男性	4150（27）	4366（24）	216（26）	4.20（0.6）
18 岁及以上非黑人男性	95949（179）	97512（163）	1501（100）	1.56（0.09）
18~29 岁非黑人男性	20755（105）	20755（105）	0（0）	0（0）
30~49 岁非黑人男性	35472（92）	36536（81）	1064（90）	4.00（0.29）
50 岁及以上非黑人男性	39722（64）	40159（58）	437（65）	1.10（0.18）
18 岁及以上男性	108211（195）	110763（179）	2552（119）	2.36（0.1）
18~29 岁男性	24103（115）	24290（111）	187（44）	0.78（0.2）
30~49 岁男性	40236（101）	41886（86）	1650（98）	4.10（0.2）
50 岁及以上男性	43872（66）	44525（63）	653（74）	1.49（0.2）

表4-10用来说明修正种族-年龄组的交互作用偏差对美国2010年成年男性双系统估计值的影响。从表4-10可以明显地看出，双系统估计量存在交互作用偏差，这一偏差使得双系统估计量低估总体实际人数，进而低估人口普查净覆盖误差或净覆盖误差率。为了提高净覆盖误差率估计的精度，必须修正双系统估计量中的交互作用偏差，使其估计的人数接近于实际人数。

从18岁及以上黑人男性来看，交互作用偏差修正前，双系统估计值为12262千人，修正后为13251千人，净增加989千人，净增加率为8.07%。其中，30~49岁组的增加最多，即净增加586千人，净增加率为12.30%，而50岁及以上组增加最少，净增加率为4.20%，至于18~29岁组则净增加187千人，净增加率为4.59%。

从18岁及以上非黑人男性来看，修正交互作用偏差后，净增加双系统估计值1501千人，净增加率为1.56%。其中，30~49岁组的净增加人数（1064千人）最多，净增加率（4.00%）最高，而18~29岁组的双系统估计值修正交互作用偏差后无变化，这表明该组交互作用偏差为零，对双系统估计值无影响。

从18岁及以上男性来看，交互作用偏差修正前后的双系统估计值分别为108211千人及110763千人，净增加双系统估计值2552千人，净增加率为2.36%。其中，30~49岁组的双系统估计值增加最多，净增加1650千人，净增加率为4.10%，而18~29岁组的交互作用偏差最小，修正使得双系统估计值净增加187千人，净增加率为0.78%。

从以上分析可知，无论是黑人还是非黑人成年男性，30~49岁组的交互作用偏差最为严重，使得双系统估计量估计的人数明显低于实际人数，低估人口普查净覆盖误差率。出现这种情况的原因是，这个年龄组的男性工作忙碌，在人口普查登记期间外出的机会较多，结果未在人口普查中登记。由于未参与人口普查，他们意识不到普查的重要性，进而更加不愿意参加人口普查之后组织的事后计数调查，从而导致比起那些参加了普查的人更容易在这两项调查中同时遗漏。本质上看，双系统估计量只是估计随机在这两项调查中同时遗漏的人数，而没有估计同时遗漏于普查与其事后计数调查的人数，因而低估30~49岁组的人数。

(四) 全国双系统估计值交互作用偏差的计算与分析

全国的双系统估计值包括女性和男性在内。假设女性不存在交互作用偏差,因此,全国的双系统估计值在交互作用偏差修正后的变化体现在男性双系统估计值的变化上。表 4-11 展示了这一变化。

表 4-11 交互作用偏差修正对美国 2010 年全国双系统估计值的影响

单位: 千人, %

年龄组	交互作用偏差修正前双系统估计值		交互作用偏差修正后双系统估计值		修正前后的双系统估计值的绝对差异		修正前后的双系统估计值差异百分比	
	男性	女性	男性	女性	男性	女性	男性	女性
17 岁及以下	73678		73678		0 (0)		0 (0)	
18~29 岁	24103	23912	24290	23912	187	0 (0)	0.39	
30~49 岁	40236	41711	41886	41711	1650	0 (0)	2.00	
50 岁及以上	43872	50599	44525	50599	653	0 (0)	0.69	
全国总人数	298111 (420)		300663 (429)		2552 (119)		0.86 (<0.1)	

表 4-11 全面展示了美国 2010 年人口普查质量评估全国以及各个年龄-性别组的双系统人数估计值及其交互作用偏差修正后的双系统估计值。把 2552 千人的交互作用偏差添加到修正前的双系统估计值 298111 千人中,结果修正后的双系统估计值为 300663 千人,估计的全国人数净增加率为 0.86%。

从 17 岁及以下组人口来看,假设这个年龄组的双系统估计值不存在交互作用偏差,因此修正前后的双系统估计值均为 73678 千人。需要注意的是,美国在对总体人口等概率分层时,对该年龄组未按照性别进一步分层。这主要是考虑到这个年龄组的男性和女性在人口普查或事后计数调查中登记的概率差异不显著。那么,为什么假设 17 岁及以下组不存在交互作用偏差呢?研究表明,这个年龄组的孩子是否参加人口普查或事后计数调查的意愿或态度,并不像成年人那样具有倾向性,而是有明显的随机性。也就是说,他们是否参加事后计数调查通常不会受到是否参加过人口普查的影响。

从 18~29 岁组来看,双系统估计值的交互作用偏差为 187 千人。交互作用偏差修正使得双系统估计值由修正前的 48015 千人增加到 48202 千人,净增加率为 0.39%。增加的原因是男性存在交互作用偏差，而女性不存在。事实上，成年女性的双系统估计值的交互作用偏差为零。换句话说，这个年龄组的双系统人数估计值在修正后增加只与男性有关，而与女性无关。

从 30~49 岁组来看，双系统估计值的交互作用偏差高达 1650 千人。修正交互作用偏差后，该年龄组的双系统估计值由修正前的 81947 千人增加到 83597 千人，净增加 1650 千人，净增加率为 2.0%。

从 50 岁及以上组来看，男性双系统估计值存在交互作用偏差，而女性的双系统估计值同前几组一样不存在交互作用偏差。交互作用偏差修正前，该年龄组双系统估计值为 94471 千人，修正后为 95124 人，净增加 653 千人，净增加率为 0.69%。

（五）全国普查净覆盖误差率交互作用偏差的计算与分析

由于普查净覆盖误差率为双系统估计值与普查登记人数之差，所以双系统估计值的变化必然带来普查净覆盖误差率的变化。表 4-12 显示了这一变化。

表 4-12　交互作用偏差修正对美国 2010 年人口普查净覆盖误差率的影响

单位：千人，%

全国普查登记的人数	全国修正前的双系统估计值	全国修正后的双系统估计值	全国修正前的普查净覆盖误差率	全国修正后的普查净覆盖误差率
300703（0）	298111（420）	300663（429）	-0.869（0.0014）	-0.013（0.0014）

从表 4-12 可以看出，修正交互作用偏差的普查净覆盖误差率为 -0.869%，而修正后为 -0.013%（负号的含义是普查净多登记，即在人口普查中多登记的人口比遗漏的人口要多）。这表明，修正交互作用偏差使普查净多登记率减少了 98.5%。

第八节　重要学术观点

第一，在净覆盖误差估计中，不只要估计全国的人口普查净覆盖误差，还要估计小区域（含省级单位）的人口普查净覆盖误差。在利用双系统估计量估计全国的人口普查净覆盖误差之后,对于全国以下的小区域单位的实际人数及净覆盖误差还不得而知,但这是反映全国普查数据登记质量不可忽视的关键信息。如果继续使用双系统估计量估计小区域的实际人数,会因为样本量少而抽样误差很大。合成双系统估计量利用覆盖修正因子估计小区域净覆盖误差可以一定程度上避免这个问题。合成双系统估计量的抽样方差依然采用分层刀切法近似计算。

第二,双系统估计量公式中含有下列7个指标:人口普查登记人数、人口普查正确登记人数、无移动者人数、向内移动者人数、向外移动者人数、无移动者中匹配人数和向外移动者中匹配人数。这里说的这7个指标都是总体值。在对人口有限总体实施概率抽样的条件下,须依据所用的抽样方法构造7个指标的估计量,用以代替公式中的7个指标。这样得到的结果是双系统估计量的估计量。人口普查质量评估中所使用的抽样方法属于复杂抽样设计,双系统估计量的估计量方差不能用数学解析式直接计算,而需要选择适当的近似方法来估计。分层刀切抽样方差估计量适合于近似计算双系统估计量的抽样方差。

第三,双系统估计量交互作用偏差源于人口普查与其事后计数调查的因果相关性及等概率人口层的个人在人口普查中登记概率的异质性。因果相关性导致双系统估计值正偏差或负偏差,而异质性导致负的交互作用偏差,使双系统估计量低估总体实际人数。通常关注的是导致双系统估计值低估的负交互作用偏差。美国的例子表明,黑人成年男性的双系统估计值存在显著的交互作用偏差,成年女性和0~17岁孩子不存在交互作用偏差。由于这个原因,通常只是修正成年男性双系统估计值的交互作用偏差。判断是否存在交互作用偏差分两步进行,先计算人口统计分析模型的性别比率和双系统估计值的性别比率,然后根据这两个比率的大小判断后者是否存在交互作用偏差。如果前者的性别比率大于后者,就认定双系统估计值存在交互作用偏差。为提高双系统估计量的估计精度,应该把测算的交互作用偏差添加到双系统估计量估计的人数中,并依据修正后的双系统估计值计算人口普查净覆盖误差。中国从未测算过双系统估计量的交互作用偏差,甚至尚未意识到这一影响双系统估计值精度的误差。建议中国借鉴美国的方法,开展交互作用偏差研究。可从三个方面展开:一是事先采取各种措施满足双系统估计量的独立性要求,以及将 Logistic 回归模型引入双系统估计量，从根本上解决双系统估计量在真正意义上的等概率人口层构造及使用的要求，将交互作用偏差降到最低限度；二是建立人口统计分析模型或三系统估计量，为双系统估计量交互作用偏差测算提供独立数据来源；三是使用 Bell 模型测算双系统估计量的交互作用偏差。

第五章 三系统估计量与净覆盖误差估计

本章内容，主要参考笔者在《中国人口科学》上发表的论文《人口普查质量评估的三系统模型》（2013）；在《数理统计与管理》上发表的论文《人口普查，事后计数调查和行政记录的三系统估计量》（2016）；在《统计研究》上发表的论文《人口普查净误差估计中的三系统估计量研究》（2017）；在 *Mathematical Population Studies* 上发表的论文 "Triple-Source Estimator for Estimating the Net Error in Census Coverage"（2020）；在《数量经济技术经济研究》上发表的论文《人口普查质量评估中的三系统估计量研究》（2020）。

虽然截至2020年双系统估计量理论与应用已经达到相当成熟的程度，但其内在固有的交互作用偏差依然存在。为破解这一难题，早在20世纪80年代，美国学者就开始研究三系统估计量，但直到2010年只是构造出全面登记的三系统估计量。人口普查净覆盖误差估计需要的是抽样登记的三系统估计量。为解决三系统估计量在净覆盖误差估计中的应用问题，笔者于2010年开始三系统估计量研究，在全面解读美国学者构造的全面登记的三系统估计量基础上，先后在《中国人口科学》和《数理统计与管理》上发表全面登记的三系统估计量论文各1篇。2015年获得国家社会科学基金项目"人口普查净误差估计中的三系统估计量研究"立项后，在项目研究期间，在《统计研究》上发表三份人口名单一种统计关系下的抽样登记的三系统估计量，使三系统估计量应用于人口普查净覆盖误差估计成为现实可能。2018年该项目按期获得优秀等级结题后，继续研究三系统估计量。为扩大国际影响力，在国际SSCI期刊 *Mathematical Population Studies*

上发表抽样登记的三系统估计量。这是国际 SSCI 和 SCI 期刊首次发表抽样登记的三系统估计量。2020 年在《数量经济技术经济研究》上发表三份人口名单八种统计关系的抽样登记的三系统估计量，全面解决了三系统估计量在净覆盖误差估计中的一系列理论与实践问题。2019 年受国家统计局委托，设计 2020 年人口普查质量评估方案。该方案原本打算使用三系统估计量估计 2020 年人口普查净覆盖误差，但由于我国把户籍人口名单作为核查普查人口名单和事后计数调查人口名单质量的重要依据，因而与后两份人口名单关联性过强。具体表现为，看起来是三份人口名单，其实近乎是两份人口名单。于是，国家统计局 2020 年放弃使用三系统估计量，仍然使用双系统估计量估计人口普查净覆盖误差。随着我国人口行政记录日益增多，质量越来越高，在 2030 年有可能建立起复合人口行政记录名单。这份名单有两个特点：一是专门用来构造三系统估计量；二是由多个人口行政记录组合而成，并剔除其中的重复人口记录。

第一节　概述

目前以美国人口普查局为代表的政府统计部门或学者主要是先使用双系统估计量给出总体人数的一个估计值，然后把这个估计值与普查登记人数之差当作人口普查净覆盖误差。

学者们通过理论分析和数据实证指出，双系统估计量由于两个系统不独立而内含交互作用偏差，使其有偏估计总体的实际人数。学者们所说的交互作用偏差是指，人们对普查的应答和对事后计数调查的应答存在相关性。也就是说，他们在质量评估阶段对调查给予应答的概率会受到在普查中接受调查的态度影响，从而使双系统估计量估计的人口规模相对于独立性情形来说偏低。研究人员认为，交互作用偏差源于双系统估计量所要求的独立性假设失败。他们发现，这种偏差主要存在于特殊群体（例如，黑人成年男性总体）中，而在另外一些群体（例如，0 ~ 17 岁孩子群体、女性群体）中，交互作用偏差则很小，甚至在某些研究中假设这类群体的交互作用偏差为零。

学者们发现，三系统估计量能够使得双系统估计量的交互作用偏差缺陷得到相当程度的规避（Chatterjee and Bhuyan，2019）。首先，总体中的某些人可能未登记在人口普查和事后计数调查中，但可能登记在人口行政记录中，这就避免了在一个或两个系统遗漏就在所有系统遗漏情况的发生。也就是说，引起双系统估计量交互作用偏差的不利因素得到了最大限度的控制。其次，也是最重要的，三系统估计量可以有效地为双系统估计量的独立性约束松绑。这是因为三系统估计量给出了三个资料系统各种统计关系下总体人数估计量公式，因而在构造三系统估计量时，并不要求三个资料系统之间必须独立。

然而，目前只有三个系统对总体全面登记的三系统估计量。在人口普查质量评估中，只是从事后计数调查样本小区获得人口普查、事后计数调查和行政记录的人口资料。因此，目前的三系统估计量实际上无法直接应用于人口普查质量评估。本章将在现有三系统估计量的基础上研究适用于人口普查质量评估的三系统估计量。

为便于研究和理解三系统估计量，对其分类是必要的。按照事后计数调查是否为全面调查，三系统估计量分为全面登记的三系统估计量和抽样登记的三系统估计量。按照是否考虑人口移动，三系统估计量分为人口移动的三系统估计量和无人口移动的三系统估计量。按照构造方式的不同，三系统估计量分为直接在等概率人口层构造的三系统估计量和基于 Logistic 回归模型的三系统估计量。上述分类可以交叉。

三系统估计量迄今尚未应用于任何国家的人口普查净覆盖误差估计。本着科研研究先易后难和在实际工作中逐步推广应用的原则，本章研究直接在等概率人口层构造的三系统估计量，待条件成熟之后再研究基于 Logistic 回归模型的三系统估计量。根据目前的情况和各国政府统计部门人口普查净覆盖误差估计水平来判断，预计中国和美国将在 2030 年净覆盖误差估计中应用直接在等概率人口层构造的三系统估计量，在 2040 年使用基于 Logistic 回归模型的三系统估计量。其他国家在 2030 年或 2040 年前后将依然使用双系统估计量估计人口普查净覆盖误差。

三系统估计量来源于最初估计野生动物总体规模的三次捕获模型。为了更好地理解和使用三系统估计量，首先研究三次捕获模型是必要的。

第二节 三次捕获模型

三系统估计量的理论依据是三次捕获模型。在将用来估计动物总体规模的三次捕获模型移植到人类总体构造三系统估计量时，需要厘清这两者的本质区别。首先是动物总体与人类总体的差异，这种差异表现在，对于前者，实现动物捕获概率相同没有多大的困难，但对于后者，由于人的性格、社会经济地位等存在差异，所以实现个人在三份名单登记概率相同或大致相同则有比较大的难度。其次是对动物总体的动物进行三次捕获的时间间隔比较短，而针对人类总体的普查人口名单与事后计数调查人口名单的登记时间间隔通常在半个月以上甚至更长，这段时间内不可避免会发生人口移动。再次是获得动物三次捕获结果的难度较小，且每次捕获结果的质量较高，可以直接用来构造三次捕获模型，而获得三份人口登记名单则有很大难度，且各份名单中往往包括不存在或不应该包括的人口。最后是三次捕获都是对同一动物总体的全面捕获，而事后计数调查是对总体人口的抽样登记，这增大了三系统估计量应用到人类总体中的难度。迄今为止，国外学者对三系统估计量的讨论仍然停留在三个系统对总体全面捕获或全面登记的层面上。

一 描述三次捕获结果的不完整三维列联表

三次捕获模型的一类典型案例是：对同质动物封闭总体进行三次重复全面捕获，用所获得的有关数据来估计总体中动物的数目。"同质动物总体"指的是，具有相同活动能力的同种动物，它们具有相同的不等于 0 的被捕到的概率；"封闭总体"指的是，总体中的动物在三次捕获期间不会发生个体的增加或减少；"重复捕获"指的是，每次捕获完成之后把被捕到的动物放回总体；"全面捕获"指的是，每次捕获的目标是"一网"把总体中的动物全部捕到。由于众多偶然因素的影响，总体中的动物有一些没有被捕到。

三次捕获的操作中有一个重要的技术环节：第一次捕获后把该次被捕到的所有动物用某一种颜色（如红色）涂上记号，第二次捕获后把该次被捕到的所有动物用不同于第一次的另一种颜色（如绿色）涂上记号；第三次捕获后把该次被捕到的所有动物用不同于第一次和第二次的第三种颜色（如蓝色）涂上记号。

经过三次捕获，一方面可以获得第一次、第二次、第三次被捕到的动物的数目数据，另一方面还可以获得只涂有某一种颜色的动物的数目、同时涂有两种颜色的动物的数目、同时涂有三种颜色的动物的数目数据。三次捕获数据如表 5-1 所示（Bartlett, 1935; Smith, 1988）。

表 5-1 三次捕获的不完整三维列联表

三次捕获结果	在第三次捕获中（$k=1$）		不在第三次捕获中（$k=2$）	
	在第二次捕获中（$j=1$）	不在第二次捕获中（$j=2$）	在第二次捕获中（$j=1$）	不在第二次捕获中（$j=2$）
在第一次捕获中（$i=1$）	x_{111}	x_{121}	x_{112}	x_{122}
不在第一次捕获中（$i=2$）	x_{211}	x_{221}	x_{212}	x_{222}

表中有一个缺失单元，其数据 x_{222} 未知。另外 7 个单元的数据是可以观察到的，用 x_{ijk} 表示每个单元（ijk）的数据，i、j、k（或说，它们所示的足标位置）分别表示第一次捕获、第二次捕获、第三次捕获；每个足标位置都分别只取 1、2 两个值，取 1 时表示动物在该次捕获中出现，取 2 时表示动物在该次捕获中未出现。单元（222）对应于总体中的个体在三次捕获中都没有出现。

用 x 表示总体中观察到的个体的总数目：

$$x = \sum{}^{*} x_{ijk} = x_{111} + x_{121} + x_{211} + x_{221} + x_{112} + x_{122} + x_{212} \quad (5.1)$$

式（5.1）中加 * 的求和号表示，这个求和不包括单元（222）。另外，我们用 m_{ijk} 表示单元（ijk）的动物数目 x_{ijk} 的期望频数，即 $E(x_{ijk}) = m_{ijk}$。

我们的目的是估计总体中的动物总数 X。$X = x + m_{222}$。由于 x 已知，所以也可以把目的说成估计 m_{222}。

二 不完整三维列联表单元期望频数及总体规模的最大似然估计

为了求得不完整三维列联表单元期望频数及总体规模的最大似然估计，需要引入对数线性模型（Chao and Tsay, 1998）。对数线性模型是估不完整三维列联表单元期望频数及总体规模的重要工具。对数线性模型依据三次捕获之间的统计关系建立。对每种统计关系，建立一个与之相应的对数线性模型。每个单元的期望频数 m_{ijk} 用对数线性模型 $\ln m_{ijk}$ 拟合。对数线性模型分为两类：一类是基于三次捕获为两两相关的饱和对数线性模型；另一类是基于三次捕获为其他统计关系的非饱和对数线性模型。通常是先给出饱和对数线性模型的缺失单元频数的最大似然估计量，再将非饱和对数线性模型 7 个单元频数的最大似然估计量代入其中，得到后者缺失单元频数的最大似然估计量。

为书写便利，用 a、b、c 分别表示第一次捕获、第二次捕获、第三次捕获。三次捕获的统计关系共包括四类：Ⅰ类，即三次捕获之间两两相关；Ⅱ类，即其中一次捕获分别与另外两次捕获独立；Ⅲ类，即在给定其中一次捕获的条件下，另外两次捕获独立；Ⅳ类，即三次捕获相互独立。Darroch（1958）给出了这四类统计关系的对数线性模型。

（一）Ⅰ类统计关系的对数线性模型的最大似然估计

$$\ln m_{ijk} = \lambda + \lambda_i^a + \lambda_j^b + \lambda_k^c + \lambda_{ij}^{ab} + \lambda_{jk}^{bc} + \lambda_{ik}^{ac} \tag{5.2}$$

式（5.2）中，$\ln m_{ijk}$ 是单元（i、j、k）理论频数（单元频数的期望值）m_{ijk} 的对数，描述了 $\ln m_{ijk}$ 的数据结构。等号右边各项的意义如下：λ 是各单元 m_{ijk} 的几何平均的对数，把它作为各单元 $\ln m_{ijk}$ 的基础水平；λ_i^a 是第一次捕获的第 i 种情况对 $\ln m_{ijk}$ 的影响量；λ_j^b 是第二次捕获的第 j 种情况对 $\ln m_{ijk}$ 的影响量；λ_k^c 是第三次捕获的第 k 种情况对 $\ln m_{ijk}$ 的影响量；λ_{ij}^{ab} 是第一次捕获的第 i 种情况和第二次捕获的第 j 种情况对 $\ln m_{ijk}$ 的交互影响量；λ_{jk}^{bc} 是第二次捕获的第 j 种情况和第三次捕获的第 k 种情况对 $\ln m_{ijk}$ 的交互影响量；λ_{ik}^{ac} 是第一次捕获的第 i 种情况和第三次捕获的第 k 种情况对 $\ln m_{ijk}$ 的交互影响量。

式（5.2）允许两次捕获之间相关，但不允许三次捕获之间相关。由于三维列联表只有 7 个单元的数据可以观察到，所以这 7 个单元的期望频数的最大似然估计量都为各自的观察值（Bishop et al., 1975），即 $\hat{m}_{ijk} = x_{ijk}$。总共 8 个单元期望频数的最大似然估计量为：

$$\hat{m}_{111} = x_{111}, \hat{m}_{221} = x_{221}, \hat{m}_{122} = x_{122}, \hat{m}_{212} = x_{212}, \hat{m}_{121} = x_{121}, \hat{m}_{211} = x_{211}, \hat{m}_{112} = x_{112}$$

$$\tag{5.3}$$

$$\hat{m}_{222} = \frac{\hat{m}_{111}\hat{m}_{221}\hat{m}_{122}\hat{m}_{212}}{\hat{m}_{121}\hat{m}_{211}\hat{m}_{112}} \tag{5.4}$$

总体个体数目 X 的估计量为：

$$\hat{X} = x + \hat{m}_{222} \tag{5.5}$$

(二) Ⅱ类统计关系的对数线性模型的最大似然估计

这包括三种情形：①c 与 a、b 独立；②b 与 a、c 独立；③a 与 b、c 独立。我们给出在第①种情形下（其他情形可以类似写出）的对数线性模型及其最大似然估计：

$$\ln m_{ijk} = \lambda + \lambda_i^a + \lambda_j^b + \lambda_k^c + \lambda_{ij}^{ab} \tag{5.6}$$

Birch（1963）证实，非饱和对数线性模型的单元期望频数的最大似然估计量的边际之和，为相应单元观察值边际之和。对式（5.6），它就是：

$$\hat{m}_{ij+} = x_{ij+}, \hat{m}_{++k} = x_{++k} \tag{5.7}$$

由于 a、b 相关，它们与 c 独立，可以把 a、b 合并在一起当作一次捕获，c 当作另外一次捕获，这两次捕获独立。在两次捕获独立的情况下，依据独立双系统估计量公式可以得到式（5.8）：

$$\hat{m}_{ijk} = \frac{\hat{m}_{ij+}\hat{m}_{++k}}{\hat{m}_{+++}} = \frac{x_{ij+}x_{++k}}{x} \tag{5.8}$$

式（5.8）不适合单元（221）和单元（222）期望频数估计量的构造。

单元（221）的期望频数估计量 $\hat{m}_{221}$。这个单元的频数估计量只与该单元的观察值有关，与其他单元观察值无关，即 $\hat{m}_{221} = x_{221}$。其他 6 个单元的期望频数估计量依据式（5.8）构造。科学研究的一个重要原则是，用过的信息最好不要重复使用，如 x_{221}；对无法获取的信息，从公式中删除，以使公式具有可用性，如 x_{222}。现在分析式（5.8）分子和分母的每项。x_{ij+} 共有 4 种情况：$x_{11+} = x_{111} + x_{112}$，$x_{12+} = x_{121} + x_{122}$，$x_{21+} = x_{211} + x_{212}$，$x_{22+} = x_{221} + x_{222}$。由于最后一种情况包括已经用过的 x_{221} 和无法获取的 x_{222}，所以 x_{ij+} 实际上只包括前面的 3 种情况。x_{++k} 共有两种情形，即 x_{++1} 和 x_{++2}。$x_{++1} = x_{111} + x_{121} + x_{211} + x_{221}$，由于 x_{221} 已经使用，所以应该从 x_{++1} 中剔除，使用 $x'_{++1} = x_{111} + x_{121} + x_{211}$。$x_{++2} = x_{112} + x_{122} + x_{212} + x_{222}$，由于 x_{222} 无法得到，所以用 $x'_{++2} = x_{112} + x_{122} + x_{212}$ 替代 x_{++2}。由于 x 包括 x_{221}，所以应该用 $x' = $

$x - x_{221}$ 替代 x。基于上述分析，7 个单元的期望频数估计量为：

$$\hat{m}_{221} = x_{221}, \hat{m}_{111} = \frac{x_{11+}x'_{++1}}{x'}, \hat{m}_{121} = \frac{x_{12+}x'_{++1}}{x'}, \hat{m}_{211} = \frac{x_{21+}x'_{++1}}{x'}, \hat{m}_{112} = \frac{x_{11+}x'_{++2}}{x'}$$

$$\hat{m}_{122} = \frac{x_{12+}x'_{++2}}{x'}, \hat{m}_{212} = \frac{x_{21+}x'_{++2}}{x'} \quad (5.9)$$

将式（5.9）代入式（5.4）得到：

$$\hat{m}_{222} = \frac{x_{221}x'_{++2}}{x'_{++1}} \quad (5.10)$$

缺失单元估计量 $\hat{m}_{222}$ 也可以通过二维列联表缺失单元估计量公式推导出来。这时把 a 和 b 合并在一起当作一次捕获，把 c 当作另外一次捕获。a 和 b 分别与 c 独立，合并后依然与 c 独立。其中在前一次捕获但未在另外一次捕获的结果为 $x_{112} + x_{122} + x_{212}$，即 x'_{++2}，未在前一次捕获但在另外一次捕获的结果为 x_{221}，在这两次捕获的结果为 $x_{111} + x_{121} + x_{211}$，即 x'_{++1}。在两次捕获独立条件下，缺失单元估计量 $\hat{m}_{222}$ 与式（5.10）相同。

将式（5.10）代入式（5.5）得到：

$$\hat{X} = x + \frac{x_{221}x'_{++2}}{x'_{++1}} \quad (5.11)$$

（三）Ⅲ类统计关系的对数线性模型最大似然估计

这也包括三种情形：① 给定 c 条件下，a 与 b 独立；② 给定 b 条件下，a 与 c 独立；③ 给定 a 条件下，b 与 c 独立。我们给出第 ② 种情形下（其他情形可以类似写出）的对数线性模型及其最大似然估计：

$$\ln m_{ijk} = \lambda + \lambda_i^a + \lambda_j^b + \lambda_k^c + \lambda_{ij}^{ab} + \lambda_{jk}^{bc} \quad (5.12)$$

式（5.12）的单元（ijk）期望边际之和的最大似然估计量设定为：

$$\hat{m}_{+jk} = x_{+jk}, \hat{m}_{ij+} = x_{ij+}, \hat{m}_{+j+} = x_{+j+} \quad (5.13)$$

由于 b 和 a 相关，b 和 c 相关，a 和 c 独立，所以 b 和 a 合并及 b 和 c 合并后还是独立，依据独立条件下的双系统估计量公式得到式（5.14）：

$$\hat{m}_{ijk} = \frac{\hat{m}_{+jk}\hat{m}_{ij+}}{\hat{m}_{+j+}} \quad (5.14)$$

式（5.14）不适合于单元（221）、单元（122）、单元（121）及单元

(222) 期望频数估计量的构造。其中前 3 个单元期望频数估计量只与各自单元的观察值有关,而与其他单元的观察值无关,即它们的期望频数估计量分别等于其观察值。另外 4 个单元,即单元(111)、单元(211)、单元(112) 和单元(212)的期望频数估计量,依据式(5.14)构造。最终得到式(5.15):

$$\hat{m}_{221} = x_{221}, \hat{m}_{122} = x_{122}, \hat{m}_{121} = x_{121}, \hat{m}_{111} = \frac{x_{11+}x_{+11}}{x_{+1+}}, \hat{m}_{211} = \frac{x_{21+}x_{+11}}{x_{+1+}}$$

$$\hat{m}_{112} = \frac{x_{11+}x_{+12}}{x_{+1+}}, \hat{m}_{212} = \frac{x_{21+}x_{+12}}{x_{+1+}} \tag{5.15}$$

将式(5.15)代入式(5.4)得到:

$$\hat{m}_{222} = \frac{x_{221}x_{122}}{x_{121}} \tag{5.16}$$

将式(5.16)代入式(5.5)得到:

$$\widehat{X} = x + \frac{x_{221}x_{122}}{x_{121}} \tag{5.17}$$

(四) Ⅳ 类统计关系的对数线性模型最大似然估计

$$\ln m_{ijk} = \lambda + \lambda_i^a + \lambda_j^b + \lambda_k^c \tag{5.18}$$

依据式(5.18),单元(ijk)期望频数的最大似然估计量为:

$$\hat{m}_{i++} = x_{i++}, \hat{m}_{+j+} = x_{+j+}, \hat{m}_{++k} = x_{++k} \tag{5.19}$$

由于 x_{2++}、x_{+2+}、x_{++2} 各自都包括 x_{222},而 x_{222} 未知,所以单元期望频数最大似然估计量无法从式(5.19)直接获得。Bishop 等(1975)建议使用 Deming – Stephen 的比例迭代拟合法来间接求各个 $\hat{m}_{ijk}$。可以证明,各个单元(ijk)的迭代结果收敛于该单元的期望频数 m_{ijk}。注意,不含缺失单元。

迭代的操作过程大致如下。

各单元的迭代需要由初始值来启动。为此,首先要指定各个单元(ijk)的迭代初始值。一般各单元的初始值均令其等于 1,即 $\hat{m}_{ijk}^{(0)} = 1$。等号左边记号右上角标带括号的数字表示第几次迭代的结果。"(0)"表示初始值,"(1)"表示第一次迭代,等等。初始值指定后,在各个单元,同时以初始值为基础进行第一次迭代，求出各个单元的第一次迭代结果 $\hat{m}_{ijk}^{(1)}$。接下来，同时在该单元的 $\hat{m}_{ijk}^{(1)}$ 的基础上进行第二次迭代，求出各个单元的第二次迭代结果 $\hat{m}_{ijk}^{(2)}$。再接下来，同时在各个单元 $\hat{m}_{ijk}^{(2)}$ 的基础上进行第三次迭代，求出各个单元的第三次迭代结果 $\hat{m}_{ijk}^{(3)}$。至此，完成了第一轮迭代（由上面的叙述看出，完整的一轮迭代中，要做三次迭代），$\hat{m}_{ijk}^{(3)}$ 便是第一轮迭代的最后结果。为了与第二轮迭代结果相区别，把它记作 $\hat{m}_{ijk}^{(1-3)}$，上角标短线前的 1 表示第一轮迭代的结果。第一轮迭代结束之后，继续同时在各个单元启动第二轮迭代。这时，各单元第一轮迭代结果 $\hat{m}_{ijk}^{(1-3)}$，是该单元第二轮迭代的初始值，由它启动第二轮迭代，经过与第一轮相仿的三次迭代，得到各单元第二轮迭代结果 $\hat{m}_{ijk}^{(2-3)}$。

是否进行第三轮迭代？迭代何时停止？Bishop 等（1975）介绍了一个简便的停止规则。使用这个规则时，要事先定出一个量 δ，规定它的值（例如，$\delta = 0.1$ 或 $\delta = 0.01$）。然后，对每个单元（ijk），计算第二轮迭代结果 $\hat{m}_{ijk}^{(2-3)}$ 与第一轮迭代结果 $\hat{m}_{ijk}^{(1-3)}$ 之差的绝对值。如果 7 个单元的上述差的绝对值都小于 δ，则迭代到此（第二轮完成后）停止；如果 7 个单元的上述计算结果中有的不小于 δ，则还需要继续进行第三轮迭代。第三轮完成后，用所得结果与第二轮的结果相减，看各单元相减结果的绝对值是否全都小于 δ。如果是，迭代停止；如果不是，则还要进行第四轮迭代。如此循环往复地进行下去，什么时候 7 个单元的本次迭代结果与上次迭代结果差的绝对值全都小于 δ，迭代就停止。

读者可能会问，δ 的取值应如何确定呢？从前面介绍的停止规则不难看出，δ 实际上是控制各单元估计量 $\hat{m}_{ijk}$ 误差大小的一个工具。对 $\hat{m}_{ijk}$ 的要求越高，越是希望它的误差小，δ 的值就应当定得越小。

在前面关于迭代过程的叙述中遗留了一个问题：在每轮迭代中所进行的三次迭代的计算公式是什么样的？Bishop 等（1975）以第一轮迭代为例给出了其中的三次迭代的公式。

第一次迭代：

$$\hat{m}_{ijk}^{(1)} = \hat{m}_{ijk}^{(0)} \frac{x_{ij+}}{\hat{m}_{ij+}^{(0)}} \tag{5.20}$$

第二次迭代：

$$\hat{m}_{ijk}^{(2)} = \hat{m}_{ijk}^{(1)} \frac{x_{i+k}}{\hat{m}_{i+k}^{(1)}} \tag{5.21}$$

第三次迭代：

$$\hat{m}_{ijk}^{(3)} = \hat{m}_{ijk}^{(2)} \frac{x_{+jk}}{\hat{m}_{+jk}^{(2)}} \tag{5.22}$$

式（5.20）至式（5.22）中，各个比式分子分母足标中的 + 号，表示对相应位置的足标求和。例如，$x_{11+} = x_{111} + x_{112}$，$x_{1+1} = x_{111} + x_{121}$，$x_{+11} = x_{111} + x_{211}$。

通过式（5.20）至式（5.22），我们得到不完整三维列联表 7 个可观察单元期望频数的最大似然估计。但无法得到缺失单元期望频数及总体规模的最大似然估计。下面解决这个问题。由于三次捕获相互独立，所以单元（ijk）的概率为其边际概率的乘积，即

$$\pi_{ijk} = \pi_{i++} \pi_{+j+} \pi_{++k} \tag{5.23}$$

$$\hat{\pi}_{1++} = \frac{x_{1++}}{\hat{X}}, \hat{\pi}_{+1+} = \frac{x_{+1+}}{\hat{X}}, \hat{\pi}_{++1} = \frac{x_{++1}}{\hat{X}} \tag{5.24}$$

$$\frac{\hat{m}_{222}}{\hat{X}} = (1 - \hat{\pi}_{1++})(1 - \hat{\pi}_{+1+})(1 - \hat{\pi}_{++1}) = (1 - \frac{x_{1++}}{\hat{X}})(1 - \frac{x_{+1+}}{\hat{X}})(1 - \frac{x_{++1}}{\hat{X}}) \tag{5.25}$$

$$(\hat{X} - x_{1++})(\hat{X} - x_{+1+})(\hat{X} - x_{++1}) = \hat{X}^2 (\hat{X} - x) \tag{5.26}$$

从式（5.26）可以求得 $\hat{X}$。在得到 $\hat{X}$ 的基础上，根据 $\hat{X} = x + \hat{m}_{222}$，可以推出 $\hat{m}_{222}$。

三 对数线性模型的选择或三次捕获统计关系的判定

这里，我们先把上述对数线性模型式（5.2）、式（5.6）、式（5.12）和式（5.18）简称为模型 2、模型 6、模型 12 和模型 18。

为了找到最好的对数线性模型来拟合既定数据，用上述方法分别求得 4 个对数线性模型各自的 7 个单元期望频数的最大似然估计量，然后进行与观察数据的拟合优度检验。检验的工具是 χ^2 分布统计量或对数似然比统计量 G^2。

$$\chi^2 = \sum_i \sum_j \sum_k \frac{(\hat{m}_{ijk} - x_{ijk})^2}{\hat{m}_{ijk}} \tag{5.27}$$

$$G^2 = \sum_i \sum_j \sum_k x_{ijk} \ln(\frac{x_{ijk}}{\hat{m}_{ijk}}) \tag{5.28}$$

式（5.27）或式（5.28）是三次捕获对同一总体全面捕获的公式。将三次捕获模型移植到人类总体构造三系统估计量时，须将这两个公式的 χ^2 或 G^2 分别更改为 $\hat{\chi}^2$ 或 $\hat{G}^2$，x_{ijk} 更改为 $\hat{x}_{ijk}$，$\hat{m}_{ijk}$ 更改为 $\hat{\hat{m}}_{ijk}$。

模型2、模型6、模型12和模型18，对应的式（5.27）或式（5.28）的 χ^2 分布统计量或对数似然比统计量 G^2 的自由度分别是0、2、1、3。

选择对数线性模型其实是进行下面3个检验。第一个检验 H_0：模型6与模型2没有差异；第二个检验 H_0：模型12与模型2没有差异；第三个检验 H_0：模型18与模型2没有差异。

在这里，我们没有对第Ⅱ类模型的三种情形以及第Ⅲ类模型的三种情形分别进行检验。这是因为，每类下面的三种情形所用的检验统计量是一样的，所以没有必要分开单独检验。

这几个检验的前提是，模型2与数据完全拟合，而这几个检验的用意是，看一看能否用较简约的模型（模型6、模型12、模型18）取代模型2去拟合数据。若原假设被拒绝，表明不能用作为该检验目标的简约模型取代模型2，换句话说，该简约模型被拒绝；若原假设不能被拒绝，表明能够用作为该检验目标的简约模型取代模型2，即该简约模型不能被拒绝。

上述3个检验所用的检验统计量如下。第一个检验：模型6的 χ^2 - 模型2的 χ^2；第二个检验：模型12的 χ^2 - 模型2的 χ^2；第三个检验：模型18的 χ^2 - 模型2的 χ^2。所得之差仍服从 χ^2 分布，自由度是相减的两个 χ^2 统计量自由度之差。

假如检验结果表明，有一个原假设不能被拒绝（如第二个），这里我们提出"尽量使用简约模型"原则，依照这个原则，应选用模型12，而舍弃模型2。

假如有两个原假设不能被拒绝（如第一个和第二个），依照"尽量使用简约模型"原则，应选用模型6和模型12而舍弃模型2。这时，还要进一步在模型6和模型12之间进行选择。为此，应建立下列原假设。

H_0：模型 6 与模型 12 没有差异。

这时的检验统计量是前面第一个检验的检验统计量与第二个检验的检验统计量之差，它仍然服从 χ^2 分布，自由度是相减的两个检验统计量的自由度之差。

假定经过一系列检验之后选定了模型 6，这时，总体中动物总数使用这种统计关系的三次捕获模型来估计。

第三节 三系统估计量与三次捕获模型的关系

三次捕获模型并不是三系统估计量。在将三次捕获模型移植到人类总体构造三系统估计量时，有许多理论与实践问题需要解决。例如，对总体人口等概率分层，在等概率人口层建立三系统估计量。三次捕获模型中的第一次、第二次、第三次捕获，分别对应于三系统估计量中的人口普查、人口普查的事后计数调查及人口行政记录。

一 满足三次捕获模型的基本假设

三系统估计量来源于三次捕获模型。三次捕获模型基于三个基本假设。构造三系统估计量时，应遵循这些基本假设，做好满足这些假设的相关性技术工作。①三次捕获模型的封闭总体假设。依此假设，构造三系统估计量所用的普查人口名单、事后计数调查人口名单、行政记录人口名单，都应该是对普查时点同一人口总体的登记。可是，实际情况并不满足这个要求。事后计数调查，通常在普查登记工作结束后一段时间才开始。在这段时间内，会发生小区之间的人口移动。有些人从其他小区迁移到本小区（向内移动者），也有些人从本小区迁移到其他小区（向外移动者），还有些人一直居住在本小区（无移动者）。在这种情况下，事后计数调查人口有两种构成方法。一是由无移动者和向外移动者构成。二是由无移动者和向内移动者组成。由于无移动者和向外移动者在普查时点都居住在本小区，为满足该假设，事后计数调查人口名单采取第一种方法构造更为合理。行政记录人口名单可能包括实际上不存在的人口，也可能包括重复人口，还可能滞后登记人口。为满足该假设，应该剔除重复人口和实际上不存在的人口，补充滞后普查时点登记的人口，以使行政记录人口名单尽可能包括普查时点实际存在的全部人口。②三次捕获模型的总体动物的同质性假设。在每次捕获中，假设总体中的动物有同样的捕获概率。依此假设，总体中的人口应该有同样的概率在每份人口名单登记。但总体中的人口，在生活习性、对待统计调查的态度等诸多方面存在较大差异。这就使得不同的人在进行人口普查登记时、进行人口普查的事后计数调查登记时、进行人口行政记录登记时，登记的概率不相同。为解决这个问题，通行的对策是，分别针对每份名单，找出影响人口参与该名单登记概率的变量，把三个名单的影响变量集合在一起，形成变量群。然后，对这个变量群进行筛选，再者，用筛选后的变量群对人口总体进行交叉分层。这样，同一层内的人口在进行人口登记时便会具有大致相同的登记概率，在这样的层构造三系统估计量，然后再把所有层的三系统估计量加总，得到整个总体人数的三系统估计量。把这样的层简称为等概率层。关于等概率分层变量群的组建和筛选问题，胡桂华（2015）在《数理统计与管理》发表的一篇论文《人口普查质量评估中抽样后分层变量的选择》中有专门论述。在实际工作中，等概率分层是在抽取事后计数调查样本之后进行的。在每个样本普查小区，把其中的人分别划入各个等概率人口层。③三次捕获模型的无错误捕获假设。在每次捕获中，动物总体中的有些动物可能未捕获到，但总体中的动物不会在一次捕获中多次捕获，或者捕获总体之外的动物。可是，在每次人口登记中，有些人可能多次重复登记，也可能登记不应该登记的人，例如，登记普查标准时点前的死亡者或普查标准时点之后的出生者。因此，在构造三系统估计量时，应该确保普查人口名单、事后计数调查人口名单和行政记录人口名单不包括普查目标总体之外的人，即这三份人口名单无错误登记人口。

二 进行匹配性比对

三次捕获模型采用在动物身体上涂色的方法对同时出现在某两次捕获中的动物、同时出现在三次捕获中的动物进行计数。构造三系统估计量也需要这种数据。它们是采用匹配性比对的办法得到的。把普查小区中的三份名单拿来进行比对，找出两份名单以及三份名单匹配的部分（匹配者，就是同时在两份或三份名单中出现的人）。如果某人在两份或三份名单中的姓名、性别、年龄、婚姻状况、文化程度、居住地等相同，我们就称他为匹配者。

三　用样本资料构造三系统估计量各个构成部分的总体总量指标

三次捕获模型的试验背景是无限重复随机试验。每次捕获的结果是样本，所要估计的动物总数是试验总次数。如果普查人口名单、事后计数调查人口名单、行政记录人口名单是对普查时点人口总体全面调查的登记结果，那么，用这三份名单构造的总体人数的三系统估计量相当于三次捕获模型构造的动物总数估计量。可是，在实际工作中，人口普查事后计数调查是从总体中以普查小区为单位抽取概率样本来进行的（胡桂华、吴东晟，2014）。这时，上面的三系统估计量中用到的各种总体总量指标就要用样本来估计，所得到的总体人数的估计量是上面的三系统估计量的估计量。

四　采用刀切法计算三系统估计量的抽样误差

三次捕获模型的各个构成元素是子总体指标，可以直接得到，无须估计，抽样方差使用 Delta 方法近似计算。但三系统估计量的构成元素以估计量形式表现，而且是复杂估计量，使用分层刀切方差估计量或泰勒线性方差估计量近似计算其抽样误差。泰勒线性方差估计量虽然在计算上优于分层刀切方差估计量，但过于复杂，一般很少采用。在从目标总体抽取概率样本的情况下，三系统估计量中所使用的具有特征（总体中的人口在三份名单登记，在其中的两份名单登记，在其中的一份名单登记）的试验结果出现的次数具有双重身份：一方面是多项分布随机试验的样本数据，另一方面又是目标人口有限总体的总体指标（需要用有限总体概率样本来估计）。经过这样的估计以后，所得到的三系统估计量应当称作用目标人口总体全面调查结果构造的三系统估计量的估计量。有限总体概率抽样的操作会产生方差。所以，这个估计量的方差无法用一个数学解析式来表达，只好用分层刀切抽样方差估计量之类的数据计算方法近似估计。

第四节　全面登记的三系统估计量

在将三系统估计量分为全面登记的三系统估计量和抽样登记的三系统估计量的前提下，应该首先建立全面登记的三系统估计量，然后构造抽样登记的三系统估计量。这一构造思路是合理的。一个理由是，包括美国和中国在内的所有国家的政府统计部门在人口普查质量评估中构造覆盖误差和内容误差估计量时，均是首先假设事后计数调查是对总体的全面调查，并在该假设条件下构造这些估计量。另外一个理由是，三系统估计量建立在三次捕获模型基础上，而该模型要求三次捕获均是对同一总体的全面捕获。为了满足该模型要求，在人口普查和人口行政记录是对总体全面调查，而事后计数调查实际上是对总体抽样调查的情况下，必须首先假设事后计数调查是对总体的全面调查，从而使得这两项调查和人口行政记录均是对同一总体的全面调查。这种假设有其合理性。在调查经费足够的情况下，事后计数调查也可以对总体全面调查。

在不考虑普查日与事后计数调查日之间人口移动的情况下，三系统估计量为不完整三维列联表7个已知单元和1个未知单元的总和。然而，在这两者之间不可避免地发生人口移动。在讨论人口移动这个问题之前，先明晰一下有关的概念是必要的。无移动、向内移动、向外移动，是事后计数调查时想要追溯普查日的人口遇到的一个特定的问题。这几个名词是为这一特定的问题而设计的特定的术语。不能把它们与通常的人口流动、人口迁移混为一谈，也不能用人口流动、人口迁移术语取代它们。鉴于这个特定问题与人口学以及人口统计学中的人口流动、人口迁移是两类问题，所以不能把二者合成一个问题来讨论。进行事后计数调查登记，应该是对普查时点人口的追溯登记。对一个普查小区来说，在事后计数调查与人口普查之间，可能有人离开该小区（称为向外移动者），也可能有人来到该小区（称为向内移动者），还可能有人未离开该小区（称为无移动者）。于是，在进行人口普查事后计数调查时，我们看到的是该小区的无移动者和向内移动者。为了使三系统估计量所估计的人数与人口普查标准时点上的人数有可比性，事后计数调查应该登记这些人在普查标准时点上的信息。例如，有个小孩在普查标准时点出生，事后计数调查在普查标准时点后一个月进行，那么事后计数调查应该登记的是这个小孩在普查标准时点上的年龄、性别等信息。是否可以把普查小区的无移动者和向外移动者作为事后计数调查人口？如果能够找到向外移动者，当然是可以的，因为向外移动者是普查标准时点上的人口，完全符合前面所说的追溯登记要求。不过，将无移动者和向外移动者作为事后计数调查人口，事后计数调查人员须设法追踪每个向外移动者的去向，找到其本人登记，询问普查中是否登记在本样本普查小区，如果登记了，就作为匹配向外移动者。如果无法追踪到向外移动者，就通过访问留在该小区的知情人来获得。

分别使用 non-movers、in-movers 和 out-movers 表示无移动者、向内移动者和向外移动者。取第一个字母作为其缩写词，即 n、i、o。由于向外移动者事后计数调查时已经离开本样本小区，所以事后计数调查的单元数一律为零，即 $x_{111o,v} = x_{112o,v} = x_{212o,v} = 0$。

理论上，构造人口移动三系统估计量，既可以将事后计数调查人口分解为无移动者和向外移动者（A 构成法），也可以分解为无移动者和向内移动者（B 构成法）。这两种人口构成方法在构造人口移动三系统估计量时具有类似性。为避免重复，我们依据 A 构成法建立人口移动三系统估计量。用 v 表示等概率人口层，在等概率人口层 v 构造三系统估计量。

为区别三次捕获模型估计的野生动物总体个体数目 X，用 Triple System Estimator（TSE）表示估计人类总体人数的三系统估计量。在构造全面登记的三系统估计量时，使用的其他符号与三次捕获模型一样。

一 全面登记且无人口移动的三系统估计量

各类统计关系的三系统估计量均包括下面两个公式：

$$\widehat{TSE}_v = x_v + \hat{m}_{222,v} \tag{5.29}$$

$$x_v = x_{111,v} + x_{112,v} + x_{121,v} + x_{122,v} + x_{211,v} + x_{221,v} + x_{212,v} \tag{5.30}$$

$\hat{m}_{222,v}$ 依据统计关系不同而不同。因此，在下面的各种统计关系中，只写 $\hat{m}_{222,v}$。

（一）I 类统计关系的三系统估计量

$$\hat{m}_{222,v} = \frac{x_{111,v} x_{122,v} x_{212,v} x_{221,v}}{x_{112,v} x_{121,v} x_{211,v}} \tag{5.31}$$

(二) Ⅱ类统计关系的三系统估计量

(1) 行政记录与普查和事后计数调查独立,后两者相关:

$$\hat{m}_{222,v} = \frac{(x_{112,v} + x_{122,v} + x_{212,v})x_{221,v}}{x_{111,v} + x_{121,v} + x_{211,v}} \tag{5.32}$$

(2) 事后计数调查与普查和行政记录独立,后两者相关:

$$\hat{m}_{222,v} = \frac{(x_{121,v} + x_{122,v} + x_{221,v})x_{212,v}}{x_{111,v} + x_{112,v} + x_{211,v}} \tag{5.33}$$

(3) 普查与事后计数调查和行政记录独立,后两者相关:

$$\hat{m}_{222,v} = \frac{(x_{211,v} + x_{212,v} + x_{221,v})x_{122,v}}{x_{111,v} + x_{121,v} + x_{112,v}} \tag{5.34}$$

(三) Ⅲ类统计关系的三系统估计量

(1) 给定事后计数调查,普查和行政记录独立:

$$\hat{m}_{222,v} = \frac{x_{221,v} x_{122,v}}{x_{121,v}} \tag{5.35}$$

(2) 给定行政记录,普查和事后计数调查独立:

$$\hat{m}_{222,v} = \frac{x_{212,v} x_{122,v}}{x_{112,v}} \tag{5.36}$$

(3) 给定普查,行政记录和事后计数调查独立:

$$\hat{m}_{222,v} = \frac{x_{212,v} x_{221,v}}{x_{211,v}} \tag{5.37}$$

(四) Ⅳ类统计关系的三系统估计量

从式 (5.26) 可以得到 $\hat{m}_{222,v}$。

二 全面登记且人口移动的三系统估计量

各类统计关系的三系统估计量均包括下面两个公式:

$$\widehat{TSE}_v = x_v + \hat{m}_{222,v} \tag{5.38}$$

$$x_v = x_{111n,v} + x_{112n,v} + x_{121n,v} + x_{122n,v} + x_{211n,v} + x_{221n,v} + x_{212n,v} + x_{121o,v} + x_{122o,v} + x_{221o,v} \tag{5.39}$$

$\hat{m}_{222,v}$ 依据统计关系不同而不同。因此,在下面的各种统计关系中,只

写 $\hat{m}_{222,v}$。

(一) Ⅰ类统计关系的三系统估计量

$$\hat{m}_{222,v} = \frac{x_{111n,v}(x_{122n,v} + x_{122o,v})x_{212n,v}(x_{221n,v} + x_{221o,v})}{x_{112n,v}(x_{121n,v} + x_{121o,v})x_{211n,v}} \tag{5.40}$$

(二) Ⅱ类统计关系的三系统估计量

(1) 行政记录与普查和事后计数调查独立，后两者相关：

$$\hat{m}_{222,v} = \frac{(x_{112n,v} + x_{122n,v} + x_{122o,v} + x_{212n,v})(x_{221n,v} + x_{221o,v})}{x_{111n,v} + x_{121n,v} + x_{121o,v} + x_{211n,v}} \tag{5.41}$$

(2) 事后计数调查与普查和行政记录独立，后两者相关：

$$\hat{m}_{222,v} = \frac{(x_{121n,v} + x_{121o,v} + x_{122n,v} + x_{122o,v} + x_{221n,v} + x_{221o,v})(x_{212n,v})}{x_{111n,v} + x_{112n,v} + x_{211n,v}} \tag{5.42}$$

(3) 普查与事后计数调查和行政记录独立，后两者相关：

$$\hat{m}_{222,v} = \frac{(x_{211n,v} + x_{212n,v} + x_{221n,v} + x_{221o,v})(x_{122n,v} + x_{122o,v})}{x_{111n,v} + x_{121n,v} + x_{121o,v} + x_{112n,v}} \tag{5.43}$$

(三) Ⅲ类统计关系的三系统估计量

(1) 给定事后计数调查，普查和行政记录独立：

$$\hat{m}_{222,v} = \frac{(x_{221n,v} + x_{221o,v})(x_{122n,v} + x_{122o,v})}{x_{121n,v} + x_{121o,v}} \tag{5.44}$$

(2) 给定行政记录，普查和事后计数调查独立：

$$\hat{m}_{222,v} = \frac{x_{212n,v}(x_{122n,v} + x_{122o,v})}{x_{112n,v}} \tag{5.45}$$

(3) 给定普查，行政记录和事后计数调查独立：

$$\hat{m}_{222,v} = \frac{x_{212n,v}(x_{221n,v} + x_{221o,v})}{x_{211n,v}} \tag{5.46}$$

(四) Ⅳ类统计关系的三系统估计量

从式（5.26）可以得到 $\hat{m}_{222,v}$。

第五节 抽样登记的三系统估计量

一 等概率人口层的抽样登记且人口移动的三系统估计量

各类统计关系的三系统估计量均包括下面两个公式：

$$\widehat{\widehat{TSE}}_v = \hat{x}_v + \hat{\hat{m}}_{222,v} \tag{5.47}$$

$$\hat{x}_v = \hat{x}_{111n,v} + \hat{x}_{112n,v} + \hat{x}_{121n,v} + \hat{x}_{122n,v} + \hat{x}_{211n,v} + \hat{x}_{221n,v} + \hat{x}_{212n,v} + \hat{x}_{121o,v} + \hat{x}_{122o,v} + \hat{x}_{221o,v} \tag{5.48}$$

$\hat{\hat{m}}_{222,v}$ 依据统计关系不同而不同。因此，在下面的各种统计关系中，只写 $\hat{\hat{m}}_{222,v}$。

（一）I 类统计关系的三系统估计量

$$\hat{\hat{m}}_{222,v} = \frac{\hat{x}_{111n,v}(\hat{x}_{122n,v} + \hat{x}_{122o,v})\hat{x}_{212n,v}(\hat{x}_{221n,v} + \hat{x}_{221o,v})}{\hat{x}_{112n,v}(\hat{x}_{121n,v} + \hat{x}_{121o,v})\hat{x}_{211n,v}} \tag{5.49}$$

（二）II 类统计关系的三系统估计量

（1）行政记录与普查和事后计数调查独立，后两者相关：

$$\hat{\hat{m}}_{222,v} = \frac{(\hat{x}_{112n,v} + \hat{x}_{122n,v} + \hat{x}_{122o,v} + \hat{x}_{212n,v})(\hat{x}_{221n,v} + \hat{x}_{221o,v})}{\hat{x}_{111n,v} + \hat{x}_{121n,v} + \hat{x}_{121o,v} + \hat{x}_{211n,v}} \tag{5.50}$$

（2）事后计数调查与普查和行政记录独立，后两者相关：

$$\hat{\hat{m}}_{222,v} = \frac{(\hat{x}_{121n,v} + \hat{x}_{121o,v} + \hat{x}_{122n,v} + \hat{x}_{122o,v} + \hat{x}_{221n,v} + \hat{x}_{221o,v})(\hat{x}_{212n,v})}{\hat{x}_{111n,v} + \hat{x}_{112n,v} + \hat{x}_{211n,v}} \tag{5.51}$$

（3）普查与事后计数调查和行政记录独立，后两者相关：

$$\hat{\hat{m}}_{222,v} = \frac{(\hat{x}_{211n,v} + \hat{x}_{212n,v} + \hat{x}_{221n,v} + \hat{x}_{221o,v})(\hat{x}_{122n,v} + \hat{x}_{122o,v})}{\hat{x}_{111n,v} + \hat{x}_{121n,v} + \hat{x}_{121o,v} + \hat{x}_{112n,v}} \tag{5.52}$$

（三）III 类统计关系的三系统估计量

（1）给定事后计数调查，普查和行政记录独立：

$$\hat{\hat{m}}_{222,v} = \frac{(\hat{x}_{221n,v} + \hat{x}_{221o,v})(\hat{x}_{122n,v} + \hat{x}_{122o,v})}{\hat{x}_{121n,v} + \hat{x}_{121o,v}} \qquad (5.53)$$

（2）给定行政记录，普查和事后计数调查独立：

$$\hat{\hat{m}}_{222,v} = \frac{\hat{x}_{212n,v}(\hat{x}_{122n,v} + \hat{x}_{122o,v})}{\hat{x}_{112n,v}} \qquad (5.54)$$

（3）给定普查，行政记录和事后计数调查独立：

$$\hat{\hat{m}}_{222,v} = \frac{\hat{x}_{212n,v}(\hat{x}_{221n,v} + \hat{x}_{221o,v})}{\hat{x}_{211n,v}} \qquad (5.55)$$

（四）Ⅳ类统计关系的三系统估计量

从式（5.26）及利用抽样权数，可以得到 $\hat{\hat{m}}_{222,v}$。

二 等概率人口层的抽样登记且无人口移动的三系统估计量

只需要将式（5.47）至式（5.55）中的向外移动者项删除即可。

三 各个单元构成元素的估计量

要构造上述三系统估计量各个单元构成元素的估计量，需要做两项工作，即抽样设计，包括抽样单位、分层变量、抽样框、抽样方式和样本总量测算与分配，以及样本数据采集与处理。

以统计关系Ⅱ①的三系统估计量为例，构造其各个单元构成元素的估计量。其他统计关系的三系统估计量各个单元构成元素的估计量仿照此操作。

$$\widehat{\widehat{TSE}}_v = \hat{x}_v + \hat{\hat{m}}_{222,v} \qquad (5.56)$$

$$\hat{x}_v = \hat{x}_{111n,v} + \hat{x}_{112n,v} + \hat{x}_{121n,v} + \hat{x}_{122n,v} + \hat{x}_{211n,v} + \hat{x}_{221n,v} + \hat{x}_{212n,v} \qquad (5.57)$$

$$\hat{\hat{m}}_{222,v} = \frac{(\hat{x}_{112n,v} + \hat{x}_{122n,v} + \hat{x}_{212n,v})(\hat{x}_{221n,v})}{\hat{x}_{111n,v} + \hat{x}_{121n,v} + \hat{x}_{211n,v}} \qquad (5.58)$$

现在给出式（5.58）等号右边各个单元构成元素估计量的计算公式。各个单元构成元素的估计量所要估计的都是总体中的所有普查小区在等概率人口层 v 的总人数，用式（5.59）表示为：

$$Y_v = \sum_{i=1}^{N} y_{i,v} \tag{5.59}$$

式（5.59）中，N 表示总体普查小区数。

各个单元构成元素的估计量可以统一地看作由式（5.59）所写出的总体总值 Y_v 的估计量。因此，下面只需考虑怎样由样本普查小区的观察值 $y_{i,v}$ 得到估计量 $\hat{Y}_v$ 即可。这与抽样方式有关。我们采取分层二重整群抽样。

第一重抽样，先对总体（行政区）所有普查小区按其行政属性分为两层：街道层（$h=1$），每个普查小区属于街道；镇层（$h=2$），每个普查小区属于镇。该行政区全部普查小区数记为 N，h 层的普查小区规模数记为 N_h。然后在每层，以普查小区为抽样单位，采取整群、等距抽样方法抽取普查小区样本，用 n_h 表示从 h 层抽取的普查小区数目。

第二重抽样，首先将每个 h 层的第一重样本普查小区，按照普查住房单元与事后计数调查住房单元数目的一致性分为三层，用 g 表示任意层：高于型层（$g=1$），每个普查小区的独立地址目录至少比普查地址目录的住房单元数多 25%；一致型层（$g=2$），每个普查小区的独立地址目录与普查地址目录的住房单元数之差在 ±25% 内；低于型层（$g=3$），每个普查小区的独立地址目录至少比普查地址目录的住房单元数少 25%。然后在每个 hg 层，从第一重样本的样本调查小区中等概率等距抽取第二重样本调查小区。hg 层普查小区总数记为 M_{hg}，从中抽取的样本普查小区数记为 m_{hg}。

为了判断层 h 第一重样本普查小区 i 是否属于层 g，定义示性函数 x_{hgi}。如果 h 层中的普查小区 i 属于 g，则 x_{hgi} 取值 1，否则 x_{hgi} 取值 0。为了确定层 hg 中的第一重样本普查小区 i 是否进入第二重样本，定义示性函数 I_{hgi}。如果第一重样本 hg 层的普查小区 i 进入第二重样本，则 I_{hgi} 取值 1，否则 I_{hgi} 取值 0。

现在写出经过两重抽样后第 l 层的总体总值的线性估计量 $\hat{Y}_l$：

$$\hat{Y}_v = \sum_{h=1}^{H} \sum_{g=1}^{G} \sum_{i=1}^{n_h} \alpha_{hgi} x_{hgi} I_{hgi} y_{hi,v} \tag{5.60}$$

式（5.60）中，α_{hgi} 称为进入第二重样本的普查小区抽样权数，为：

$$\alpha_{hgi} = w_{hi} \left(\sum_{j=1}^{n_h} w_{hj} x_{hgj} \Big/ \sum_{j=1}^{n_h} w_{hj} x_{hgj} I_{hgj} \right) \tag{5.61}$$

在分层二重抽样下，如果每重采取简单随机抽样，那么，式（5.61）变为：

$$\alpha_{hgi} = w_{hi} \frac{\sum_{j=1}^{n_h} w_{hj} x_{hgj}}{\sum_{j=1}^{n_h} w_{hj} x_{hgj} I_{hgj}} = \frac{N_h}{n_h} \frac{N_h/n_h M_{hg}}{N_h/n_h m_{hg}} = \frac{N_h}{n_h} \frac{M_{hg}}{m_{hg}} \qquad (5.62)$$

用式（5.62）代替式（5.56）至式（5.58）等号右边各个单元，即可以得到它们的计算公式。

四 等概率人口层的三系统估计量的抽样方差

不难看出，式（5.56）是复杂估计量。对于复杂估计量，没有对应的抽样方差公式精确计算其抽样方差，只能采取近似计算方法。刀切法是近似计算抽样方差的一种重要方法。实施刀切法要解决两个关键问题：一个是样本普查小区复制权数的计算，另外一个是复制值计算。复制权数是指，刀切第一重样本的某个普查小区后，计算的第一重所有样本普查小区（包括进入第二重样本的）的抽样权数。复制值是指，依据复制权数计算的估计值。从第一个关键问题来看，为了获得它的计算公式，需要对整个总体第一重样本中所有层的样本普查小区轮流地切掉一次，每次切掉哪一个单位是有意选定的，而不是随机抽取的。从第二个关键问题来看，要坚持两个原则。第一个原则是，不论切掉的普查小区是何种情况，第二重样本的每个普查小区都应当始终携带着它自己在两步抽样中所形成的抽样权数。因为不论是原来的估计量还是切断后的复制估计量，都要用第二重样本中的这些样本普查小区来构造。每个普查小区的抽样权数描述了这个单位进入第二重样本的抽样过程，它是这个普查小区在抽样过程中所形成的固有的抽样属性。构造切断后复制估计量则是要在这种固有属性的基础上为每个普查小区添加由于切断操作所形成的新的切断属性（用复制权数来描述）。第二个原则是，为第二重样本的每个普查小区计算复制权数的时候，应当把切掉的普查小区的所有相关信息都考虑在内，在此基础上，使复制权数把由于切掉某一个普查小区对估计量所造成的影响反映到尽可能低的层次。例如，可能有一个切掉的普查小区对估计量的影响涉及 h 层、g 次级层、第一重样本，可能有另一个切掉的普查小区对估计量的影响涉及 h 层、g 次级层、第一重样本、第二重样本，那么，在前一种情况下所编制的复制权数要把三个影响层次都反映出来，在后一种情况下所编制的复制权数要把四个影响层次都反映出来。

（一）样本小区复制权数计算

复制权数有以下特征：①虽然逐一刀切每个第一重样本普查小区，可以计算所有第一重样本普查小区的抽样复制权数，但实际上只需要计算进入第二重样本普查小区的复制权数，因为第二重样本是最终样本，是数据采集与处理的对象；②无论刀切第一重样本的哪个普查小区，进入第二重样本的所有普查小区的复制权数的和均相等，由于四舍五入的原因，这种相等可能是近似相等；③进入第二重样本的所有普查小区的抽样权数之和等于进入第二重样本的所有普查小区的复制权数的和；④根据上述数量关系，可以推导进入第二重样本的某个普查小区的复制权数，以及检验复制权数计算的正确性；⑤刀切第一重样本的不同普查小区，对进入第二重样本的普查小区的复制权数产生不同的影响，也就是说，使其中的某些普查小区的复制权数增加，而其他普查小区的复制权数减少；⑥刀切掉的进入第二重样本的普查小区的复制权数为零。

用 $\alpha_{hgi}^{(st)}$ 表示第一重样本普查小区 hgi 在刀切层 s 的第一重样本普查小区 t 的复制抽样权数。下面来考察切掉第一重样本普查小区的五种不同的情况，以计算复制权数。

第一种情况，切掉的普查小区 t 所在的层 s 不同于 h 层。此时，影响样本普查小区 hgi 抽样权数的 n_h、M_{hg}、m_{hg} 的数目均未发生变化。显然，这项切断操作对 h 层的估计量没有任何影响，hgi 的复制权数与原来的一样，为 $(N_h/n_h)(M_{hg}/m_{hg})$。

第二种情况，切掉的普查小区 t 所在的层 s 就是 h 层，但小区 t 未进入 g 层，也不是第二重样本普查小区。切掉小区 t 的操作，使得 h 层第一重样本少了一个单位。于是，h 层的总体总值的估计量理应相应地有所改变。这就是要把原来的 n_h 改为 (n_h-1)。此时 hgi 的复制权数为 $[N_h/(n_h-1)](M_{hg}/m_{hg})$。

第三种情况，切掉的普查小区 t 所在的层 s 就是 h 层，小区 t 进入了 g 层，但不是第二重样本普查小区。切掉小区 t 的操作，使得 h 层第一重样本少了一个单位，g 层也少了一个单位，但第二重样本量未变。此时 hgi 的复制权数为 $[N_h/(n_h-1)][(M_{hg}-1)/m_{hg}]$。

第四种情况，切掉的普查小区 t 所在的层 s 就是 h 层，小区 t 进入 g 层，而且是第二重样本普查小区。切掉小区 t 的操作，使得 h 层第一重样本少了一个单位，g 层少了一个单位，第二重样本也少了一个单位。此时 hgi 的复制权数为 $[N_h/(n_h-1)][(M_{hg}-1)/(m_{hg}-1)]$。

第五种情况，i 调查小区就是切掉的普查小区 t。在原来估计量的算式中无疑含有这个单位，现在怎样把它从原来的算式中删去？显然，只要给这个单位本身赋以 0 权数就可以了。

$\alpha_{hgi}^{(st)}$ 的赋值规则如式 (5.63)。结合上面的分析，对式 (5.63) 所列示的规则容易获得较清楚的理解。

$$\alpha_{hgi}^{(st)} = \begin{cases} \dfrac{N_h}{n_h}\dfrac{M_{hg}}{m_{hg}} & (h \neq s) \\[2mm] \dfrac{N_h}{n_h-1}\dfrac{M_{hg}}{m_{hg}} & (h=s, i \in hg, t \notin hg) \\[2mm] \dfrac{N_h}{n_h-1}\dfrac{M_{hg}-1}{m_{hg}} & (h=s, i \in hg, t \in hg, t \text{ 未进入第二重样本}) \\[2mm] \dfrac{N_h}{n_h-1}\dfrac{M_{hg}-1}{m_{hg}-1} & (h=s, i \in hg, t \in hg, t \text{ 进入第二重样本}, i \neq t) \\[2mm] 0 & (i=t) \end{cases}$$

(5.63)

（二）复制值计算

$$\widehat{\widetilde{TSE}}_v^{(st)} = \hat{x}_v^{(st)} + \widehat{\widehat{m}}_{222,v}^{(st)} \tag{5.64}$$

$$\hat{x}_v^{(st)} = \hat{x}_{111n,v}^{(st)} + \hat{x}_{112n,v}^{(st)} + \hat{x}_{121n,v}^{(st)} + \hat{x}_{122n,v}^{(st)} + \hat{x}_{211n,v}^{(st)} + \hat{x}_{221n,v}^{(st)} + \hat{x}_{212n,v}^{(st)} \tag{5.65}$$

$$\widehat{\widehat{m}}_{222,v}^{(st)} = \frac{[\hat{x}_{112n,v}^{(st)} + \hat{x}_{122n,v}^{(st)} + \hat{x}_{212n,v}^{(st)}][\hat{x}_{221n,v}^{(st)}]}{\hat{x}_{111n,v}^{(st)} + \hat{x}_{121n,v}^{(st)} + \hat{x}_{211n,v}^{(st)}} \tag{5.66}$$

$$\widehat{Y}_v^{(st)} = \sum_{h=1}^{H}\sum_{g=1}^{G}\sum_{i=1}^{n_h} \alpha_{hgi}^{(st)} x_{hgi} I_{hgi} y_{hi,v} \tag{5.67}$$

（三）抽样方差计算

$$\text{var}(\widehat{\widetilde{TSE}}_v) = \sum_{s=1}^{H}\sum_{t=1}^{n_s}\left(1-\frac{n_s}{N_s}\right)\left(\frac{n_s-1}{n_s}\right)\left[\widehat{\widetilde{TSE}}_v - \widehat{\widetilde{TSE}}_v^{(st)}\right]^2 \tag{5.68}$$

五 总体三系统估计量及抽样方差估计量

在建立了等概率人口层的三系统估计量后，就能够比较容易建立起总体（行政区）的三系统估计量。假设总体总共划分了数目为 V 的等概率人口层，那么汇总所有这样的 v 层的三系统估计量，即可以得到总体的三系统估计量。

$$\widehat{\widehat{TSE}}_T = \sum_{v=1}^{V} \widehat{\widehat{TSE}}_v \qquad (5.69)$$

$$\mathrm{var}(\widehat{\widehat{TSE}}_T) = \mathrm{var}(\sum_{v=1}^{V} \widehat{\widehat{TSE}}_v) = \sum_{v=1}^{V} \mathrm{var}(\widehat{\widehat{TSE}}_v) + \sum_{v \neq v'} \sum \mathrm{cov}(\widehat{\widehat{TSE}}_v, \widehat{\widehat{TSE}}_{v'}) \qquad (5.70)$$

$$= \sum_{v=1}^{V} \mathrm{var}(\widehat{\widehat{TSE}}_v) + 2 \sum_{v=1}^{V-1} \sum_{v'>v}^{V} \mathrm{cov}(\widehat{\widehat{TSE}}_v, \widehat{\widehat{TSE}}_{v'}) \qquad (5.71)$$

$$\mathrm{cov}(\widehat{\widehat{TSE}}_v, \widehat{\widehat{TSE}}_{v'}) \approx \sum_{h=1}^{H} \sum_{t=1}^{n_h} \frac{n_h - 1}{n_h} \left[\widehat{\widehat{TSE}}_v^{(st)} - \widehat{\widehat{TSE}}_v \right] \left[\widehat{\widehat{TSE}}_{v'}^{(st)} - \widehat{\widehat{TSE}}_{v'} \right] \qquad (5.72)$$

第六节 总体的净覆盖误差估计

用 Census Net Error（CNE）表示总体的净覆盖误差，Census Net Error Rate（CNER）表示总体的净覆盖误差率。

$$\widehat{\widehat{CNE}}_T = \widehat{\widehat{TSE}}_T - C_T \qquad (5.73)$$

$$\mathrm{var}(\widehat{\widehat{CNE}}_T) = \mathrm{var}(\widehat{\widehat{TSE}}_T) \qquad (5.74)$$

$$\widehat{\widehat{CNER}}_T = \frac{\widehat{\widehat{TSE}}_T - C_T}{\widehat{\widehat{TSE}}_T} \qquad (5.75)$$

$$\mathrm{var}(\widehat{\widehat{CNER}}_T) = \frac{\mathrm{var}(\widehat{\widehat{CNE}}_T)}{\widehat{\widehat{TSE}}_T^2} \qquad (5.76)$$

第七节 三系统估计量与双系统估计量比较

三系统估计量与双系统估计量的比较包括两个方面：一是理论上的精

度比较；二是数据上的精度比较。三系统估计量和双系统估计量都属于复杂估计量，其抽样方差使用分层刀切抽样方差估计量近似计算。一方面，分层刀切抽样方差估计量本身十分复杂，进行抽样方差大小比较几乎不可能；另一方面，三系统估计量和双系统估计量都为有偏估计量（形式为比率估计量），而讨论估计量的优良性质的前提条件是其为无偏估计量，因此从理论上比较这两个估计量的精度不只是很困难，而且必要性不大。但可以从数据上比较这两个估计量的精度。现在写出三份人口名单下的双系统估计量及其抽样方差估计量公式。

$$\widehat{\widehat{DSE}}_v = (\hat{x}_{122n,v} + \hat{x}_{122o,v} + \hat{x}_{121n,v} + \hat{x}_{121o,v} + \hat{x}_{112n,v} + \hat{x}_{111n,v}) \frac{(\hat{x}_{212n,v} + \hat{x}_{211n,v} + \hat{x}_{112n,v} + x_{111n,v})}{(\hat{x}_{112n,v} + \hat{x}_{111n,v})} \quad (5.77)$$

$$\mathrm{var}\left(\widehat{\widehat{DSE}}_v\right) = \sum_{h=1}^{H} \sum_{t=1}^{n_h} \frac{n_h - 1}{n_h} \left[\widehat{\widehat{DSE}}_v^{(st)} - \widehat{\widehat{DSE}}_v\right]^2 \quad (5.78)$$

$$\widehat{\widehat{DSE}}_v^{(st)} = \left[\hat{x}_{122n,v}^{(st)} + \hat{x}_{122o,v}^{(st)} + \hat{x}_{121n,v}^{(st)} + \hat{x}_{121o,v}^{(st)} + \hat{x}_{112n,v}^{(st)} + \hat{x}_{111n,v}^{(st)}\right]$$

$$\frac{\left[\hat{x}_{212n,v}^{(st)} + \hat{x}_{211n,v}^{(st)} + \hat{x}_{112n,v}^{(st)} + \hat{x}_{111n,v}^{(st)}\right]}{\left[\hat{x}_{112n,v}^{(st)} + \hat{x}_{111n,v}^{(st)}\right]} \quad (5.79)$$

$$\widehat{\widehat{DSE}}_T = \sum_{v=1}^{V} \widehat{\widehat{DSE}}_v \quad (5.80)$$

$$\mathrm{var}\left(\widehat{\widehat{DSE}}_T\right) = \mathrm{var}\left(\sum_{v=1}^{V} \widehat{\widehat{DSE}}_v\right) = \sum_{v=1}^{V} \mathrm{var}\left(\widehat{\widehat{DSE}}_v\right) + \sum_{v \neq v'} \sum \mathrm{cov}\left(\widehat{\widehat{DSE}}_v, \widehat{\widehat{DSE}}_{v'}\right) \quad (5.81)$$

第八节 实证分析

一 全面登记且无人口移动的三系统估计量

（一）数据来源

按理，应该选择我国人口普查质量评估三系统估计量的实证资料。然而，由于我国从未在人口普查质量评估中使用过三系统估计量，所以没有这方面的资料。美国和其他所有国家也没有在人口普查质量评估中使用过三系统估计量，所以也没有这方面的资料。然而，美国学者在美国人口普查局的支持与帮助下做过这方面的试点研究，并且研究成果报告提交给了美国人口普查局。

美国学者利用美国 1988 年人口普查的试点事后计数调查覆盖评估方案数据资料，进行密苏里州圣路易斯市黑人成年男性数目及其净覆盖误差估计的研究。该试点资料被反复应用于国外学者人口普查覆盖评估，属于经典资料（Wolfgang，1989）。

该试点资料包括三份人口登记名单。每份名单清晰地记录了每个人的姓名、住所的确切地址和其他一些个人信息。其中，普查人口名单包括普查标准时点上的应该计数人口，但不包括普查标准时点前死亡或之后出生的人口；事后计数调查人口名单包括普查标准时点居住在样本街区的人口及普查标准时点后迁入的人口；行政记录人口名单依据以前州和联邦政府机构的就业保障记录、驾驶证记录、纳税记录、服兵役记录和老兵记录编制而成。试点对象是美国密苏里州圣路易斯市黑人成年男性。

这次试点调查对范围和人员做了限制：只涉及圣路易斯市的 70 个事后计数调查样本街区；女性、非黑人和年龄在 19 岁及以下或 45 岁及以上黑人被剔除。这就是说，只研究这 70 个街区 20～44 岁黑人男性群体。其中，普查人口名单、事后计数调查人口名单和行政记录人口名单均是对这 70 个街区做全面登记。做了这样的限制后，就可以根据前面的公式计算进行计算。计算的结果也只能反映这 70 个街区 20～44 岁黑人男性的普查计数情况。

选择圣路易斯市作为试点范围是考虑到该市几乎每个街区均居住着大量的难以计数的黑人成年男性，而且 1980 年人口普查覆盖评估结果显示，他们的数目及其人口普查净覆盖误差被双系统估计量严重低估。

三份人口登记名单获取后，先对每个样本街区在这三份名单中的人口按姓名、年龄、性别、种族、出生地、目前地址、所讲语言和职业等变量分组：只被一份人口名单登记；只被两份人口名单登记；同时被三份人口名单登记；未被任何人口名单登记。然后按房屋所有权和年龄将每组的人口划分到 4 个等概率人口层：黑人男性 20～29 岁有房者；黑人男性 30～44 岁有房者；黑人男性 20～29 岁租房者；黑人男性 30～44 岁租房者。每个等概率人口层的三维交叉分类数据如表 5-2 所示。

表 5-2 美国 1988 年密苏里州圣路斯市三份名单数据

单位：人

等概率人口层	x_v	$x_{221,v}$	$x_{212,v}$	$x_{211,v}$	$x_{122,v}$	$x_{121,v}$	$x_{112,v}$	$x_{111,v}$
黑人男性 20~29 岁有房者	228	59	8	19	31	19	13	79
黑人男性 30~44 岁有房者	268	43	34	11	41	12	69	58
黑人男性 20~29 岁租房者	257	35	10	10	62	13	36	91
黑人男性 30~44 岁租房者	260	43	24	13	32	7	69	72

（二）估计结果

利用表 5-2 数据资料，以及使用式（5.28）得到各种统计关系的对数线性模型检验结果如表 5-3 所示。

表 5-3 基于对数似然比的三份名单统计关系的对数线性模型检验

三份名单统计关系	对数似然比值 G^2 及 p 值	黑人男性 20~29 岁有房者	黑人男性 30~44 岁有房者	黑人男性 20~29 岁租房者	黑人男性 30~44 岁租房者
相互独立	G^2 值 p 值	59.01 <0.0001	54.23 <0.0001	62.54 <0.0001	76.06 <0.0001
普查与事后计数调查相关	G^2 值 p 值	68.55 <0.0001	52.80 <0.0001	84.54 <0.0001	70.73 <0.0001
普查与行政记录相关	G^2 值 p 值	34.46 <0.0001	12.19 0.0026	59.27 0.0001	16.71 0.0006
事后计数调查与行政记录相关	G^2 值 p 值	34.44 <0.0001	8.78 0.003	59.25 <0.0001	14.73 0.0001
普查与行政记录独立	G^2 值 p 值	58.71 <0.0001	51.58 <0.0001	61.25 <0.0001	69.99 <0.0001
普查与事后计数调查独立	G^2 值 p 值	3.15 0.0759	6.53 0.0106	3.55 0.0595	3.04 0.0812
事后计数调查与行政记录独立	G^2 值 p 值	72.59 <0.0001	54.83 <0.0001	90.19 <0.0001	76.20 <0.0001
两两相关	G^2 值 p 值	0 1	0 1	0 1	0 1

从表 5-3 可以看出：在显著性水平 $\alpha = 0.0001$ 下，普查与事后计数调查独立的对数线性模型的 p 值大于 0.0001，因而与两两相关的饱和对数线性模型没有差异。于是，选择普查与事后计数调查独立的对数线性模型描述既定数据。由于只有普查与事后计数调查独立的对数线性模型与两两相

关的饱和对数线性模型没有差异，所以无须再进行非饱和对数线性模型之间的选择或检验。

下面用普查与事后计数调查独立的对数线性模型的三系统估计量估计4个等概率人口层的实际人数。估计结果如表5-4所示。

表5-4 所有等概率人口层人数估计值

单位：人

等概率人口层	$\hat{m}_{222,v}$	x_v	$\widehat{TSE_v}$	$\sqrt{\widehat{var(TSE_v)}}$
黑人男性20~29岁有房者	19	228	247	10
黑人男性30~44岁有房者	20	268	288	6.0
黑人男性20~29岁租房者	17	257	274	8.0
黑人男性30~44岁租房者	11	260	271	6.0

为什么会出现事后计数调查与行政记录独立的对数线性模型适合于描述本案例的情况呢？这源于在这次试点调查中，采用了与大规模事后计数调查不同的调查方法。突出表现在两个方面。一是普查人口名单由当地居民登记，事后计数调查人口名单由部分美国学者及美国人口普查局工作人员负责登记，这确保了两份人口名单独立。在正式的大规模事后计数调查中，为节省开支和培训费用，许多国家，尤其是发展中国家，这两份人口名单往往都由普查员负责登记。充其量在普查时登记这个普查小区的普查员，在事后计数调查时被派往其他的普查小区。二是考虑到密苏里州圣路易斯市黑人成年男性不愿意接受任何调查，难以找到，在填写普查人口名单及事后计数调查人口名单时，参考了圣路易斯市黑人成年男性的人口行政记录资料，这使得普查人口名单及事后计数调查人口名单与行政记录人口名单相关。

二　抽样登记且人口移动的三系统估计量

（一）实证范围与资料来源

实证分析理应以全国为研究范围，将提出的新理论应用于全国人口普查质量评估。然而，第一，获得全国人口普查事后计数调查样本难度大，就连国家统计局组织事后计数调查也要周密地准备，做好试点调查，对样本住户做思想工作和支付一定的调查费。第二，获得省（自治区、直辖市）事后计数调查样本同样存在难以克服的调查、样本覆盖困难。第三，从中国历次事后计数调查结果来看，省份之间，省份内各行政区之间，人口普查登记质量差异小。也就是说，某个行政区的人口普查质量评估结果及所使用的评估方法对全国、对省份有代表性。基于上述三方面的考虑，以某行政区为实证范围。实证目标是，使用三系统估计量估计该行政区2017 年 8 月 31 日零时常住人口的实际人数及净覆盖误差。

实证资料从哪里来？迄今所有国家尚未在人口普查质量评估中使用抽样登记的、人口移动的三系统估计量。因此，实证资料无法从各国政府统计部门获得。即使各国政府统计部门在事后计数调查中应用过抽样登记的、人口移动的三系统估计量，从其处获得资料也是十分困难的。然而，本节为获得匹配人口而进行的普查人口名单、事后计数调查人口名单及行政记录人口名单，需要的是家庭和个人层面的微观数据，而不是汇总数据。

通过自行组织调查，我们获得了某行政区 20 个样本普查小区的三份人口名单，依次称为第一次调查人口名单、第二次调查人口名单和行政记录人口名单。其中，第一次调查人口名单相当于普查人口名单，第二次调查人口名单相当于事后计数调查人口名单。

（二）样本形成过程

按照实证范围的普查小区是在街道还是在镇，将某行政区的所有普查小区分在两层。一是街道层，共有 1970 个普查小区，记为 $h=1$ 和 $N_1=1970$；二是镇层，共有 1068 个普查小区，记为 $h=2$ 和 $N_2=1068$。这两层总共有普查小区 3038 个，把它记为 $N=3038$。

按照三系统估计量估计精度的要求，首先从 3038 个普查小区中抽取 30 个普查小区。采用比例分配法，在街道层和镇层分配：

$$n_1 = 30 \times \frac{1970}{3038} \approx 20, n_2 = 30 \times \frac{1068}{3038} \approx 10$$

对于 h 层样本普查小区，进一步按照调查难度分为三层：调查难度大层，记为 $g=1$；调查难度中等层，记为 $g=2$；调查难度小层，记为 $g=3$。其中，层 $h=1$ 在层 $g=1$，层 $g=2$，层 $g=3$ 的样本普查小区数分别为 $M_{11}=7$，$M_{12}=7$，$M_{13}=6$。层 $h=2$ 在层 $g=1$，层 $g=2$，层 $g=3$ 的样本普

查小区数分别为 $M_{21}=4$，$M_{22}=3$，$M_{23}=3$。

按照估计精度，确定第二重样本量为 20 个普查小区，其中从 $h=1$ 层抽取 13 个，从 $h=2$ 层抽取 7 个。按照比例分配法计算 hg 层的第二重样本量。

$$m_{11}=13\times\frac{7}{7+7+6}\approx 5, m_{12}=13\times\frac{7}{7+7+6}\approx 5, m_{13}=13\times\frac{6}{7+7+6}\approx 3$$

$$m_{21}=7\times\frac{4}{4+3+3}\approx 3, m_{22}=7\times\frac{3}{4+3+3}\approx 2, m_{23}=7\times\frac{3}{4+3+3}\approx 2$$

样本形成过程及样本量如表 5-5 所示。

表 5-5　样本形成过程及样本量

h	N_h	n_h	g	小区	M_{hg}	m_{hg}
$h=1$	1970	20	$g=1$	1√	7	5
$h=1$	1970	20	$g=1$	2√	7	5
$h=1$	1970	20	$g=1$	3√	7	5
$h=1$	1970	20	$g=1$	4√	7	5
$h=1$	1970	20	$g=1$	5√	7	5
$h=1$	1970	20	$g=1$	6	7	5
$h=1$	1970	20	$g=1$	7	7	5
$h=1$	1970	20	$g=2$	8√	7	5
$h=1$	1970	20	$g=2$	9√	7	5
$h=1$	1970	20	$g=2$	10√	7	5
$h=1$	1970	20	$g=2$	11√	7	5
$h=1$	1970	20	$g=2$	12√	7	5
$h=1$	1970	20	$g=2$	13	7	5
$h=1$	1970	20	$g=2$	14	7	5
$h=1$	1970	20	$g=3$	15√	6	3
$h=1$	1970	20	$g=3$	16√	6	3
$h=1$	1970	20	$g=3$	17√	6	3
$h=1$	1970	20	$g=3$	18	6	3
$h=1$	1970	20	$g=3$	19	6	3
$h=1$	1970	20	$g=3$	20	6	3

续表

h	N_h	n_h	g	小区	M_{hg}	m_{hg}
$h=2$	1068	10	$g=1$	21√	4	3
$h=2$	1068	10	$g=1$	22√	4	3
$h=2$	1068	10	$g=1$	23√	4	3
$h=2$	1068	10	$g=1$	24	4	3
$h=2$	1068	10	$g=2$	25√	3	2
$h=2$	1068	10	$g=2$	26√	3	2
$h=2$	1068	10	$g=2$	27	3	2
$h=2$	1068	10	$g=3$	28√	3	2
$h=2$	1068	10	$g=3$	29√	3	2
$h=2$	1068	10	$g=3$	30	3	2
合计	3038	30	—	—	30	20

注：√表示第一重样本普查小区进入第二重样本。下同。

(三) 样本数据

为便于演示三系统估计量及其基于分层刀切抽样方差估计量的抽样方差相关计算，以及在此基础上的人口普查净覆盖误差及其抽样方差计算，只使用年龄和性别两个变量对总体人口等概率分层，共分为 4 个交叉层，即 0~64 岁男性层、0~64 岁女性层、65 岁及以上男性层、65 岁及以上女性层。使用三系统估计量估计 4 个等概率人口层的人数，然后相加得到总体实际人数估计值。这表明，要估计总体实际人数，不能直接在总体内使用三系统估计量。

对进入第二重样本的普查小区，先观察每个第二重样本普查小区 0~64 岁男性、0~64 岁女性、65 岁及以上男性、65 岁及以上女性的人数。然后观察它们在每个等概率人口层的人数 $x_{111n,v}$，$x_{121n,v}$，$x_{112n,v}$，$x_{122n,v}$，$x_{211n,v}$，$x_{221n,v}$，$x_{212n,v}$，$x_{221o,v}$，$x_{121o,v}$，$x_{122o,v}$。这些数据用来计算三系统估计量所估计的人数，它是人口普查质量评估的基础环节，其质量高低直接影响到人口普查净覆盖误差估计值的精度。所有第二重样本普查小区的常住人数及这些常住人数在各个等概率人口层 10 个单元的人数见表 5-6 至表 5-10。

表 5-6　样本普查小区在各个等概率人口层的人数

单位：人

第一重抽样层 h	第二重抽样层 g	第一重样本小区 i	常住人数	0~64岁男性层	0~64岁女性层	65岁及以上男性层	65岁及以上女性层
h = 1	g = 1	1√	250	112	109	15	14
h = 1	g = 1	2√	240	108	108	12	12
h = 1	g = 1	3√	260	115	114	16	15
h = 1	g = 1	4√	244	109	109	13	13
h = 1	g = 1	5√	255	114	111	16	14
h = 1	g = 1	6	—	—	—	—	—
h = 1	g = 1	7	—	—	—	—	—
h = 1	g = 2	8√	230	103	109	14	13
h = 1	g = 2	9√	270	120	108	17	16
h = 1	g = 2	10√	260	116	114	16	15
h = 1	g = 2	11√	245	110	109	15	13
h = 1	g = 2	12√	235	105	111	14	14
h = 1	g = 2	13	—	—	—	—	—
h = 1	g = 2	14	—	—	—	—	—
h = 1	g = 3	15√	255	115	110	15	13
h = 1	g = 3	16√	240	108	106	14	16
h = 1	g = 3	17√	250	112	110	14	15
h = 1	g = 3	18	—	—	—	—	—
h = 1	g = 3	19	—	—	—	—	—
h = 1	g = 3	20	—	—	—	—	—
h = 2	g = 1	21√	253	114	110	14	15
h = 2	g = 1	22√	248	110	108	15	15
h = 2	g = 1	23√	245	109	107	14	15
h = 2	g = 1	24	—	—	—	—	—
h = 2	g = 2	25√	250	112	111	14	13
h = 2	g = 2	26√	252	112	113	13	14
h = 2	g = 2	27	—	—	—	—	—
h = 2	g = 3	28√	250	113	110	13	14
h = 2	g = 3	29√	240	108	105	14	13
h = 2	g = 3	30	—	—	—	—	—

表 5-7 0～64 岁男性层在各个单元的常住人数

单位：人

单元	$x_{111n,l}$	$x_{121n,l}$	$x_{112n,l}$	$x_{122n,l}$	$x_{211n,l}$	$x_{221n,l}$	$x_{212n,l}$	$x_{221o,l}$	$x_{121o,l}$	$x_{122o,l}$
1√	45	15	9	7	18	6	5	2	4	1
2√	43	14	8	6	19	4	5	2	5	2
3√	50	17	9	5	20	3	5	2	3	1
4√	45	15	10	6	15	5	4	2	5	2
5√	46	18	12	4	20	4	4	1	4	1
8√	44	13	9	3	18	4	5	1	4	2
9√	53	20	8	5	19	3	5	1	5	1
10√	58	15	11	4	17	5	3	1	2	0
11√	46	14	10	3	21	8	2	2	3	1
12√	39	19	10	6	16	5	3	1	4	2
15√	45	17	9	10	17	4	6	2	3	2
16√	55	15	7	5	15	5	3	0	2	1
17√	49	18	6	8	19	4	5	0	3	0
21√	47	14	7	6	22	6	4	2	4	2
22√	44	20	7	5	17	8	4	0	4	1
23√	46	14	10	10	16	4	5	1	3	0
25√	44	15	12	9	18	5	4	1	3	1
26√	40	18	13	7	16	6	5	2	3	2
28√	53	13	12	6	14	8	2	2	2	1
29√	49	15	8	5	17	7	3	0	3	1

表 5-8 0～64 岁女性层在各个单元的常住人数

单位：人

单元	$x_{111n,l}$	$x_{121n,l}$	$x_{112n,l}$	$x_{122n,l}$	$x_{211n,l}$	$x_{221n,l}$	$x_{212n,l}$	$x_{221o,l}$	$x_{121o,l}$	$x_{122o,l}$
1√	49	12	10	5	19	4	4	2	4	0
2√	47	14	10	4	20	5	3	2	3	0
3√	50	18	7	5	22	3	2	2	4	1
4√	50	11	9	6	20	3	3	3	3	1
5√	49	14	9	6	19	4	2	2	3	1
8√	48	13	8	7	21	2	4	2	3	1

续表

单元	$x_{111n,l}$	$x_{121n,l}$	$x_{112n,l}$	$x_{122n,l}$	$x_{211n,l}$	$x_{221n,l}$	$x_{212n,l}$	$x_{221o,l}$	$x_{121o,l}$	$x_{122o,l}$
9√	52	14	9	4	19	4	2	2	2	0
10√	54	14	8	4	20	5	3	3	3	0
11√	52	9	9	6	20	3	3	3	4	0
12√	50	13	10	5	18	5	2	4	3	1
15√	46	14	10	3	21	8	2	2	3	1
16√	49	15	9	4	18	5	3	1	2	0
17√	44	16	9	4	22	7	1	3	3	1
21√	50	15	5	3	23	6	2	2	4	0
22√	51	15	9	4	18	5	3	1	2	0
23√	51	12	4	3	23	4	4	1	5	0
25√	50	16	5	3	23	6	2	2	4	0
26√	50	15	6	3	25	6	2	2	4	0
28√	52	13	5	4	22	6	2	2	4	0
29√	50	14	10	3	17	5	3	2	1	0

表 5-9　65 岁及以上男性层在各个单元的常住人数

单位：人

单元	$x_{111n,l}$	$x_{121n,l}$	$x_{112n,l}$	$x_{122n,l}$	$x_{211n,l}$	$x_{221n,l}$	$x_{212n,l}$	$x_{221o,l}$	$x_{121o,l}$	$x_{122o,l}$
1√	8	1	1	1	2	1	0	0	1	0
2√	6	2	0	1	0	0	1	1	1	0
3√	10	1	1	0	0	1	1	1	0	1
4√	7	1	0	0	2	1	1	0	1	0
5√	9	2	1	1	0	0	0	2	1	0
8√	7	1	2	0	1	1	0	0	1	1
9√	11	1	1	1	0	1	0	1	1	0
10√	8	3	2	1	0	0	1	1	0	0
11√	9	1	1	0	1	0	1	1	1	0
12√	7	2	2	0	1	1	0	0	1	0
15√	8	1	2	1	0	1	0	1	0	1
16√	8	2	0	0	1	1	1	0	1	0
17√	7	3	1	0	0	1	0	1	1	0	1

续表

单元	$x_{111n,l}$	$x_{121n,l}$	$x_{112n,l}$	$x_{122n,l}$	$x_{211n,l}$	$x_{221n,l}$	$x_{212n,l}$	$x_{221o,l}$	$x_{121o,l}$	$x_{122o,l}$
21√	5	5	0	0	1	1	1	0	1	0
22√	7	4	1	1	0	1	0	1	0	0
23√	6	3	0	1	1	1	1	0	1	0
25√	6	3	0	1	1	1	1	0	0	1
26√	7	2	1	0	0	0	0	1	1	1
28√	8	2	1	0	1	1	0	0	0	0
29√	7	3	0	1	0	0	1	1	1	0

表 5-10　65 岁及以上女性层在各个单元的常住人数

单位：人

单元	$x_{111n,l}$	$x_{121n,l}$	$x_{112n,l}$	$x_{122n,l}$	$x_{211n,l}$	$x_{221n,l}$	$x_{212n,l}$	$x_{221o,l}$	$x_{121o,l}$	$x_{122o,l}$
1√	8	2	0	0	1	1	1	0	1	0
2√	6	3	1	0	1	1	0	0	0	0
3√	7	2	1	0	1	2	0	1	1	0
4√	7	3	0	1	1	1	0	0	0	0
5√	6	4	0	0	1	0	1	1	1	0
8√	7	3	1	0	1	1	0	0	0	0
9√	9	3	1	1	0	0	0	1	1	0
10√	7	4	0	0	1	1	0	1	1	0
11√	6	4	0	1	0	1	1	0	0	0
12√	7	2	1	0	1	0	1	1	0	1
15√	6	3	0	0	2	1	0	0	1	0
16√	9	2	1	0	2	0	0	1	1	0
17√	7	3	1	1	1	0	0	1	0	1
21√	8	3	1	0	1	0	0	1	1	0
22√	7	2	0	0	3	0	1	1	1	0
23√	6	4	1	0	1	1	0	1	0	0
25√	5	4	0	0	2	1	0	0	1	0
26√	7	3	1	1	0	1	0	0	0	1
28√	8	3	1	0	1	0	0	1	0	0
29√	8	1	0	0	1	1	0	1	1	0

(四) 最终样本普查小区权数计算

根据式（5.62）和表 5-5 得到最终样本普查小区抽样权数（见表 5-11）。

表 5-11　最终样本普查小区抽样权数

h	g	i	N_h	n_h	M_{hg}	m_{hg}	$\dfrac{N_h}{n_h}$	$\dfrac{M_{hg}}{m_{hg}}$	$\alpha_{hgi}=\dfrac{N_h}{n_h}\dfrac{M_{hg}}{m_{hg}}$
$h=1$	$g=1$	1√	1970	20	7	5	98.5	1.4	137.9
$h=1$	$g=1$	2√	1970	20	7	5	98.5	1.4	137.9
$h=1$	$g=1$	3√	1970	20	7	5	98.5	1.4	137.9
$h=1$	$g=1$	4√	1970	20	7	5	98.5	1.4	137.9
$h=1$	$g=1$	5√	1970	20	7	5	98.5	1.4	137.9
$h=1$	$g=2$	8√	1970	20	7	5	98.5	1.4	137.9
$h=1$	$g=2$	9√	1970	20	7	5	98.5	1.4	137.9
$h=1$	$g=2$	10√	1970	20	7	5	98.5	1.4	137.9
$h=1$	$g=2$	11√	1970	20	7	5	98.5	1.4	137.9
$h=1$	$g=2$	12√	1970	20	7	5	98.5	1.4	137.9
$h=1$	$g=3$	15√	1970	20	6	3	98.5	2.0	197.0
$h=1$	$g=3$	16√	1970	20	6	3	98.5	2.0	197.0
$h=1$	$g=3$	17√	1970	20	6	3	98.5	2.0	197.0
$h=2$	$g=1$	21√	1068	10	4	3	106.8	4/3	142.4
$h=2$	$g=1$	22√	1068	10	4	3	106.8	4/3	142.4
$h=2$	$g=1$	23√	1068	10	4	3	106.8	4/3	142.4
$h=2$	$g=2$	25√	1068	10	3	2	106.8	1.5	160.2
$h=2$	$g=2$	26√	1068	10	3	2	106.8	1.5	160.2
$h=2$	$g=3$	28√	1068	10	3	2	106.8	1.5	160.2
$h=2$	$g=3$	29√	1068	10	3	2	106.8	1.5	160.2

(五) 等概率人口层各个单元的线性估计值

根据式（5.50）和式（5.61），以及表 5-6 至表 5-11 的数据，得到 4 个等概率人口层每个单元的线性估计值，结果如表 5-12 所示。

表 5-12　4 个等概率人口层的单元线性估计值

单位：人

单元	0~64 岁男性层	0~64 岁女性层	65 岁及以上男性层	65 岁及以上女性层
$\hat{x}_{111n}$	143334	150476	22887	21463
$\hat{x}_{121n}$	48521	42340	6561	8756
$\hat{x}_{112n}$	28199	24517	2373	1688
$\hat{x}_{122n}$	18603	12844	1491	771
$\hat{x}_{211n}$	53527	62372	1964	3441
$\hat{x}_{221n}$	15770	15000	1969	1923
$\hat{x}_{212n}$	12505	7766	1688	694
$\hat{x}_{221o}$	3690	6756	1822	1688
$\hat{x}_{121o}$	10282	9637	1905	1831
$\hat{x}_{122o}$	3611	1083	990	638

（六）等概率人口层已知单元、缺失单元及总体实际人数估计值

依据表 5-12 及式（5.56）至式（5.58）和式（5.68）得到等概率人口层及总体实际人数估计值。估计结果如表 5-13 所示。

表 5-13　等概率人口层及总体实际人数估计值

单位：人

估计值	0~64 岁男性层	0~64 岁女性层	65 岁及以上男性层	65 岁及以上女性层
已知单元总和	338042	332791	43650	42893
缺失单元	4789	3796	744	385
等概率人口层	342831	336587	44394	43278
总体	767090			

（七）抽样方差计算

1. 计算复制权数

根据式（5.63）和表 5-11 得到复制权数（见表 5-14）。为了完成这项工作，关键的是要使用式（5.63）的不同情况来计算第二重样本普查小区的复制权数。尤其需要注意的是，剔除的每个第二重样本普查小区的复制权数为零。

表 5-14　第二重样本普查小区的抽样复制权数

剔除层 s / 小区 t	1	2	3	4	5	6	7	8	9	10
1√	0	155.5	155.5	155.5	155.5	124.4	124.4	145.1	145.1	145.1
2√	155.5	0	155.5	155.5	155.5	124.4	124.4	145.1	145.1	145.1
3√	155.5	155.5	0	155.5	155.5	124.4	124.4	145.1	145.1	145.1
4√	155.5	155.5	155.5	0	155.5	124.4	124.4	145.1	145.1	145.1
5√	155.5	155.5	155.5	155.5	0	124.4	124.4	145.1	145.1	145.1
8√	145.1	145.1	145.1	145.1	145.1	145.1	145.1	0	155.5	155.5
9√	145.1	145.1	145.1	145.1	145.1	145.1	145.1	155.5	0	155.5
10√	145.1	145.1	145.1	145.1	145.1	145.1	145.1	155.5	155.5	0
11√	145.1	145.1	145.1	145.1	145.1	145.1	145.1	155.5	155.5	155.5
12√	145.1	145.1	145.1	145.1	145.1	145.1	145.1	155.5	155.5	155.5
15√	205.4	205.4	205.4	205.4	205.4	205.4	205.4	205.4	205.4	205.4
16√	205.4	205.4	205.4	205.4	205.4	205.4	205.4	205.4	205.4	205.4
17√	205.4	205.4	205.4	205.4	205.4	205.4	205.4	205.4	205.4	205.4
21√	142.4	142.4	142.4	142.4	142.4	142.4	142.4	142.4	142.4	142.4
22√	142.4	142.4	142.4	142.4	142.4	142.4	142.4	142.4	142.4	142.4
23√	142.4	142.4	142.4	142.4	142.4	142.4	142.4	142.4	142.4	142.4
25√	160.2	160.2	160.2	160.2	160.2	160.2	160.2	160.2	160.2	160.2
26√	160.2	160.2	160.2	160.2	160.2	160.2	160.2	160.2	160.2	160.2
28√	160.2	160.2	160.2	160.2	160.2	160.2	160.2	160.2	160.2	160.2
29√	160.2	160.2	160.2	160.2	160.2	160.2	160.2	160.2	160.2	160.2

剔除层 s / 小区 t	11	12	13	14	15	16	17	18	19	20
1√	145.1	145.1	145.1	145.1	145.1	145.1	145.1	145.1	145.1	145.1
2√	145.1	145.1	145.1	145.1	145.1	145.1	145.1	145.1	145.1	145.1
3√	145.1	145.1	145.1	145.1	145.1	145.1	145.1	145.1	145.1	145.1
4√	145.1	145.1	145.1	145.1	145.1	145.1	145.1	145.1	145.1	145.1
5√	145.1	145.1	145.1	145.1	145.1	145.1	145.1	145.1	145.1	145.1
8√	155.5	155.5	124.4	124.4	145.1	145.1	145.1	145.1	145.1	145.1
9√	155.5	155.5	124.4	124.4	145.1	145.1	145.1	145.1	145.1	145.1
10√	155.5	155.5	124.4	124.4	145.1	145.1	145.1	145.1	145.1	145.1
11√	0	155.5	124.4	124.4	145.1	145.1	145.1	145.1	145.1	145.1

续表

剔除层 s 小区 t	11	12	13	14	15	16	17	18	19	20
12√	155.5	0	124.4	124.4	145.1	145.1	145.1	145.1	145.1	145.1
15√	205.4	205.4	205.4	205.4	0	259.2	259.2	172.8	172.8	172.8
16√	205.4	205.4	205.4	205.4	259.2	0	259.2	172.8	172.8	172.8
17√	205.4	205.4	205.4	205.4	259.2	259.2	0	172.8	172.8	172.8
21√	142.4	142.4	142.4	142.4	142.4	142.4	142.4	142.4	142.4	142.4
22√	142.4	142.4	142.4	142.4	142.4	142.4	142.4	142.4	142.4	142.4
23√	142.4	142.4	142.4	142.4	142.4	142.4	142.4	142.4	142.4	142.4
25√	160.2	160.2	160.2	160.2	160.2	160.2	160.2	160.2	160.2	160.2
26√	160.2	160.2	160.2	160.2	160.2	160.2	160.2	160.2	160.2	160.2
28√	160.2	160.2	160.2	160.2	160.2	160.2	160.2	160.2	160.2	160.2
29√	160.2	160.2	160.2	160.2	160.2	160.2	160.2	160.2	160.2	160.2

剔除层 s 小区 t	21	22	23	24	25	26	27	28	29	30
1√	135.9	135.9	135.9	135.9	135.9	135.9	135.9	135.9	135.9	135.9
2√	135.9	135.9	135.9	135.9	135.9	135.9	135.9	135.9	135.9	135.9
3√	135.9	135.9	135.9	135.9	135.9	135.9	135.9	135.9	135.9	135.9
4√	135.9	135.9	135.9	135.9	135.9	135.9	135.9	135.9	135.9	135.9
5√	135.9	135.9	135.9	135.9	135.9	135.9	135.9	135.9	135.9	135.9
8√	135.9	135.9	135.9	135.9	135.9	135.9	135.9	135.9	135.9	135.9
9√	135.9	135.9	135.9	135.9	135.9	135.9	135.9	135.9	135.9	135.9
10√	135.9	135.9	135.9	135.9	135.9	135.9	135.9	135.9	135.9	135.9
11√	135.9	135.9	135.9	135.9	135.9	135.9	135.9	135.9	135.9	135.9
12√	135.9	135.9	135.9	135.9	135.9	135.9	135.9	135.9	135.9	135.9
15√	195.0	195.0	195.0	195.0	195.0	195.0	195.0	195.0	195.0	195.0
16√	195.0	195.0	195.0	195.0	195.0	195.0	195.0	195.0	195.0	195.0
17√	195.0	195.0	195.0	195.0	195.0	195.0	195.0	195.0	195.0	195.0
21√	0	178.0	178.0	119.0	158.2	158.2	158.2	158.2	158.2	158.2
22√	178.0	0	178.0	119.0	158.2	158.2	158.2	158.2	158.2	158.2
23√	178.0	178.0	0	119.0	158.2	158.2	158.2	158.2	158.2	158.2
25√	178.0	178.0	178.0	178.0	0	235.3	119.0	178.0	178	178.0
26√	178.0	178.0	178.0	178.0	235.3	0	119.0	178.0	178	178.0

续表

剔除层 s 小区 t	21	22	23	24	25	26	27	28	29	30
28√	178.0	178.0	178.0	178.0	178.0	178.0	178.0	0	235.3	119.0
29√	178.0	178.0	178.0	178.0	178.0	178.0	178.0	235.3	0	119.0

2. 计算单元复制值

根据式（5.67）和表 5-14 得到 4 个等概率人口层单元的复制值，如表 5-15 至表 5-18 所示。

表 5-15　0~64 岁男性层的单元复制值

单位：人

剔除层 s 小区 t	$\hat{x}_{111n}^{(st)}$	$\hat{x}_{121n}^{(st)}$	$\hat{x}_{112n}^{(st)}$	$\hat{x}_{122n}^{(st)}$	$\hat{x}_{211n}^{(st)}$	$\hat{x}_{221n}^{(st)}$	$\hat{x}_{212n}^{(st)}$	$\hat{x}_{221o}^{(st)}$	$\hat{x}_{121o}^{(st)}$	$\hat{x}_{122o}^{(st)}$
1	143644.6	48682.5	28218.7	18398.6	53533.5	15540.1	12408.4	3602.1	10243.1	3654
2	143956.6	48838	28374.2	18554.1	53378	15851.1	12408.4	3602.1	10086.6	3498.5
3	142866.1	48371.5	28218.7	18709.6	53222.5	16006.6	12408.4	3602.1	10398.6	3654
4	143644.6	48682.5	28063.2	18554.1	54000	15696.6	12563.9	3602.1	10086.6	3498.5
5	143489.1	48216	27752.2	18866.1	53222.5	15851.1	12563.9	3756.6	10243.1	3654
6	143520.2	48558.1	28126.4	18616.3	53471.3	15788.9	12470.6	3633.2	10212	3591.8
7	143520.2	48558.1	28126.4	18616.3	53471.3	15788.9	12470.6	3633.2	10212	3591.8
8	143914.5	49014.3	28218.7	18946.8	53523.1	15882.3	12356.4	3726.4	10211.9	3488.1
9	142515	47926.8	28374.2	18636.8	53366.6	16036.8	12356.4	3726.4	10056.4	3643.6
10	141736.5	48703.3	27906.7	18792.3	53678.6	15726.8	12666.4	3726.4	10522.9	3799.1
11	143603.5	48858.8	28063.2	18946.8	53056.6	15260.3	12822.9	3570.9	10366.4	3643.6
12	144692	48081.3	28063.2	18481.3	53834.1	15726.8	12666.4	3726.4	10211.9	3488.1
13	143292.5	48516.7	28126.4	18761.2	53492	15726.8	12574.1	3696.3	10274.1	3612.5
14	143292.5	48516.7	28126.4	18761.2	53492	15726.8	12574.1	3696.3	10274.1	3612.5
15	144314.7	48377	27926.8	17796.3	53611.1	15880.9	12116.7	3404.7	10283.5	3373.7
16	141722.7	48896.4	28444.2	19091.3	54129.5	15621.7	12894.3	3923.1	10542.7	3632.9
17	143276.9	48116.8	28703.4	18313.7	53092.7	15880.9	12376.9	3923.1	10283.5	3892.1
18	143106.1	48463.4	28356.8	18400.1	53611.1	15794.5	12462.3	3750.3	10369.9	3632.9
19	143106.1	48463.4	28356.8	18400.1	53611.1	15794.5	12462.3	3750.3	10369.9	3632.9
20	143106.1	48463.4	28356.8	18400.1	53611.1	15794.5	12462.3	3750.3	10369.9	3632.9

续表

剔除层 s 小区 t	$\hat{x}^{(st)}_{111n}$	$\hat{x}^{(st)}_{121n}$	$\hat{x}^{(st)}_{112n}$	$\hat{x}^{(st)}_{122n}$	$\hat{x}^{(st)}_{211n}$	$\hat{x}^{(st)}_{221n}$	$\hat{x}^{(st)}_{212n}$	$\hat{x}^{(st)}_{221o}$	$\hat{x}^{(st)}_{121o}$	$\hat{x}^{(st)}_{122o}$
21	143156.1	48824	28608.4	18764.1	52726.7	15806.3	12506.9	3530.5	10158.1	3451.7
22	143690.1	47756	28608.4	18942.1	53616.7	15450.3	12506.9	3886.5	10158.1	3629.7
23	143334.1	48824	28074.4	18052.1	53794.7	16162.3	12326.9	3708.5	10336.1	3806.7
24	143439.1	48484	28438.4	18593.1	53396.7	15812.3	12450.9	3709.5	10221.1	3630.7
25	143349.5	48763	28014.1	18229.4	53298.5	15983.7	12545	3766.7	10296.2	3688.9
26	144298.7	48051.1	27776.8	18704	53773.1	15746.4	12306.7	3530.4	10296.2	3451.6
27	143853.5	48418.6	27904.2	18472.3	53546.	15868.9	12429.5	3650.1	10298.3	3571.3
28	142281.2	48941.1	27716.6	18644.8	54069.8	15509	12782.4	3471.1	10474.2	3629.6
29	143230.4	48466.5	28666.8	18882.1	53356.9	15746.3	12546.1	3946.7	10236.9	3629.6
30	142791.5	48713.6	28199.2	18766.3	53724.7	15632.9	12666.5	3709.1	10356.3	3630.3

表 5-16 0~64 岁女性层的单元复制值

单位：人

剔除层 s 小区 t	$\hat{x}^{(st)}_{111n}$	$\hat{x}^{(st)}_{121n}$	$\hat{x}^{(st)}_{112n}$	$\hat{x}^{(st)}_{122n}$	$\hat{x}^{(st)}_{211n}$	$\hat{x}^{(st)}_{221n}$	$\hat{x}^{(st)}_{212n}$	$\hat{x}^{(st)}_{221o}$	$\hat{x}^{(st)}_{121o}$	$\hat{x}^{(st)}_{122o}$
1	150456.4	42610.2	24362.5	12826.1	62516.7	15058	7554.2	6836.5	9506.2	1171.5
2	150768.4	42299.2	24362.5	12981.6	62362.2	14902.5	7709.7	6836.5	9661.7	1171.5
3	150301.9	41676.2	24829	12826.1	62051.9	15213.5	7866.2	6836.5	9506.2	1016
4	150301.9	42766.7	24518	12670.6	62362.2	15213.5	7709.7	6682	9661.7	1016
5	150456.4	42299.2	24518	12670.6	62516.7	15058	7866.2	6526.5	9661.7	1016
6	150456.4	42330.3	24518	12795	62362.2	15089.1	7740.8	6744.2	9599.5	1078.2
7	150456.4	42330.3	24518	12795	62362.2	15089.1	7740.8	6744.2	9599.5	1078.2
8	150726.3	42392.3	24663.1	12516.1	62186.9	15369	7554.2	6846.8	9640.9	1006.6
9	150106.3	42236.8	24506.6	12981.6	62496.9	15058	7866.2	6846.9	9796.4	1161.1
10	149794.3	42236.8	24663.1	12981.6	62341.4	14902.5	7709.7	6692.4	9640.9	1161.1
11	150106.3	43014.3	24506.6	12670.6	62341.4	15213.5	7709.7	6692.4	9486.4	1161.1
12	150416.3	42392.3	24352.1	12826.1	62652.4	14902.5	7866.2	6536.9	9640.9	1006.6
13	150229.7	42454.5	24538.7	12795	62403.6	15089.1	7740.8	6723.5	9640.9	1098.9
14	150229.7	42454.5	24538.7	12795	62403.6	15089.1	7740.8	6723.5	9640.9	1098.9
15	150806.9	42460.8	24306.9	13126.4	62148.8	14444.8	7823	6806.7	9588.2	984.7
16	150028.3	42201.6	24566.1	12866.2	62926.4	15222.5	7563.8	7064.9	9846.4	1243.9

续表

剔除层 s 小区 t	$\hat{x}^{(st)}_{111n}$	$\hat{x}^{(st)}_{121n}$	$\hat{x}^{(st)}_{112n}$	$\hat{x}^{(st)}_{122n}$	$\hat{x}^{(st)}_{211n}$	$\hat{x}^{(st)}_{221n}$	$\hat{x}^{(st)}_{212n}$	$\hat{x}^{(st)}_{221o}$	$\hat{x}^{(st)}_{121o}$	$\hat{x}^{(st)}_{122o}$
17	151324.3	41942.4	24566.1	12866.2	61889.6	14704	8082.2	6546.5	9588.2	984.7
18	150719.5	42201.6	24480.7	12952.6	62321.6	14790.4	7823	6806.7	9674.6	1071.1
19	150719.5	42201.6	24480.7	12952.6	62321.6	14790.4	7823	6806.7	9674.6	1071.1
20	150719.5	42201.6	24480.7	12952.6	62321.6	14790.4	7823	6806.7	9674.6	1071.1
21	150582.9	42196.8	24731.1	12896.8	62106.2	14876.	7891.2	6686.3	9548.8	1083.5
22	150404.9	42196.8	24019.1	12719.8	62996.2	15054.2	7713.2	6863.3	9904.8	1083.5
23	150404.9	42731.8	24909.1	12896.8	62106.2	15232.2	7536.2	6863.3	9370.8	1083.5
24	150514.9	42389.8	24559.1	12841.8	62423.2	15059.2	7716.2	6806.3	9611.8	1083.5
25	150538.3	42076.7	24730.5	12876.7	62320.5	14935	7831.6	6724.7	9568.2	1083.5
26	150538.3	42315	24493.2	12876.7	61846.9	14935	7831.6	6724.7	9568.2	1083.5
27	150573.3	42206.2	24616.7	12879.8	62100	14939.2	7833	6726.1	9571	1083.5
28	150182.3	42552.4	24966.7	12699.7	62024.1	14876	7890.9	6724.7	9390.3	1083.5
29	150656	42316.	23781.2	12937	63210.6	15113	7653.6	6724.7	10102.2	1083.5
30	150456.3	42443.2	24379.7	12820.8	62631	14998.2	7774	6726.1	9748	1083.5

表 5 – 17　65 岁及以上男性层的单元复制值

单位：人

剔除层 s 小区 t	$\hat{x}^{(st)}_{111n}$	$\hat{x}^{(st)}_{121n}$	$\hat{x}^{(st)}_{112n}$	$\hat{x}^{(st)}_{122n}$	$\hat{x}^{(st)}_{211n}$	$\hat{x}^{(st)}_{221n}$	$\hat{x}^{(st)}_{212n}$	$\hat{x}^{(st)}_{221o}$	$\hat{x}^{(st)}_{121o}$	$\hat{x}^{(st)}_{122o}$
1	22889.2	6649	2349.4	1413.8	1765.3	1908.7	1775.7	1934.9	1859.5	1035.8
2	23200.2	6493.5	2504.9	1413.8	2075.3	2064.2	1621.2	1779.4	1859.5	1035.8
3	22578.2	6649	2349.4	1569.3	2075.3	1908.7	1621.2	1779.4	2015	880.3
4	23044.7	6649	2504.9	1569.3	1765.3	1908.7	1621.2	1934.9	1859.5	1035.8
5	22733.7	6493.5	2349.4	1413.8	2075.3	2064.2	1775.7	1623.9	1859.5	1035.8
6	22889.2	6586.8	2411.6	1476	1952.9	1970.9	1683.4	1810.5	1890.6	1004.7
7	22889.2	6586.8	2411.6	1476	1952.9	1970.9	1683.4	1810.5	1890.6	1004.7
8	23065.5	6659.4	2246.9	1558.9	1911.4	1908.7	1765.3	1924.5	1859.5	880.3
9	22443.5	6659.4	2401.4	1403.4	2065.9	1908.7	1765.3	1769	1859.5	1035.8
10	22910	6348.4	2246.9	1403.4	2065.9	2064.2	1610.8	1769	2015	1035.8
11	22754.5	6659.4	2401.4	1558.9	1911.4	2064.2	1610.8	1769	1859.5	1035.8
12	23065.5	6503.9	2246.9	1558.9	1911.4	1908.7	1765.3	1924.5	1859.5	1035.8

续表

剔除层 s 小区 t	$\hat{x}_{111n}^{(st)}$	$\hat{x}_{121n}^{(st)}$	$\hat{x}_{112n}^{(st)}$	$\hat{x}_{122n}^{(st)}$	$\hat{x}_{211n}^{(st)}$	$\hat{x}_{221n}^{(st)}$	$\hat{x}_{212n}^{(st)}$	$\hat{x}_{221o}^{(st)}$	$\hat{x}_{121o}^{(st)}$	$\hat{x}_{122o}^{(st)}$
13	22845.8	6566.1	2308.1	1496.7	1973.6	1970.9	1704.1	1831.2	1890.6	1004.7
14	22845.8	6566.1	2308.1	1496.7	1973.6	1970.9	1704.1	1831.2	1890.6	1004.7
15	22835	6783.3	2058.9	1330.7	2139.3	1876.4	1849.1	1736.7	2026	869.8
16	22835	6524.1	2576.3	1589.9	1880.1	1876.4	1589.9	1996.9	1766	1129
17	23094.2	6264.9	2576.3	1589.9	1880.1	2136.6	1589.9	1736.7	2026.2	869.8
18	22921.4	6524.1	2404.5	1503.5	1965.5	1963.8	1675.3	1824.1	1938.8	955.2
19	22921.4	6524.1	2404.5	1503.5	1965.5	1963.8	1675.3	1824.1	1938.8	955.2
20	22921.4	6524.1	2404.5	1503.5	1965.5	1963.8	1675.3	1824.1	1938.8	955.2
21	23135.8	6275.5	2444.9	1598.5	1893.3	1933.4	1615.5	1893.3	1834.2	1025.8
22	22780.8	6454.5	2266.9	1420.5	2071.3	1933.4	1795.5	1716.3	2012.2	1025.8
23	22958.8	6632.5	2444.9	1420.5	1893.3	1933.4	1615.5	1893.3	1834.2	1025.8
24	22964.8	6458.5	2386.9	1480.5	1953.3	1934.4	1675.5	1834.5	1894.2	1025.8
25	23015.5	6513.5	2484.4	1380.9	1853.7	1874	1575.9	1932.8	2031.9	905.1
26	22780.2	6750.8	2246.1	1618.2	2091	2111.3	1815.2	1696.5	1794.6	905.1
27	22903.4	6633.9	2366.1	1499.9	1972.7	1993	1695.9	1814.5	1913.6	905.8
28	22661.5	6750.8	2246.1	1618.2	1853.7	1874	1815.2	1932.8	2031.9	1025.8
29	22898.8	6513.5	2484.4	1380.9	2091	2111.3	1575.9	1696.5	1794.6	1025.8
30	22785.4	6633.9	2366.1	1499.9	1972.7	1993	1695.9	1814.5	1913.6	1025.8

表 5-18 65 岁及以上女性层的单元复制值

单位：人

剔除层 s 小区 t	$\hat{x}_{111n}^{(st)}$	$\hat{x}_{121n}^{(st)}$	$\hat{x}_{112n}^{(st)}$	$\hat{x}_{122n}^{(st)}$	$\hat{x}_{211n}^{(st)}$	$\hat{x}_{221n}^{(st)}$	$\hat{x}_{212n}^{(st)}$	$\hat{x}_{221o}^{(st)}$	$\hat{x}_{121o}^{(st)}$	$\hat{x}_{122o}^{(st)}$
1	21305.4	8890.6	1765.3	813.3	3445.1	1885.7	588.1	1765.3	1763.6	655.1
2	21615.4	8735.1	1610.8	813.3	3445.1	1885.7	743.6	1765.3	1919.1	655.1
3	21460.9	8890.6	1610.8	813.3	3445.1	1732.2	743.6	1610.8	1763.6	655.1
4	21460.9	8735.1	1765.3	655.5	3445.1	1885.7	743.6	1765.3	1919.1	655.1
5	21615.4	8579.6	1765.3	813.3	3445.1	2043.2	588.1	1610.8	1763.6	655.1
6	21492	8765.2	1704.1	782.2	3445.1	1885.7	681.4	1704.1	1825.8	655.1
7	21492	8765.2	1704.1	782.2	3445.1	1885.7	681.4	1704.1	1825.8	655.1
8	21481.7	8755.9	1621.2	823.7	3425.3	1865.9	743.6	1775.7	1908.7	665.5

续表

剔除层 s 小区 t	$\hat{x}_{111n}^{(st)}$	$\hat{x}_{121n}^{(st)}$	$\hat{x}_{112n}^{(st)}$	$\hat{x}_{122n}^{(st)}$	$\hat{x}_{211n}^{(st)}$	$\hat{x}_{221n}^{(st)}$	$\hat{x}_{212n}^{(st)}$	$\hat{x}_{221o}^{(st)}$	$\hat{x}_{121o}^{(st)}$	$\hat{x}_{122o}^{(st)}$
9	21170.7	8755.9	1621.2	668.2	3581.8	2022.4	743.6	1621.2	1753.2	665.5
10	21481.7	8600.4	1775.7	823.7	3425.3	1865.9	743.6	1621.2	1753.2	665.5
11	21635.2	8600.4	1775.7	668.2	3581.8	1865.9	588.1	1775.7	1908.7	665.5
12	21481.7	8911.4	1621.2	823.7	3425.3	2022.4	588.1	1621.2	1908.7	510
13	21450.6	8724.8	1683.4	761.5	3488.5	1929.1	681.4	1683.4	1845.5	634.4
14	21450.6	8724.8	1683.4	761.5	3488.5	1929.1	681.4	1683.4	1845.5	634.4
15	21780.2	8692.8	1849.1	854.7	3291.2	1783.8	722.8	1849.1	1732.3	705.9
16	21002.6	8952	1589.9	854.7	3291.2	2043	722.8	1589.9	1732.3	705.9
17	21521	8692.8	1589.9	595.5	3550.4	2043	722.8	1589.9	1991.5	445.7
18	21434.6	8779.2	1675.3	768.3	3375.6	1955.6	722.8	1675.3	1818.7	620.5
19	21434.6	8779.2	1675.3	768.3	3375.6	1955.6	722.8	1675.3	1818.7	620.5
20	21434.6	8779.2	1675.3	768.3	3375.6	1955.6	722.8	1675.3	1818.7	620.5
21	21285	8739	1615.5	788.7	3512.2	2012.2	729.6	1615.5	1795.5	690.9
22	21463	8917	1795.5	788.7	3155.2	2012.2	551.6	1615.5	1795.5	690.9
23	21641	8561	1615.5	788.7	3512.2	1834.2	729.6	1795.5	1795.5	512.9
24	21470	8742	1675.5	788.7	3395.2	1953.2	670.6	1675.5	1795.5	631.9
25	21818.3	8560.7	1815.2	848	3235.2	1873.7	709.8	1755.9	1735.1	730.4
26	21343.7	8798	1575.9	610.7	3709.8	1873.7	709.8	1755.9	1973.4	493.1
27	21585.2	8681.8	1695.9	729.7	3473.2	1874.4	709.8	1755.9	1855.1	612.1
28	21343.6	8620.1	1575.9	788.7	3472.5	2051.7	709.8	1635.2	1973.4	671.1
29	21343.6	9094.7	1815.2	788.7	3472.5	1814.4	709.8	1635.2	1735.1	671.1
30	21349.2	8858.8	1695.9	788.7	3473.2	1933.4	709.8	1635.9	1855.1	671.1

3. 计算等概率人口层的已知单元、缺失单元和总人数复制值

依据式（5.64）至式（5.66）和表 5-15 至表 5-18，得到各个等概率人口层的已知单元等的复制值。计算结果如表 5-19 至表 5-22 所示。

表5-19 0~64岁男性层已知单元及其人数估计复制值

单位：人

剔除层 s 小区 t	$\hat{x}_{vA}^{(st)}$	$\hat{m}_{222\,vA}^{(st)}$	$\overline{TSE}_{vA}^{(st)}$	剔除层 s 小区 t	$\hat{x}_{vA}^{(st)}$	$\hat{m}_{222\,vA}^{(st)}$	$\overline{TSE}_{vA}^{(st)}$
1	337925.6	4684.928	342610.528	16	338895.8	4904.584	343802.384
2	338545.6	4769.958	343315.558	17	337861.0	4919.295	342780.295
3	337459.1	4845.454	342305.554	18	337945.4	4805.097	342754.497
4	338392.1	4715.257	343109.357	19	337945.4	4805.097	342754.497
5	337614.6	4828.597	342443.197	20	337945.4	4805.097	342754.497
6	337985.8	4769.236	342755.036	21	337531.8	4804.904	342335.704
7	337985.8	4769.236	342755.036	22	338243.8	4825.174	343068.974
8	339283.5	4813.939	344095.439	23	338421.8	4825.356	343249.156
9	336640.0	4905.611	341545.611	24	338175.8	4821.445	342998.245
10	337262.0	4825.556	342085.556	25	337935.0	4825.895	342761.895
11	338195.0	4671.440	342865.44	26	337935.0	4679.019	342615.019
12	338972.5	4749.315	343721.815	27	338014.4	4753.832	342768.232
13	338070.6	4793.163	342863.763	28	337520.8	4658.410	342179.21
14	338070.6	4793.163	342863.763	29	338705.3	4915.339	343622.639
15	337083.4	4600.793	341684.193	30	338191.4	4785.485	342978.885

表5-20 0~64岁女性层已知单元及其人数估计复制值

单位：人

剔除层 s 小区 t	$\hat{x}_{vA}^{(st)}$	$\hat{m}_{222\,vA}^{(st)}$	$\overline{TSE}_{vA}^{(st)}$	剔除层 s 小区 t	$\hat{x}_{vA}^{(st)}$	$\hat{m}_{222\,vA}^{(st)}$	$\overline{TSE}_{vA}^{(st)}$
1	332901.3	3792.338	336693.6	11	332901.3	3805.354	336708.7
2	333055.8	3790.910	336845.7	12	332590.3	3724.088	336314.4
3	332123.8	3893.851	336015.7	13	332714.7	3804.506	336519.2
4	332901.3	3792.338	336693.6	14	332714.7	3804.506	336519.2
5	332590.3	3753.335	336343.6	15	332495.2	3708.040	336203.2
6	332714.7	3804.404	336519.1	16	333532.0	3888.953	337421.0
7	332714.7	3804.404	336519.1	17	332495.2	3732.476	336225.7
8	332901.3	3835.329	336735.6	18	332840.8	3775.617	336615.4
9	333055.8	3850.444	336905.2	19	332840.8	3775.617	336615.4
10	332123.8	3804.722	335928.5	20	332840.8	3775.617	336615.4

续表

剔除层 s 小区 t	$\hat{x}_{vA}^{(st)}$	$\hat{m}_{222\,vA}^{(st)}$	$\widetilde{TSE}_{vA}^{(st)}$	剔除层 s 小区 t	$\hat{x}_{vA}^{(st)}$	$\hat{m}_{222\,vA}^{(st)}$	$\widetilde{TSE}_{vA}^{(st)}$
21	332599.8	3799.968	336399.8	26	332213.1	3793.661	336005.8
22	332955.8	3759.007	336714.8	27	332528.8	3802.323	336331.1
23	333133.8	3875.597	337010.4	28	332391.3	3814.064	336205.4
24	333004.8	3812.766	336815.6	29	333575.8	3725.735	337305.5
25	332685.7	3809.689	336495.4	30	333059.8	3771.816	336831.6

表 5-21 65 岁及以上男性层已知单元及其人数估计复制值

单位：人

剔除层 s 小区 t	$\hat{x}_{vA}^{(st)}$	$\hat{m}_{222\,vA}^{(st)}$	$\widetilde{TSE}_{vA}^{(st)}$	剔除层 s 小区 t	$\hat{x}_{vA}^{(st)}$	$\hat{m}_{222\,vA}^{(st)}$	$\widetilde{TSE}_{vA}^{(st)}$
1	43583.3	762.1023	44345.4	16	43765.6	744.1939	44509.79
2	44049.8	751.5309	44801.3	17	43765.6	653.6711	44419.27
3	43425.8	710.6451	44138.4	18	43679.2	808.3216	44485.52
4	43894.3	775.4835	44670.7	19	43679.2	771.8341	44451.03
5	43425.8	731.2700	44159.1	20	43679.2	742.8535	44422.05
6	43675.6	745.2703	44422.8	21	43654.2	742.8535	44395.05
7	43675.6	745.2703	44422.8	22	43475.2	742.8535	44219.05
8	43780.4	738.2868	44518.6	23	43654.2	772.0995	44425.30
9	43313.9	735.6558	44049.5	24	43609.2	712.7596	44321.96
10	43469.4	723.8520	44193.2	25	43573.7	745.5312	44321.23
11	43624.9	763.1677	44388.0	26	43811.0	744.1729	44555.17
12	43780.4	759.6083	44540.0	27	43701.8	723.4226	44425.22
13	43593.8	744.1939	44335.9	28	43811.0	750.4556	44561.46
14	43593.8	762.1023	44355.9	29	43573.7	735.1196	44310.82
15	43505.4	751.5309	44255.9	30	43701.8	765.7013	44468.50

表 5-22 65 岁及以上女性层已知单元及其人数估计复制值

单位：人

剔除层 s 小区 t	$\hat{x}_{vA}^{(st)}$	$\hat{m}_{222\,vA}^{(st)}$	$\widetilde{TSE}_{vA}^{(st)}$	剔除层 s 小区 t	$\hat{x}_{vA}^{(st)}$	$\hat{m}_{222\,vA}^{(st)}$	$\widetilde{TSE}_{vA}^{(st)}$
1	42883.5	394.5160	43278.02	3	42728.0	359.3597	43085.36
2	43194.5	391.0809	43586.58	4	43039.0	392.7910	43431.79

续表

剔除层 s 小区 t	$\hat{x}_{vA}^{(st)}$	$\hat{m}_{222\,vA}^{(st)}$	$\widehat{TSE}_{vA}^{(st)}$	剔除层 s 小区 t	$\hat{x}_{vA}^{(st)}$	$\hat{m}_{222\,vA}^{(st)}$	$\widehat{TSE}_{vA}^{(st)}$
5	42883.5	394.5160	43278.02	18	42830.9	388.6197	43219.52
6	42945.7	385.4427	43332.14	19	42830.9	388.6197	43219.52
7	42945.7	385.4427	43332.14	20	42830.9	388.6197	43219.52
8	43070.2	394.7542	43464.95	21	42788.1	393.1250	43181.23
9	42603.7	382.1680	42985.87	22	42788.1	393.1250	43181.23
10	42759.2	396.6223	43155.82	23	42788.1	372.9597	43161.06
11	43070.2	375.1780	43445.38	24	42803.1	385.4856	43189.59
12	42914.7	361.3199	43275.02	25	43083.3	421.3175	43504.62
13	42883.6	382.5789	43265.18	26	42846	343.6098	43189.61
14	42883.6	382.5789	43265.18	27	42974.1	382.3027	43355.40
15	43262.9	423.0443	43685.94	28	42846	390.4069	43235.41
16	42485.3	402.3931	42885.69	29	43083.3	385.8382	43469.14
17	42744.5	340.9708	43085.47	30	42974.1	388.5726	43362.67

4. 计算每个等概率人口层的抽样方差

根据式（5.68）和表5-13，以及表5-19至表5-22，得到每个等概率人口层的抽样方差。计算结果如表5-23至表5-26所示。

表5-23　0~64岁男性层的抽样方差计算（$\widehat{TSE}_{vA} = 342831$）

剔除层 s 小区 t	层 h	n_h	$\widehat{TSE}_{vA}^{(st)}$	$\left[\widehat{TSE}_{vA}^{(st)} - \widehat{TSE}_{vA} \right]^2$	$\dfrac{n_h - 1}{n_h} \left[\widehat{TSE}_{vA}^{(st)} - \widehat{TSE}_{vA} \right]^2$
1	$h=1$	$n_1=20$	342610.528	48605.90	46175.51
2	$h=1$	$n_1=20$	343315.558	236738.7	224901.8
3	$h=1$	$n_1=20$	342305.554	276093.5	262288.8
4	$h=1$	$n_1=20$	343109.357	77482.62	73608.49
5	$h=1$	$n_1=20$	342443.197	150391.2	142871.6
6	$h=1$	$n_1=20$	342755.036	5470.673	5195.140
7	$h=1$	$n_1=20$	342755.036	5470.673	5195.140
8	$h=1$	$n_1=20$	344095.439	1603868	1523674
9	$h=1$	$n_1=20$	341545.611	1652225	1569614

续表

剔除层 s 小区 t	层 h	n_h	$\widehat{TSE}_{vA}^{(st)}$	$\left[\widehat{TSE}_{vA}^{(st)} - \widehat{\overline{TSE}}_{vA}\right]^2$	$\dfrac{n_h-1}{n_h}\left[\widehat{TSE}_{vA}^{(st)} - \widehat{\overline{TSE}}_{vA}\right]^2$
10	$h=1$	$n_1=20$	342085.556	552709.0	525073.5
11	$h=1$	$n_1=20$	342865.440	1255.994	1193.194
12	$h=1$	$n_1=20$	343721.815	793551.4	753873.8
13	$h=1$	$n_1=20$	342863.763	1073.414	1019.743
14	$h=1$	$n_1=20$	342863.763	1073.414	1019.743
15	$h=1$	$n_1=20$	341684.193	1315166	1249408
16	$h=1$	$n_1=20$	343802.384	943585.9	896406.5
17	$h=1$	$n_1=20$	342780.295	2570.997	2442.447
18	$h=1$	$n_1=20$	342754.497	5852.709	5560.074
19	$h=1$	$n_1=20$	342754.497	5852.709	5560.074
20	$h=1$	$n_1=20$	342754.497	5852.709	5560.074
21	$h=2$	$n_2=10$	342335.704	244328.5	219895.7
22	$h=2$	$n_2=10$	343068.974	56631.62	50968.46
23	$h=2$	$n_2=10$	343249.156	174854.4	157369.0
24	$h=2$	$n_2=10$	342998.245	27970.89	25173.80
25	$h=2$	$n_2=10$	342761.895	4775.501	4295.951
26	$h=2$	$n_2=10$	342615.019	46645.79	41983.01
27	$h=2$	$n_2=10$	342768.232	3939.822	3545.840
28	$h=2$	$n_2=10$	342179.21	424830.2	382345.2
29	$h=2$	$n_2=10$	343622.639	626692.3	564023.1
30	$h=2$	$n_2=10$	342978.885	21869.97	19682.98
合计	—	—	—	9317435	8769936

从表 5-23 可以看出，0~64 岁男性层的抽样方差为 8769936，抽样标准误差为 2961 人，变异系数为 0.00864（2961/342831）。这表明 0~64 岁男性层的实际人数估计精度较高。

表 5-24　0~64 岁女性层的抽样方差计算（$\widehat{TSE}_{vA}=336587$）

剔除层 s 小区 t	层 h	n_h	$\widehat{TSE}_{vA}^{(st)}$	$\left[\widehat{TSE}_{vA}^{(st)} - \widehat{\overline{TSE}}_{vA}\right]^2$	$\dfrac{n_h-1}{n_h}\left[\widehat{TSE}_{vA}^{(st)} - \widehat{\overline{TSE}}_{vA}\right]^2$
1	$h=1$	$n_1=20$	336693.6	11363.56	10795.38
2	$h=1$	$n_1=20$	336845.7	67964.49	64565.27

续表

剔除层 s 小区 t	层 h	n_h	$\widehat{TSE}_{vA}^{(st)}$	$\left[\widehat{TSE}_{vA}^{(st)} - \widehat{TSE}_{vA}\right]^2$	$\dfrac{n_h-1}{n_h}\left[\widehat{TSE}_{vA}^{(st)} - \widehat{TSE}_{vA}\right]^2$
3	$h=1$	$n_1=20$	336015.7	324102.5	307895.4
4	$h=1$	$n_1=20$	336693.6	11363.56	10795.38
5	$h=1$	$n_1=20$	336343.6	59243.56	56281.38
6	$h=1$	$n_1=20$	336519.1	4610.410	4379.890
7	$h=1$	$n_1=20$	336519.1	4610.410	4379.890
8	$h=1$	$n_1=20$	336735.6	22380.16	21261.15
9	$h=1$	$n_1=20$	336905.2	102528.0	97401.64
10	$h=1$	$n_1=20$	335928.5	433622.3	411941.1
11	$h=1$	$n_1=20$	336708.7	14810.89	14070.35
12	$h=1$	$n_1=20$	336314.4	74310.76	70595.22
13	$h=1$	$n_1=20$	336519.2	4595.840	4365.998
14	$h=1$	$n_1=20$	336519.2	4595.840	4365.998
15	$h=1$	$n_1=20$	336203.2	147302.4	139935.3
16	$h=1$	$n_1=20$	337421.0	695555.0	660778.2
17	$h=1$	$n_1=20$	336225.7	129095.5	122641.7
18	$h=1$	$n_1=20$	336615.4	924.1600	875.9520
19	$h=1$	$n_1=20$	336615.4	924.1600	875.9520
20	$h=1$	$n_1=20$	336615.4	924.1600	875.9520
21	$h=2$	$n_2=10$	336399.8	35043.84	31539.46
22	$h=2$	$n_2=10$	336714.8	16332.84	14699.56
23	$h=2$	$n_2=10$	337010.4	179265.6	161340.8
24	$h=2$	$n_2=10$	336815.6	53175.36	47858.72
25	$h=2$	$n_2=10$	336495.4	8028.160	7225.344
26	$h=2$	$n_2=10$	336005.8	336632.0	302968.8
27	$h=2$	$n_2=10$	336331.1	65484.81	58935.33
28	$h=2$	$n_2=10$	336205.4	145618.6	131055.7
29	$h=2$	$n_2=10$	337305.5	516242.3	464618.0
30	$h=2$	$n_2=10$	336831.6	59829.16	53845.24
合计	—	—	—	3530487	3283180

从表 5-24 可以看出，0~64 岁女性层的抽样方差为 3283180，抽样标

准误差为 1811 人，变异系数为 0.00538（1811/336587）。这表明 0~64 岁女性层的实际人数估计精度较高。

表 5-25 65 岁及以上男性层的抽样方差计算（$\widehat{\overline{TSE}}_{vA} = 44394$）

剔除层 s 小区 t	层 h	n_h	$\widehat{\overline{TSE}}_{vA}^{(st)}$	$\left[\widehat{\overline{TSE}}_{vA}^{(st)} - \widehat{\overline{TSE}}_{vA}\right]^2$	$\frac{n_h-1}{n_h}\left[\widehat{\overline{TSE}}_{vA}^{(st)} - \widehat{\overline{TSE}}_{vA}\right]^2$
1	$h=1$	$n_1=20$	44345.40	2361.960	2243.862
2	$h=1$	$n_1=20$	44801.30	165893.3	157598.6
3	$h=1$	$n_1=20$	44138.40	65331.36	62064.79
4	$h=1$	$n_1=20$	44670.70	76562.89	72734.75
5	$h=1$	$n_1=20$	44159.10	55178.01	52419.11
6	$h=1$	$n_1=20$	44422.80	829.4400	785.9680
7	$h=1$	$n_1=20$	44422.80	829.4400	785.9680
8	$h=1$	$n_1=20$	44518.60	15525.16	14748.90
9	$h=1$	$n_1=20$	44049.50	118680.3	112745.2
10	$h=1$	$n_1=20$	44193.20	40320.64	38304.61
11	$h=1$	$n_1=20$	44388.00	35.00000	34.20000
12	$h=1$	$n_1=20$	44540.00	21315.00	20250.20
13	$h=1$	$n_1=20$	44335.90	3145.210	2989.849
14	$h=1$	$n_1=20$	44355.90	1451.610	1379.029
15	$h=1$	$n_1=20$	44255.90	18523.21	17595.05
16	$h=1$	$n_1=20$	44509.79	13405.32	12735.96
17	$h=1$	$n_1=20$	44419.27	638.5729	605.6443
18	$h=1$	$n_1=20$	44485.52	8745.990	8308.691
19	$h=1$	$n_1=20$	44451.03	3252.421	3089.800
20	$h=1$	$n_1=20$	44422.05	785.8025	745.4624
21	$h=2$	$n_2=10$	44395.05	9.302500	8.37225
22	$h=2$	$n_2=10$	44219.05	30605.50	27545.75
23	$h=2$	$n_2=10$	44425.30	1043.290	938.9610
24	$h=2$	$n_2=10$	44321.96	5189.762	4670.785
25	$h=2$	$n_2=10$	44321.23	5295.473	4765.926
26	$h=2$	$n_2=10$	44555.17	25975.77	23378.19
27	$h=2$	$n_2=10$	44425.22	974.6884	875.2196
28	$h=2$	$n_2=10$	44561.46	28042.85	25238.57
29	$h=2$	$n_2=10$	44310.82	6918.912	6225.021
30	$h=2$	$n_2=10$	44468.50	5550.250	4995.225
合计	—	—	—	722425.4	680823.7

从表 5 - 25 可以看出，65 岁及以上男性层的抽样方差为 680823.7，抽样标准误差为 825 人，变异系数为 0.01858（825/44394）。这表明 65 岁及以上男性层的实际人数估计精度较高。

表 5 - 26　65 岁及以上女性层的抽样方差计算（$\widehat{TSE}_{vA} = 43278$）

剔除层 s 小区 t	层 h	n_h	$\widehat{TSE}_{vA}^{(st)}$	$\left[\widehat{TSE}_{vA}^{(st)} - \widehat{TSE}_{vA}\right]^2$	$\dfrac{n_h - 1}{n_h}\left[\widehat{TSE}_{vA}^{(st)} - \widehat{TSE}_{vA}\right]^2$
1	$h=1$	$n_1=20$	43278.02	0.000400	0.000380
2	$h=1$	$n_1=20$	43585.58	94605.46	89875.18
3	$h=1$	$n_1=20$	43085.36	36343.61	34525.43
4	$h=1$	$n_1=20$	43431.79	23651.36	22468.80
5	$h=1$	$n_1=20$	43278.02	0.000400	0.000380
6	$h=1$	$n_1=20$	43332.14	2931.140	2784.583
7	$h=1$	$n_1=20$	43332.14	2931.140	2784.583
8	$h=1$	$n_1=20$	43464.95	34950.30	33202.79
9	$h=1$	$n_1=20$	42985.87	85339.94	81072.94
10	$h=1$	$n_1=20$	43155.82	14925.95	14181.55
11	$h=1$	$n_1=20$	43445.38	28689.58	27255.11
12	$h=1$	$n_1=20$	43275.02	3.920400	3.724380
13	$h=1$	$n_1=20$	43265.18	139.7124	132.7268
14	$h=1$	$n_1=20$	43265.18	139.7124	132.7268
15	$h=1$	$n_1=20$	43685.94	166415.0	158094.3
16	$h=1$	$n_1=20$	42885.69	152341.9	144724.8
17	$h=1$	$n_1=20$	43085.47	37065.80	35214.41
18	$h=1$	$n_1=20$	43219.52	3419.910	3248.915
19	$h=1$	$n_1=20$	43219.52	3419.910	3248.915
20	$h=1$	$n_1=20$	43219.52	3419.910	3248.915
21	$h=2$	$n_2=10$	43181.23	9364.433	8425.990
22	$h=2$	$n_2=10$	43181.23	9364.433	8425.990
23	$h=2$	$n_2=10$	43161.06	13674.96	12305.47
24	$h=2$	$n_2=10$	43189.59	7815.328	7034.695
25	$h=2$	$n_2=10$	43504.62	51355.62	46220.96
26	$h=2$	$n_2=10$	43189.61	7812.792	7031.513

续表

剔除层 s 小区 t	层 h	n_h	$\widehat{\widehat{TSE}}_{vA}^{(st)}$	$\left[\widehat{\widehat{TSE}}_{vA}^{(st)} - \widehat{\widehat{TSE}}_{vA}\right]^2$	$\dfrac{n_h-1}{n_h}\left[\widehat{\widehat{TSE}}_{vA}^{(st)} - \widehat{\widehat{TSE}}_{vA}\right]^2$
27	$h=2$	$n_2=10$	43355.4	6145.560	5531.904
28	$h=2$	$n_2=10$	43235.41	1729.728	1555.755
29	$h=2$	$n_2=10$	43469.14	36534.50	32881.05
30	$h=2$	$n_2=10$	43362.67	7169.009	6452.108
合计	—	—	—	841706.7	792073.8

从表5-26可以看出，65岁及以上女性层的抽样方差为792073.8，抽样标准误差为890人，变异系数为0.02056（890/43278）。这表明65岁及以上女性层的实际人数估计精度较高。

5. 计算等概率人口层之间的协方差

根据式（5.72）及表5-23至表5-26，得到4个等概率人口层之间的协方差。计算结果如表5-27至表5-32所示。

表5-27　0~64岁男性层与0~64岁女性层协方差计算

($\widehat{\widehat{TSE}}_{v=1}=342831$, $\widehat{\widehat{TSE}}_{v=2}=336587$)

剔除层 s 小区 t	n_h	$\widehat{\widehat{TSE}}_{v=1}^{(st)}$	$\widehat{\widehat{TSE}}_{v=2}^{(st)}$	$\left[\widehat{\widehat{TSE}}_{v=1}^{(st)}-342831\right] \times \left[\widehat{\widehat{TSE}}_{v=2}^{(st)}-336587\right]$	$(n_h-1)/n_h\left[\widehat{\widehat{TSE}}_{v=1}^{(st)}-342831\right] \times \left[\widehat{\widehat{TSE}}_{v=2}^{(st)}-336587\right]$
1	$n_1=20$	342610.528	336693.6	-23502.30	-22325.20
2	$n_1=20$	343315.558	336845.7	126845.7	120503.4
3	$n_1=20$	342305.554	336015.7	299135.4	284179.6
4	$n_1=20$	343109.357	336693.6	29672.86	28189.21
5	$n_1=20$	342443.197	336343.6	94391.25	89671.69
6	$n_1=20$	342755.036	336519.1	5022.156	4771.048
7	$n_1=20$	342755.036	336519.1	5022.156	4771.048
8	$n_1=20$	344095.439	336735.6	189459.3	179985.3
9	$n_1=20$	341545.611	336905.2	-41158200	-39100200
10	$n_1=20$	342085.556	335928.5	489555.9	465080
11	$n_1=20$	342865.44	336708.7	4313.048	4095.396
12	$n_1=20$	343721.815	336314.4	-2428360	-2306940

续表

剔除层 s 小区 t	n_h	$\widetilde{TSE}_{v=1}^{(st)}$	$\widetilde{TSE}_{v=2}^{(st)}$	$\left[\widetilde{TSE}_{v=1}^{(st)} - 342831\right] \times \left[\widetilde{TSE}_{v=2}^{(st)} - 336587\right]$	$(n_h-1)/n_h \left[\widetilde{TSE}_{v=1}^{(st)} - 342831\right] \times \left[\widetilde{TSE}_{v=2}^{(st)} - 336587\right]$
13	$n_1=20$	342863.763	336519.2	-2221.330	-2110.26
14	$n_1=20$	342863.763	336519.2	-2221.330	-2110.26
15	$n_1=20$	341684.193	336203.2	440144.5	418135.3
16	$n_1=20$	343802.384	337421	810134.3	769625.5
17	$n_1=20$	342780.295	336225.7	18218.31	17305.39
18	$n_1=20$	342754.497	336615.4	-2325.690	-2209.410
19	$n_1=20$	342754.497	336615.4	-2325.690	-2209.410
20	$n_1=20$	342754.497	336615.4	-2325.690	-2209.410
21	$n_2=10$	342335.704	336399.8	92532.21	83278.99
22	$n_2=10$	343068.974	336714.8	30413.08	27371.77
23	$n_2=10$	343249.156	337010.4	177045.3	159342.5
24	$n_2=10$	342998.245	336815.6	38565.70	34710.03
25	$n_2=10$	342761.895	336495.4	6191.808	5572.627
26	$n_2=10$	342616.019	336005.8	125312.2	112781.0
27	$n_2=10$	342768.232	336331.1	16062.33	14455.10
28	$n_2=10$	342179.21	336205.4	248723.1	223850.8
29	$n_2=10$	343622.639	337305.5	568792.6	511913.4
30	$n_2=10$	342978.885	336831.6	36172.67	32555.40
合计	—	—	—	3162392	2937282

表 5-28 0~64 岁男性层与 65 岁及以上男性层协方差计算

($\widetilde{TSE}_{v=1}=342831$, $\widetilde{TSE}_{v=3}=44394$)

剔除层 s 小区 t	n_h	$\widetilde{TSE}_{v=1}^{(st)}$	$\widetilde{TSE}_{v=3}^{(st)}$	$\left[\widetilde{TSE}_{v=1}^{(st)} - 342831\right] \times \left[\widetilde{TSE}_{v=3}^{(st)} - 44394\right]$	$(n_h-1)/n_h \left[\widetilde{TSE}_{v=1}^{(st)} - 342831\right] \times \left[\widetilde{TSE}_{v=3}^{(st)} - 44394\right]$
1	$n_1=20$	342610.528	44345.4	10714.94	10179.19
2	$n_1=20$	343315.558	44801.3	198175.1	188265.3
3	$n_1=20$	342305.554	44138.4	134304.0	127588.8
4	$n_1=20$	343109.357	44670.7	77021.38	73170.31

续表

剔除层 s 小区 t	n_h	$\widehat{\widehat{TSE}}_{v=1}^{(st)}$	$\widehat{\widehat{TSE}}_{v=3}^{(st)}$	$\left[\widehat{\widehat{TSE}}_{v=1}^{(st)} - 342831\right] \times \left[\widehat{\widehat{TSE}}_{v=3}^{(st)} - 44394\right]$	$(n_h-1)/n_h \left[\widehat{\widehat{TSE}}_{v=1}^{(st)} - 342831\right] \times \left[\widehat{\widehat{TSE}}_{v=3}^{(st)} - 44394\right]$
5	$n_1=20$	342443.197	44159.1	91094.92	86540.18
6	$n_1=20$	342755.036	44422.8	−2130.160	−2023.660
7	$n_1=20$	342755.036	44422.8	−2130.160	−2023.66
8	$n_1=20$	344095.439	44518.6	157798.3	149908.4
9	$n_1=20$	341545.611	44049.5	442815.5	420675.7
10	$n_1=20$	342085.556	44193.2	149283.6	141819.4
11	$n_1=20$	342865.44	44388.0	−212.6400	−202.008
12	$n_1=20$	343721.815	44540.0	130059.0	123555.0
13	$n_1=20$	342863.763	44335.9	−1838.000	−1745.100
14	$n_1=20$	342863.763	44355.9	−1248.270	−1185.860
15	$n_1=20$	341684.193	44255.9	156080.4	148275.4
16	$n_1=20$	343802.384	44509.79	112475.6	106852.7
17	$n_1=20$	342780.295	44419.27	−1281.320	−1215.250
18	$n_1=20$	342754.497	44485.52	−7154.560	−6795.830
19	$n_1=20$	342754.497	44451.03	−4362.970	−4144.820
20	$n_1=20$	342754.497	44422.05	−2145.910	−2038.610
21	$n_2=10$	342335.704	44395.05	−1505.600	−1355.840
22	$n_2=10$	343068.974	44219.05	−41633.60	−37470.20
23	$n_2=10$	343249.156	44425.3	13505.44	12155.79
24	$n_2=10$	342998.245	44321.96	−12048.30	−10843.50
25	$n_2=10$	342761.895	44321.23	5028.771	4525.894
26	$n_2=10$	342615.019	44555.17	−34809.70	−31328.70
27	$n_2=10$	342768.232	44425.22	−1959.620	−1763.660
28	$n_2=10$	342179.21	44561.46	−1091490	−98233.90
29	$n_2=10$	343622.639	44310.82	−65848.50	−59263.70
30	$n_2=10$	342978.885	44468.5	11015.43	9915.689
合计	—	—	—	1399917	1341792

表 5 – 29 0~64 岁男性层与 65 岁及以上女性层协方差计算

$$(\widehat{TSE}_{v=1} = 342831, \widehat{TSE}_{v=4} = 43278)$$

剔除层 s 小区 t	n_h	$\widehat{TSE}_{v=1}^{(st)}$	$\widehat{TSE}_{v=4}^{(st)}$	$\left[\widehat{TSE}_{v=1}^{(st)} - 342831\right] \times$ $\left[\widehat{TSE}_{v=4}^{(st)} - 43278\right]$	$(n_h - 1)/n_h \left[\widehat{TSE}_{v=1}^{(st)} - 342831\right] \times$ $\left[\widehat{TSE}_{v=4}^{(st)} - 43278\right]$
1	$n_1 = 20$	342610.528	43278.02	-4.409440	-4.188970
2	$n_1 = 20$	343315.558	43585.58	149655.5	142172.7
3	$n_1 = 20$	342305.554	43085.36	100171.0	95162.47
4	$n_1 = 20$	343109.357	43431.79	42808.52	40668.10
5	$n_1 = 20$	342443.197	43278.02	-5.756060	-5.368260
6	$n_1 = 20$	342755.036	43332.14	-4004.410	-3804.190
7	$n_1 = 20$	342755.036	43332.14	-4004.410	-3804.190
8	$n_1 = 20$	344095.439	43464.95	236760.8	224922.7
9	$n_1 = 20$	341545.611	42985.87	375500.7	356725.7
10	$n_1 = 20$	342085.556	43155.82	90833.99	86292.29
11	$n_1 = 20$	342865.44	43445.38	6002.827	5702.686
12	$n_1 = 20$	343721.815	43275.02	-1763.810	-1675.620
13	$n_1 = 20$	342863.763	43265.18	-385.2590	-365.8960
14	$n_1 = 20$	342863.763	43265.18	-385.2590	-365.8960
15	$n_1 = 20$	341684.193	43685.94	-4678280	-444435.0
16	$n_1 = 20$	343802.384	42885.69	-3791410	-360184.0
17	$n_1 = 20$	342780.295	43085.47	9762.234	9274.122
18	$n_1 = 20$	342754.497	43219.52	4473.895	4250.201
19	$n_1 = 20$	342754.497	43219.52	4473.895	4250.201
20	$n_1 = 20$	342754.497	43219.52	4473.895	4250.201
21	$n_2 = 10$	342335.704	43181.23	47833.02	43049.72
22	$n_2 = 10$	343068.974	43181.23	-23028.70	-20725.90
23	$n_2 = 10$	343249.156	43161.06	-48899.20	-44009.20
24	$n_2 = 10$	342998.245	43189.59	-14785.10	-13305.50
25	$n_2 = 10$	342761.895	43504.62	-15660.60	-14094.50
26	$n_2 = 10$	342615.019	43189.61	19090.56	17181.50
27	$n_2 = 10$	342768.232	43355.4	-4921.010	-4428.910
28	$n_2 = 10$	342179.21	43235.41	27105.95	24395.15

续表

剔除层 s 小区 t	n_h	$\widehat{\widehat{TSE}}_{v=1}^{(st)}$	$\widehat{\widehat{TSE}}_{v=4}^{(st)}$	$\left[\widehat{\widehat{TSE}}_{v=1}^{(st)} - 342831\right] \times \left[\widehat{\widehat{TSE}}_{v=4}^{(st)} - 43278\right]$	$(n_h-1)/n_h \left[\widehat{\widehat{TSE}}_{v=1}^{(st)} - 342831\right] \times \left[\widehat{\widehat{TSE}}_{v=4}^{(st)} - 43278\right]$
29	$n_2=10$	343622.639	43469.14	151313.9	136182.5
30	$n_2=10$	342978.885	43362.67	12521.42	11269.28
合计	—	—	—	317959.8	294533.3

表 5-30 0~64 岁女性层与 65 岁及以上男性层协方差计算

($\widehat{\widehat{TSE}}_{v=2} = 336587$, $\widehat{\widehat{TSE}}_{v=3} = 44394$)

剔除层 s 小区 t	n_h	$\widehat{\widehat{TSE}}_{v=2}^{(st)}$	$\widehat{\widehat{TSE}}_{v=3}^{(st)}$	$\left[\widehat{\widehat{TSE}}_{v=2}^{(st)} - 336587\right] \times \left[\widehat{\widehat{TSE}}_{v=3}^{(st)} - 44394\right]$	$(n_h-1)/n_h \left[\widehat{\widehat{TSE}}_{v=2}^{(st)} - 336587\right] \times \left[\widehat{\widehat{TSE}}_{v=3}^{(st)} - 44394\right]$
1	$n_1=20$	336693.6	44345.4	-5180.760	-4921.720
2	$n_1=20$	336845.7	44801.3	106183.1	100874.0
3	$n_1=20$	336015.7	44138.4	145513.1	138235.4
4	$n_1=20$	336693.6	44670.7	29495.22	28021.41
5	$n_1=20$	336343.6	44159.1	57174.66	54315.93
6	$n_1=20$	336519.1	44422.8	-1955.520	-1855.740
7	$n_1=20$	336519.1	44422.8	-1955.520	-1855.740
8	$n_1=20$	336735.6	44518.6	18640.16	17708.15
9	$n_1=20$	336905.2	44049.5	-1103090	-1047930
10	$n_1=20$	335928.5	44193.2	132225.8	125615.5
11	$n_1=20$	336708.7	44388.0	-730.200	-693.6900
12	$n_1=20$	336314.4	44540.0	-39799.6	-37809.60
13	$n_1=20$	336519.2	44335.9	3803.58	3613.401
14	$n_1=20$	336519.2	44355.9	2583.18	2454.021
15	$n_1=20$	336203.2	44255.9	52235.2	49623.42
16	$n_1=20$	337421	44509.79	96568.8	91740.42
17	$n_1=20$	336225.7	44419.27	-9079.51	-8625.540
18	$n_1=20$	336615.4	44485.52	2843.00	2700.858
19	$n_1=20$	336615.4	44451.03	1733.71	1645.026
20	$n_1=20$	336615.4	44422.05	852.720	810.0840

续表

剔除层 s 小区 t	n_h	$\widetilde{TSE}_{v=2}^{(st)}$	$\widetilde{TSE}_{v=3}^{(st)}$	$\left[\widetilde{TSE}_{v=2}^{(st)} - 336587\right] \times \left[\widetilde{TSE}_{v=3}^{(st)} - 44394\right]$	$(n_h-1)/n_h \left[\widetilde{TSE}_{v=2}^{(st)} - 336587\right] \times \left[\widetilde{TSE}_{v=3}^{(st)} - 44394\right]$
21	$n_2=10$	336399.8	44395.05	-570.960	-513.8640
22	$n_2=10$	336714.8	44219.05	-22358.6	-20122.70
23	$n_2=10$	337010.4	44425.3	13675.8	12308.24
24	$n_2=10$	336815.6	44321.96	-16612.4	-14951.20
25	$n_2=10$	336495.4	44321.23	6520.19	5868.173
26	$n_2=10$	336005.8	44555.17	-93510.8	-84159.80
27	$n_2=10$	336331.1	44425.22	-7989.20	-7190.280
28	$n_2=10$	336205.4	44561.46	-63902.7	-57512.50
29	$n_2=10$	337305.5	44310.82	-59764.8	-53788.30
30	$n_2=10$	336831.6	44468.5	18222.7	16400.43
合计	—	—	—	254553.4	253140.3

表 5-31 0~64 岁女性层与 65 岁及以上女性层协方差计算

($\widetilde{TSE}_{v=2}=336587$, $\widetilde{TSE}_{v=4}=43278$)

剔除层 s 小区 t	n_h	$\widetilde{TSE}_{v=2}^{(st)}$	$\widetilde{TSE}_{v=4}^{(st)}$	$\left[\widetilde{TSE}_{v=2}^{(st)} - 336587\right] \times \left[\widetilde{TSE}_{v=4}^{(st)} - 43278\right]$	$(n_h-1)/n_h \left[\widetilde{TSE}_{v=2}^{(st)} - 336587\right] \times \left[\widetilde{TSE}_{v=4}^{(st)} - 43278\right]$
1	$n_1=20$	336693.6	43278.02	2.132000	2.025400
2	$n_1=20$	336845.7	43585.58	80185.11	76175.80
3	$n_1=20$	336015.7	43085.36	108531.4	103104.8
4	$n_1=20$	336693.6	43431.79	16394.01	15574.31
5	$n_1=20$	336343.6	43278.02	-4.868000	-4.624600
6	$n_1=20$	336519.1	43332.14	-3675.110	-3492.300
7	$n_1=20$	336519.1	43332.14	-3675.110	-3492.300
8	$n_1=20$	336735.6	43464.95	27965.72	26569.33
9	$n_1=20$	336905.2	42985.87	-9354000	-8886300
10	$n_1=20$	335928.5	43155.82	80455.53	76432.75
11	$n_1=20$	336708.7	43445.38	20613.55	19582.87
12	$n_1=20$	336314.4	43275.02	539.7480	512.7606

续表

剔除层 s 小区 t	n_h	$\widehat{\widetilde{TSE}}_{v=2}^{(st)}$	$\widehat{\widetilde{TSE}}_{v=4}^{(st)}$	$\left[\widehat{\widetilde{TSE}}_{v=2}^{(st)} - 336587\right] \times \left[\widehat{\widetilde{TSE}}_{v=4}^{(st)} - 43278\right]$	$(n_h-1)/n_h \left[\widehat{\widetilde{TSE}}_{v=2}^{(st)} - 336587\right] \times \left[\widehat{\widetilde{TSE}}_{v=4}^{(st)} - 43278\right]$
13	$n_1=20$	336519.2	43265.18	801.3960	761.3262
14	$n_1=20$	336519.2	43265.18	801.3960	761.3262
15	$n_1=20$	336203.2	43685.94	-1565670	-1487390
16	$n_1=20$	337421	42885.69	-3255190	-3092430
17	$n_1=20$	336225.7	43085.47	69175.03	65715.23
18	$n_1=20$	336615.4	43219.52	-1775.790	-1688.90
19	$n_1=20$	336615.4	43219.52	-1775.790	-1688.90
20	$n_1=20$	336615.4	43219.52	-1775.790	-1688.90
21	$n_2=10$	336399.8	43181.23	18115.34	16303.81
22	$n_2=10$	336714.8	43181.23	-12365.20	-11130.50
23	$n_2=10$	337010.4	43161.06	-49512.40	-44561.20
24	$n_2=10$	336815.6	43189.59	-20385.30	-18348.60
25	$n_2=10$	336495.4	43504.62	-20305.20	-18274.60
26	$n_2=10$	336005.8	43189.61	51283.88	46155.49
27	$n_2=10$	336331.1	43355.4	-20062.60	-18055.30
28	$n_2=10$	336205.4	43235.41	15870.74	14283.67
29	$n_2=10$	337305.5	43469.14	137334.1	123600.7
30	$n_2=10$	336831.6	43362.67	20710.28	18639.25
合计	—	—	—	-62165.70	-65093.30

表 5-32　65 岁及以上男性层与 65 岁及以上女性层协方差计算

$(\widehat{\widetilde{TSE}}_{v=3} = 44394,\ \widehat{\widetilde{TSE}}_{v=4} = 43278)$

剔除层 s 小区 t	n_h	$\widehat{\widetilde{TSE}}_{v=3}^{(st)}$	$\widehat{\widetilde{TSE}}_{v=4}^{(st)}$	$\left[\widehat{\widetilde{TSE}}_{v=3}^{(st)} - 44394\right] \times \left[\widehat{\widetilde{TSE}}_{v=4}^{(st)} - 43278\right]$	$(n_h-1)/n_h \left[\widehat{\widetilde{TSE}}_{v=3}^{(st)} - 44394\right] \times \left[\widehat{\widetilde{TSE}}_{v=4}^{(st)} - 43278\right]$
1	$n_1=20$	44345.4	43278.02	-0.97200	-0.923400
2	$n_1=20$	44801.3	43585.58	125275.3	119013.5
3	$n_1=20$	44138.4	43086.36	48725.58	46291.20
4	$n_1=20$	44670.7	43431.79	42553.69	40425.01

续表

剔除层 s 小区 t	n_h	$\widetilde{TSE}_{v=3}^{(st)}$	$\widetilde{TSE}_{v=4}^{(st)}$	$\left[\widetilde{TSE}_{v=3}^{(st)}-44394\right]\times\left[\widetilde{TSE}_{v=4}^{(st)}-43278\right]$	$(n_h-1)/n_h\left[\widetilde{TSE}_{v=3}^{(st)}-44394\right]\times\left[\widetilde{TSE}_{v=4}^{(st)}-43278\right]$
5	$n_1=20$	44159.1	43278.02	-4.69800	-4.463100
6	$n_1=20$	44422.8	43332.14	1559.232	1481.270
7	$n_1=20$	44422.8	43332.14	1559.232	1481.270
8	$n_1=20$	44518.6	43464.95	23293.97	22129.27
9	$n_1=20$	44049.5	42985.87	100638.8	95605.85
10	$n_1=20$	44193.2	43155.82	24533.74	23305.06
11	$n_1=20$	44388.0	43445.38	-1015.28	-965.4660
12	$n_1=20$	44540.0	43275.02	-289.080	-274.6260
13	$n_1=20$	44335.9	43265.18	663.102	629.9469
14	$n_1=20$	44355.9	43265.18	450.342	425.8249
15	$n_1=20$	44255.9	43685.94	-55520.6	-52744.60
16	$n_1=20$	44509.79	42885.69	-451940	-42934.30
17	$n_1=20$	44419.27	43085.47	-4865.23	-4621.970
18	$n_1=20$	44485.52	43219.52	-5469.05	-5195.600
19	$n_1=20$	44451.03	43219.52	-3335.11	-3168.360
20	$n_1=20$	44422.05	43219.52	-1640.36	-1558.350
21	$n_2=10$	44395.05	43181.23	-295.149	-265.6340
22	$n_2=10$	44219.05	43181.23	16929.91	15235.92
23	$n_2=10$	44425.3	43161.06	-3775.16	-3399.450
24	$n_2=10$	44321.96	43189.59	6369.056	5732.151
25	$n_2=10$	44321.23	43504.62	-16491.1	-1484200
26	$n_2=10$	44555.17	43189.61	-14245.8	-12821.2
27	$n_2=10$	44425.22	43355.4	2445.648	2202.883
28	$n_2=10$	44561.46	43235.41	-6964.66	-6268.200
29	$n_2=10$	44310.82	43469.14	-1589900	-14309.10
30	$n_2=10$	44468.50	43362.67	6305.915	5675.123
合计	—	—	—	226303.2	216268.9

6. 计算总体抽样方差

根据式（5.69）至式（5.72），依据表 5-27 至表 5-32，得到总体抽样方差。计算结果如表 5-33 所示。

表 5-33　总体实际人数估计值抽样方差计算

等概率人口层	0~64 岁男性层	0~64 岁女性层	65 岁及以上男性层	65 岁及以上女性层	合计
0~64 岁男性层	8769935.0	2937282.0	1341792.0	294533.3	13343543
0~64 岁女性层	2937282.0	3283180.0	253140.3	-65093.3	6408509
65 岁及以上男性层	1341792.0	253140.3	680823.7	216268.9	2492025
65 岁及以上女性层	294533.3	-65093.3	216268.9	792073.8	1237783
合计	13343543	6408509	2492025	1237783	23481860

从表 5-33 可以看出，总体抽样方差为 23481860，抽样标准误差为 4845 人，即估计的总体实际人数与这个总体的实际人数平均差异为 4845 人，变异系数为 0.006316（4845/767090）。这表明总体实际人数估计精度较高，所使用的三系统估计量有效。

7. 计算总体人口普查净覆盖误差

由于 2017 年是非普查年，因而未能得到某行政区的普查登记人数。由于净覆盖误差的定义为总体实际人数与普查登记人数之差，所以在这里无法进行净覆盖误差实证分析，计算净覆盖误差及其抽样方差。只要有了某行政区的人数估计值，按照式（5.73）至式（5.76），只需用其减去普查登记人数，就可以很容易地计算其净覆盖误差及抽样方差估计值。

三　三系统估计量与双系统估计量数据结果比较

使用表 5-5 至表 5-10 及式（5.77）至式（5.81）得到基于双系统估计量的等概率人口层及总体实际人数估计值和抽样方差估计值，如表 5-34 和表 5-35 所示。

表 5-34 基于双系统估计量的等概率人口层及总体实际人数估计值

单位：人

估计值	0~64 岁男性层	0~64 岁女性层	65 岁及以上男性层	65 岁及以上女性层
等概率人口层	349776	337454	41446	41426
总体	770102			

比较表 5-13 和表 5-34，发现三系统估计量和双系统估计量计算的等概率人口层及总体实际人数估计值存在差异。使用双系统估计量估计的总体人数为 770102 人，大于三系统估计量提供的总体实际人数 767090 人。如果以三系统估计量的估计结果为标准，那么双系统估计量高估 0~64 岁男性层和 0~64 岁女性层人数，而低估 65 岁及以上男性层和 65 岁及以上女性层人数。事后计数调查实践表明：65 岁及以上男性或女性，参与普查后更愿意参与事后计数调查，这两项调查的匹配人数多，而匹配人数是双系统估计量的分母，相应增大了分母，使得双系统估计量相对两项调查独立情形估计的人数偏低；0~64 岁男性或女性，参与普查后，有一部分人外出，或参与事后计数调查的积极性下降，使得这两项调查的匹配人数减少，双系统估计量高估了人数。

表 5-35 基于双系统估计量的等概率人口层及总体抽样方差

等概率人口层	0~64 岁男性层	0~64 岁女性层	65 岁及以上男性层	65 岁及以上女性层	合计
0~64 岁男性层	17035355	1537015	466791	142507	19181668
0~64 岁女性层	1537015	5932500	-105707	-36449	7327359
65 岁及以上男性层	466791	-105707	509058	196910	1067052
65 岁及以上女性层	142507	-36449	196910	854529	1157497
合计	19181668	7327359	1067052	1157497	28733576

比较表 5-33 和表 5-35，发现双系统估计量估计的总体实际人数的抽样标准误差为 5360 人，而三系统估计量估计的总体实际人数的抽样标准误差为 4845 人，可见就总体估计精度来看，三系统估计量的估计精度高于双系统估计量。除 65 岁及以上男性层外，三系统估计量提供的其他等概率人口层的抽样标准误差都小于双系统估计量。因此，从估计精度来看，三系统估计量优于双系统估计量。

四 抽样登记且无人口移动的三系统估计量

(一) 基本情况及样本资料

通过自行组织调查，我们获得了某街道的 7 个社区的 6 个样本小区的普查人口名单、事后计数调查人口名单及行政记录人口名单。该街道共有 13 个社区，其中 7 个社区的负责人提供数据。以 7 个社区为实证对象。这 7 个社区共有 200 个普查小区。在第一重抽样中，以普查小区为抽样单位，从 200 个普查小区中简单随机抽取 10 个。在第二重抽样中，首先对第一重样本普查小区，按照住房单元规模分为两层：中型层，每个小区含住房单元 70 ~ 90 个；其他层，每个小区含住房单元 70 个以下或 90 个以上。然后，仍然以普查小区为抽样单位，分别从每个新层简单随机抽取 4 个和 2 个普查小区。为便于叙述，这 6 个样本普查小区分别用 1、2、3、4、5、6 表示。抽样结果及样本普查小区的抽样权数如表 5 - 36 所示。

表 5 - 36 样本形成及抽样权数

N	n	w_i	g	n_g	r_g	w_g	α_{ig}
200	10	20	$g=1$	6	4	1.5	30
200	10	20	$g=2$	4	2	2	40

在三系统估计量的实证分析中，需要选择恰当变量对总体人口分层（我国迄今尚未在人口普查净覆盖误差估计中对总体人口等概率分层）。基于加权优比排序法，参照美国最近三次人口普查质量评估等概率分层方案，同时结合我国人口实际状况，本书理应选择房屋所有权、文化程度、婚姻状况、普查小区人口的流动性、年龄和性别，对 7 个社区的 200 个普查小区的全部人口分层。这些变量交叉分层，形成若干等概率人口层。然而受样本规模所限，一些分层变量不得不舍弃，或合并一些交叉层，使每个等概率人口层的样本人口达到一定规模，减少实际人数估计值的抽样方差。但为便于全面演示三系统估计量及其抽样方差估计量的计算过程，我们只是使用性别和年龄对 200 个样本普查小区的人口进行等概率分层。共分为 6 层：男 0 ~ 14 岁；男 15 ~ 59 岁；男 60 岁及以上；女 0 ~ 14 岁；女 15 ~ 59 岁；女 60 岁及以上。每个等概率人口层及各个单元的样本常住人数分别如表 5 - 37 和表 5 - 38 所示。

表5-37 各个等概率人口层样本普查小区的未加权样本常住人数

单位：人

等概率人口层	样本普查小区					
	1	2	3	4	5	6
男 0~14 岁	22	24	33	18	20	20
男 15~59 岁	91	98	96	77	89	85
男 60 岁及以上	17	18	16	15	19	18
女 0~14 岁	19	22	21	15	19	19
女 15~59 岁	84	90	92	73	81	80
女 60 岁及以上	17	18	19	12	16	16
合计	250	270	277	210	244	238

表5-38 样本普查小区的等概率人口层各个单元的未加权样本常住人数

单位：人

样本普查小区及等概率人口层	x_{111v}	x_{112v}	x_{122v}	x_{121v}	x_{211v}	x_{212v}	x_{221v}
1 男 0~14 岁	8	4	1	3	3	1	2
1 男 15~59 岁	25	16	7	14	14	7	8
1 男 60 岁及以上	6	4	1	2	1	1	2
1 女 0~14 岁	6	4	0	3	3	1	2
1 女 15~59 岁	24	15	6	13	13	6	7
1 女 60 岁及以上	6	3	1	2	2	1	2
2 男 0~14 岁	7	5	2	4	3	1	2
2 男 15~59 岁	25	18	7	16	15	8	9
2 男 60 岁及以上	6	4	1	2	2	1	2
2 女 0~14 岁	8	4	1	3	3	1	2
2 女 15~59 岁	25	16	7	13	14	7	8
2 女 60 岁及以上	6	4	1	3	2	0	2
3 男 0~14 岁	7	4	2	3	3	2	2
3 男 15~59 岁	25	18	7	16	15	7	8
3 男 60 岁及以上	5	3	1	2	2	1	2
3 女 0~14 岁	7	4	1	3	3	1	2

续表

样本普查小区及等概率人口层	x_{111v}	x_{112v}	x_{122v}	x_{121v}	x_{211v}	x_{212v}	x_{221v}
3 女 15～59 岁	25	17	7	14	14	7	8
3 女 60 岁及以上	6	3	2	3	2	1	2
4 男 0～14 岁	6	3	1	3	2	1	2
4 男 15～59 岁	22	14	5	12	13	5	6
4 男 60 岁及以上	4	3	1	2	3	1	1
4 女 0～14 岁	5	3	1	2	2	1	1
4 女 15～59 岁	21	13	5	12	11	5	6
4 女 60 岁及以上	4	2	1	1	2	1	1
5 男 0～14 岁	6	4	1	3	3	1	2
5 男 15～59 岁	24	16	6	15	15	6	7
5 男 60 岁及以上	6	4	1	3	2	1	2
5 女 0～14 岁	6	4	0	3	3	1	2
5 女 15～59 岁	24	14	6	13	13	5	6
5 女 60 岁及以上	5	3	1	3	2	1	1
6 男 0～14 岁	6	4	1	3	3	1	2
6 男 15～59 岁	24	15	5	14	14	6	7
6 男 60 岁及以上	6	4	1	3	2	1	1
6 女 0～14 岁	6	4	1	2	3	1	2
6 女 15～59 岁	23	14	6	13	12	5	7
6 女 60 岁及以上	5	3	1	2	3	1	1

（二）三系统估计量的选择

依据表 5-36 至表 5-38 的数据，以及式（5.27）得到各个等概率人口层的 χ^2 值（见表 5-39）。

表 5-39 各个等概率人口层的 χ^2 值

等概率人口层	基于模型 2	基于模型 6	基于模型 12
男 0～14 岁	0	32.13	419.06
男 15～59 岁	0	169.90	1461.14
男 60 岁及以上	0	27.13	415.97
女 0～14 岁	0	91.83	450.75

续表

等概率人口层	基于模型 2	基于模型 6	基于模型 12
女 15~59 岁	0	79.41	1277.49
女 60 岁及以上	0	13.95	298.26

给定显著性水平 $\alpha=0.05$,基于模型 6 的 $\chi^2_{2,0.05}=5.991$,基于模型 12 的 $\chi^2_{1,0.05}=3.841$。从表 5-39 可以看出,基于模型 6 和模型 12 的每个等概率人口层的 χ^2 值与基于模型 2 的 χ^2 值的差都大于显著性水平,模型 6 和模型 12 都不适合于拟合既定数据,因而选择模型 2 拟合既定数据。相应地,选择这种模型的三系统估计量,即用式(5.29)的三系统估计量估计总体实际人数。事实上,模型 2 是饱和对数线性模型,自然适合于既定数据拟合。

(三) 实际人数估计值及净误差估计值

根据有关公式,以及表 5-36 至表 5-38 的数据,得到各个等概率人口层及总体的实际人数、净误差及净误差率的估计值(见表 5-40)。表 5-40 中的普查人数来源于对 7 个社区组织的住户的全面调查。

表 5-40 等概率人口层及总体净误差估计值

单位:人,%

等概率人口层	普查人数	实际人数	净误差	净误差率
男 0~14 岁	4700	4855	155	3.19
男 15~59 岁	19753	20208	455	2.25
男 60 岁及以上	3990	4054	64	1.58
女 0~14 岁	4549	4696	147	3.13
女 15~59 岁	18315	18726	411	2.19
女 60 岁及以上	3616	3665	49	1.34
总体	54923	56204	1281	2.28

表 5-40 表明:①总体净误差为 1281 人,它等于 6 个等概率人口层净误差的总和;②总体净误差率为 2.28%(1281/56204),表明每 100 人中平均有 2.28 人应该在普查中登记却未登记;③各等概率人口层净误差率存在较大差异,反映出不同年龄、不同性别人口在普查中的登记概率存在差异,男性比女性的净误差率高,年龄小的比年龄大的净误差率高,在 6 个

等概率人口层中，"男 0~14 岁"的净误差率最高，而"女 60 岁及以上"净误差率最低，这源于有些父母在普查登记中漏报孩子，尤其是超生婴儿，60 岁及以上女性相比男性和其他年龄的人口流动性低，在普查中漏报的可能性小；④性别和年龄对净误差率有显著影响，表明用性别和年龄对总体人口进行等概率分层是合理的选择。

（四）抽样方差及协方差计算

依据表 5-35 至表 5-38 数据，以及式（5.63）至式（5.72）得到各个等概率人口层及总体人口普查净误差估计值的抽样方差及协方差（见表 5-41）。

表 5-41　等概率人口层及总体的抽样方差及协方差

等概率人口层	男 0~14 岁	男 15~59 岁	男 60 岁及以上	女 0~14 岁	女 15~59 岁	女 60 岁及以上	合计
男 0~14 岁	2496966	9166660	2267143	3772357	7664668	1452065	26819859
男 15~59 岁	9166660	33697805	8348824	13855001	28144991	5331435	98544716
男 60 岁及以上	2267143	8348824	2082548	3438259	6960015	1312740	24409529
女 0~14 岁	3772357	13855001	3438259	5712249	11581405	2188341	40547612
女 15~59 岁	7664668	28144991	6960015	11581405	23538942	4464231	82354252
女 60 岁及以上	1452065	5331435	1312740	2188341	4464231	855381	15604193
合计	26819859	98544716	24409529	40547612	82354252	15604193	288280161

采用三系统估计量估计的总体实际人数及净误差的精度，要用抽样方差来衡量。抽样方差越小，表明两者之间的差异程度也越小，所抽取的样本的代表性越大。表 5-41 从左到右对角线上的数据表示各个等概率人口层净误差估计值的抽样方差，例如"男 0~14 岁"的抽样方差为 2496966，抽样标准误差为 1580 人。总体的抽样方差等于 6 个等概率人口层的抽样方差及 2 倍协方差的总和，为 288280161，抽样标准误差为 16978 人。表 5-41 中协方差都为正，表明等概率人口层之间呈正相关，使总体抽样方差增大。"女 60 岁及以上"的抽样方差 855381 最小，而"男 15~59 岁"的抽样方差 33697805 最大。

第九节　重要学术观点

第一，使用三系统估计量的重要前提条件是，建立高质量的行政记录人口名单。一份高质量的行政记录人口名单应该尽可能覆盖本样本调查小区的全部人口。由于任何行政记录都有其特定的登记对象、登记目的，所以行政记录人口名单建立的途径不应该是单一来源，而应该是多个来源。美国人口普查局建立行政记录人口名单（系统）的方法是，先合并多个来源的人口行政记录，然后剔除其中的重复人口。美国人口行政记录来源有国税局个人纳税申报文件、国税局收入和其他信息报告文件、医疗保险注册数据库、住房和城市发展公共住房援助部文件、年轻男性服兵役登记制度文件和印第安人健康服务病人记录文件。选择这些行政记录文件是为了最大限度地覆盖人口总体，把它们组合在一起共有 8 亿个人口记录，使用个人社会安全号码和其他辅助方法剔除其中的重复人口记录。户籍系统是中国最重要的人口行政记录，但把它作为人口行政记录系统的唯一来源是不可取的。从事人口行政记录研究的学者知道，中国的户籍系统与北欧等国家的人口登记册不同，它不是一种统计登记制度，不是为了提供人数，而是一种行政管理手段。这就使得户籍登记名单的人口缺失除了概率性缺失之外还多了行政性缺失。中国户籍管理规定，进入当地户籍系统的人是户口在当地的人，户口在异地而常年生活在当地的外来人口没有机会进入该系统。在这种情况下，如果只是把户籍系统作为人口行政记录系统的唯一来源，势必造成该系统遗漏居住在当地的大量外来人口，失去了建立人口行政记录系统的意义。建议把国家统计局最近一次的人口普查和事后计数调查资料及公安部门的户籍系统等作为建立人口行政记录系统的来源。对不同来源的人口重叠部分使用身份证号码和其他方法予以剔除。

第二，人口普查净覆盖误差估计需要的是抽样登记的三系统估计量，而不是全面登记的三系统估计量，但后者为前者的构造提供了基础。全面登记的三系统估计量各个构成要素（单元）是子总体指标，而不是估计量。应用全面登记的三系统估计量需要获得子总体指标。不完整三维列联表、对数线性模型和最大似然估计是构造全面登记的三系统估计量的重要工具。全面登记的三系统估计量的方差使用 Delta 方差公式计算。虽然普查人口名单及行政记录人口名单是对同一总体人口的全面登记，但由于事后计数调查人口名单是对总体人口的抽样登记，所以在构造三系统估计量时出现了三份名单对同一总体人口登记范围的不一致。解决这个难题的办法是，取这三份名单的重叠部分，即抽样登记的那一部分，在这个部分构造抽样登记的三系统估计量。

第三，应用三系统估计量必须确保三个系统人口的正确分类。三系统估计量的有效性不仅取决于所采取的模型多么适合于现实情况的描述，还与能否把三个系统的三份名单中的人进行合理的认定或指定有关。这包括三方面的情况：一是名单中的每个人是否属于普查目标总体，如果不属于，就应该从名单中剔除；二是能否在三份名单之间进行正确的比对，并将比对结果划分到交叉类中；三是能否把每个交叉类中的人划分到相应的等概率人口层。从第一方面的情况来看，每份名单不应该包括本次普查标准时点之前死亡或之后出生的人口以及重复登记的人口或错误报告地址的人口。从第二方面的情况来看，如果每份名单能够详细准确登记每个人的姓名及其人口统计特征，那么三份名单之间的人口记录比对工作就会顺利实施，出现比对误差的概率较小。比对误差会把本来应该归于同时在三份名单登记的交叉类中的人，错误地归于其他交叉类中。在三个系统之间存在比对误差的情况下，三系统估计量可能不如双系统估计量。也就是说，三系统估计量的相对优势可能会因比对误差而减少甚至消失。利用少量三维列联表单元数的三系统估计量受比对误差的影响小，相应地，对总体人数估计的精度高于其他三系统估计量。从第三方面的情况来看，在将交叉类中的人分配到等概率人口层时，可能发生分配困难或错误分配的情况。某人在比对工作结束后归于交叉类"同时在三份名单登记"，他在三份名单中报告的年龄分别是 27 岁、28 岁和 30 岁。如果某个等概率人口层的年龄只包括 28～30 岁，那么就难以正确分配到相应的等概率人口层。建议中国加强人口名单比对技术，尽可能降低比对误差对三系统估计量估计结果的影响。

第四，三系统估计量和双系统估计量一样，须在登记概率相同的同质人口总体中构造。为此，需要在抽取样本之后选择与登记概率具有较强统计相依关系的变量对样本进行抽样后分层。在样本量足够的情况下，应该选择尽可能多的变量对总体人口等概率分层。如果受样本总量所限而不得不舍弃部分分层变量,那就选择重要的分层变量。加权优比排序法比较好地解决了如何在样本量有限的情况下选择重要分层变量对总体人口分层的技术难题。在选择重要分层变量时,还要考虑到变量值是否实际上能够获得。个人性格虽然是影响人们是否参与人口普查的重要变量,但很难知悉一个人的性格,因此不应该把性格作为对总体人口分层的重要变量。如果样本量过小,以致重要的分层变量也不得不舍弃,就构造基于 Logistic 回归模型的三系统估计量。

第五,双系统估计量和三系统估计量都属于复杂估计量,其抽样方差有两个方面的含义。一是用普查目标总体全面调查结果构造双系统估计量或三系统估计量时所产生的方差;二是事后计数调查采用有限总体概率抽样时所产生的方差。要把二者结合起来计算一个完整的方差,靠一个简单的表达式是难以实现的。因此,其抽样方差一般只能近似计算。虽然泰勒线性方差估计量可以得到它们的抽样方差的精确解,但过程十分复杂。复制方法是具有实际应用价值的方差估计方法。分层刀切抽样方差估计量是复制方法中应用最为广泛的一种。复制是指每次刀切一个第一重样本普查小区,重新计算第一重样本普查小区的抽样权数,依据它们重新计算单系统估计量的复制值。复制的次数等于第一重样本普查小区的总数目。使用分层刀切抽样方差估计量要注意两点。一是使用它与抽样方法的复杂程度无关,只与估计量的复杂程度及现行抽样调查教材或著作是否给出了这种复杂估计量的抽样方差精确计算公式有关。二是由于各等概率人口层之间并不是相互独立的,所以必须计算等概率人口层之间的协方差。我国著名抽样专家冯士雍和金勇进对刀切法有专门论述。他们首先给出了随机组之间独立情形下刀切法方差计算公式,然后用均值估计量的情形指出,当进行有限总体不重复抽样时(导致随机组之间不独立),若使用独立情形下的刀切法方差公式,会使得它是真实方差的有偏估计。为了矫正这个偏差,须将其乘以有限总体校正系数。迄今包括中国、南非和乌干达在内的发展中国家及绝大多数发达国家的政府统计部门的工作人员都未能掌握分层刀切抽样方差估计量,致使这一方差估计公式得不到应用。建议国家统计局聘请国内这方面的权威专家对工作人员进行培训,使其掌握这一难度较大的计算公式,将其应用于我国今后人口普查净覆盖误差估计中。

第六,最好分别构造无移动者和移动者的三系统估计量。在人口普查与事后计数调查期间不可避免地有人口移动。在考虑人口移动因素条件下，为了更好地实现三系统估计量的等概率要求，应该分别独立构造无移动者、移动者（向内移动者和向外移动者）的三系统估计量。一般地说，移动者的登记概率小于无移动者，未匹配率较高。这一方面是因为移动者在比对工作中容易发生比对误差，另一方面在于在人口普查登记中容易重复或遗漏。提高总体人数估计精度的一个方法是从移动者总体中抽取移动者样本估计移动人数。显然，如果总体中的移动者较少，那么从中抽取的移动者样本中很可能包括很少的移动者甚至移动人数为零。在这样的情况下，根据此样本进行估计将会发生困难，可能导致无法接受的抽样误差。建议我国在使用三系统估计量时，要充分考虑地区的移动者状况。当移动者较多时，分别使用移动者三系统估计量及无移动者三系统估计量估计其数目。当移动人数较少时，与无移动者合并在一起，使用本书提出的三系统估计量估计人数。

第七，用三系统估计量取代双系统估计量是大势所趋。首先，这是充分利用辅助信息的需要。构造双系统估计量时，之所以只引入人口普查这一种辅助信息，而舍弃了质量更高的人口行政记录信息，是因为当时尚缺乏同时使用这两种辅助信息的学术能力。三系统估计量的研究成果标志着上述所需要的学术能力业已达到足够的水平。其次，这是摆脱双系统估计量系统性偏误困扰的需要。系统性偏误是双系统估计量的一个致命缺陷，它是由现实世界无法满足该估计量关于两个资料系统独立的要求造成的。三系统估计量方法中给出了三个资料系统之间各种不同类型统计关系下的无偏估计量公式，不受独立性条件的制约。最后，三系统估计量研究已经达到了投入使用的水平，积累了在特殊人群乃至区域人口中应用的足够的试点经验。然而，三系统估计量比双系统估计量结构复杂、难以理解、计算难度大，所以这种替代将是一个渐进缓慢的过程。在这个过程中，可能出现各种意想不到的困难，甚至一些国家的政府统计部门的人口普查质量评估工作者重回到使用双系统估计量的老路上去。建议中国加强三系统估计量基础理论研究，在小范围内做试点研究，在政府统计部门内部组织三系统估计量培训，通过案例全面展示三系统估计量的完整计算过程，这有助于三系统估计量早日应用于人口普查质量评估。

附录1 ××国2020年事后计数调查问卷

尊敬的住户成员，希望您抽出宝贵时间填写本表。为表示对您辛勤劳动的感谢，本次事后计数调查为每位住户提供价值20元的小礼品。

本户事后计数调查标准时点地址：_____省_____地（市）_____县（市、区）_____乡（镇、街道）_____普查区_____普查小区

1. 本户2020年事后计数调查标准时点上的本户人数。

①本户2020年事后计数调查标准时点居住在本户的人数（   ）。

②本户2020年事后计数调查标准时点暂时离开本户的人数（   ）。

③本户2020年事后计数调查标准时点暂时居住在本户的人数（   ）。

④本户2020年事后计数调查标准时点居住在本户的大学生、军人和在监狱工作人员的人数（   ）。

2. 本户2020年人口普查标准时点上的本户人数（   ）。

①本户2020年人口普查标准时点居住在本户的人数（   ）。

②本户2020年人口普查标准时点暂时离开本户的人数（   ）。

③本户2020年人口普查标准时点暂时居住在本户的人数（   ）。

④本户2020年人口普查标准时点居住在本户的大学生、军人和在监狱工作人员的人数（   ）。

3. 本户每个人的姓名及其个人信息。

①本户第1人的姓名（   ）、性别（   ）、出生年月日时点（   ）、死亡年月日时点（   ）、民族（   ）、在普查中是否

登记（登记、未登记）及登记的次数（　　　）、与户主的关系（户主、配偶、子女、父母、其他）、受教育程度（未上过学、小学、初中、高中、大学、研究生）。

②本户第 2 人的姓名（　　　　）、性别（　　　　）、出生年月日时点（　　　）、死亡年月日时点（　　　　）、民族（　　　　）、在普查中是否登记（登记、未登记）及登记的次数（　　　）、与户主的关系（户主、配偶、子女、父母、其他）、受教育程度（未上过学、小学、初中、高中、大学、研究生）。

③本户第 3 人的姓名（　　　　）、性别（　　　　）、出生年月日时点（　　　）、死亡年月日时点（　　　　）、民族（　　　　）、在普查中是否登记（登记、未登记）及登记的次数（　　　）、与户主的关系（户主、配偶、子女、父母、其他）、受教育程度（未上过学、小学、初中、高中、大学、研究生）。

④本户第 4 人的姓名（　　　　）、性别（　　　　）、出生年月日时点（　　　）、死亡年月日时点（　　　　）、民族（　　　　）、在普查中是否登记（登记、未登记）及登记的次数（　　　）、与户主的关系（户主、配偶、子女、父母、其他）、受教育程度（未上过学、小学、初中、高中、大学、研究生）。

4. 本户每个人事后计数调查标准时点居住地。

①本户第 1 人事后计数调查标准时点居住地（本样本普查小区、其他普查小区）

②本户第 2 人事后计数调查标准时点居住地（本样本普查小区、其他普查小区）

③本户第 3 人事后计数调查标准时点居住地（本样本普查小区、其他普查小区）

④本户第 4 人事后计数调查标准时点居住地（本样本普查小区、其他普查小区）

5. 本户每个人人口普查标准时点居住地。

①本户第 1 人人口普查标准时点居住地（本样本普查小区、其他普查小区）

②本户第 2 人人口普查标准时点居住地（本样本普查小区、其他普查

小区）

③本户第 3 人人口普查标准时点居住地（本样本普查小区、其他普查小区）

④本户第 4 人人口普查标准时点居住地（本样本普查小区、其他普查小区）

填表说明：

对每个问题括号中给出的答案，请根据您的具体情况予以选择，用记号√表示选择的答案。例如，如果本户第 1 人人口普查标准时点居住地为本样本普查小区，那么标记为：①本户第 1 人人口普查标准时点居住地（本样本普查小区√、其他普查小区）。

对您的配合与支持，我们再次表示感谢！

附录2 分层刀切抽样方差估计量

无论是双系统估计量，还是三系统估计量，都属于复杂估计量。对复杂估计量，国内外相关学者建议使用分层刀切抽样方差估计量近似计算其抽样方差。美国人口普查局在历次人口普查净覆盖误差估计中使用分层刀切抽样方差估计量近似计算双系统估计量的抽样方差。由于普查登记人口数已知，所以净覆盖误差的抽样方差等于双系统估计量或三系统估计量的抽样方差。

现简要介绍分层刀切抽样方差估计量的一般程式。设要估计的总体人数指标为 θ，用样本规模为 n 的样本构造其估计量 $\hat{\theta}$。用分层刀切抽样方差估计量寻求 $\hat{\theta}$ 的方差 $V(\hat{\theta})$ 的估计量 $\widehat{\text{var}}(\hat{\theta})$。首先讨论简单随机抽样情形，然后讨论分层抽样情形。如果采取简单随机抽样，从容量为 n 的样本中剔除样本普查小区 t，计算复制估计量 $\hat{\theta}_{(t)}$，定义伪值估计量 $\hat{\theta}_t$，它依据样本普查小区 t 的数据构造，形式上类似于 $\hat{\theta}$，$\hat{\theta}_t = n\hat{\theta} - (n-1)\hat{\theta}_{(t)}$。现写出 $\widehat{\text{var}}(\hat{\theta})$，并进行推导：

$$\widehat{\text{var}}(\hat{\theta}) \approx \frac{1}{n(n-1)} \sum_{t=1}^{n} (\hat{\theta}_t - \hat{\theta})^2 = \frac{1}{n(n-1)} \sum_{t=1}^{n} \left[n\hat{\theta} - (n-1)\hat{\theta}_{(t)} - \hat{\theta} \right]^2$$

$$= \frac{1}{n(n-1)} \sum_{t=1}^{n} \left[(n-1)\hat{\theta} - (n-1)\hat{\theta}_{(t)} \right]^2 = \frac{1}{n(n-1)} \sum_{t=1}^{n} \left\{ (n-1)[\hat{\theta} - \hat{\theta}_{(t)}] \right\}^2$$

$$= \frac{(n-1)^2}{n(n-1)} \sum_{t=1}^{n} \left[\hat{\theta} - \hat{\theta}_{(t)} \right]^2 = \frac{(n-1)}{n} \sum_{t=1}^{n} [\hat{\theta} - \hat{\theta}_{(t)}]^2 = \frac{(n-1)}{n} \sum_{t=1}^{n} [\hat{\theta}_{(t)} - \hat{\theta}]^2$$

如果采取分层抽样，每个抽样层 h 的伪值估计量为：$\hat{\theta}_{ht} = n_h\hat{\theta} - (n_h - 1)\hat{\theta}_{(ht)}$，总体参数估计量的刀切抽样方差估计量为：

$$\widehat{\mathrm{var}}(\hat{\theta}) = \sum_{h=1}^{H} \frac{n_h - 1}{n_h} \sum_{t=1}^{n_h} [\hat{\theta}_{(ht)} - \hat{\theta}]^2$$

如果在每层采取不重复抽样，上式中还要添加抽样修正因子 $[1 - (n_h/N_h)]$：

$$\widehat{\mathrm{var}}(\hat{\theta}) = \sum_{h=1}^{H} \left(1 - \frac{n_h}{N_h}\right) \frac{n_h - 1}{n_h} \sum_{t=1}^{n_h} [\hat{\theta}_{(ht)} - \hat{\theta}]^2$$

使用 $\widehat{\widehat{DSE}}_v$ 或 $\widehat{\widehat{TSE}}_v$ 替代上式中的 $\hat{\theta}$，$\widehat{\widehat{DSE}}_v^{(st)}$ 或 $\widehat{\widehat{TSE}}_v^{(st)}$ 替代 $\hat{\theta}_{(ht)}$，s、t 分别表示被剔除的第一重样本普查小区 t 所在的层 s。

做了这些约定后，等概率人口层 v 的双系统估计量或三系统估计量的分层刀切抽样方差估计量为：

$$\widehat{\mathrm{var}}(\widehat{\widehat{DSE}}_v) = \sum_{h=1}^{H} \left(1 - \frac{n_h}{N_h}\right) \frac{n_h - 1}{n_h} \sum_{t=1}^{n_h} \left[\widehat{\widehat{DSE}}_v^{(st)} - \widehat{\widehat{DSE}}_v\right]^2$$

$$\widehat{\mathrm{var}}(\widehat{\widehat{TSE}}_v) = \sum_{h=1}^{H} \left(1 - \frac{n_h}{N_h}\right) \frac{n_h - 1}{n_h} \sum_{t=1}^{n_h} \left[\widehat{\widehat{TSE}}_v^{(st)} - \widehat{\widehat{TSE}}_v\right]^2$$

附录3 事后计数调查样本总量测算与分配

附录3，主要参考笔者在《数理统计与管理》上发表的论文《关于我国2010年人口普查事后质量检查样本量测算的建议》和在《统计与信息论坛》上发表的论文《基于设计效应的人口普查事后计数调查样本量测算》。

测算事后计数调查全国样本总量有两种方法：一是直接测算法；二是间接测算法。直接测算法是指，如果采取简单抽样方案，如简单随机抽样或简单均值估计量，那么在既定极限误差一定情况下，从估计量抽样方差公式解出样本总量。间接测算法是指，如果采取较为复杂的抽样方案，如分层抽样、分层二重抽样、双系统估计量或三系统估计量，那么使用设计效应间接测算全国样本总量。以2020年事后计数调查全国样本总量测算为例，说明间接测算法的测算原理或其基本步骤。

一　计算2010年较为复杂抽样方案的设计效应

$$\widehat{Deff}_{2010A} = \frac{\text{var}_A\left(\widehat{DSE}_U\right)}{\text{var}_{SRS}\left(\widehat{SME}_U\right)} \quad (1)$$

分子为2010年抽样方案为A的总体U的双系统估计量$\widehat{DSE}_U$抽样方差，采用刀切法近似计算，分母为2010年简单随机抽样下使用样本平均人数与总体普查小区数目相乘得到的总体人数估计量的抽样方差。

$$\operatorname{var}\left(\widehat{\widehat{DSE}}_v\right) = \sum_{s=1}^{H}\sum_{t=1}^{n_s}\left(1-\frac{n_s}{N_s}\right)\left(\frac{n_s-1}{n_s}\right)\left[\widehat{\widehat{DSE}}_v^{(st)} - \widehat{\widehat{DSE}}_v\right]^2 \quad (2)$$

s、t 分别表示被刀切的样本普查小区所在的层及被刀切掉的样本普查小区，$\widehat{\widehat{DSE}}_v^{(st)}$ 称为等概率人口层 v 的双系统估计量的复制估计量。

$$\widehat{\widehat{DSE}}_v = \frac{\widehat{CE}_v \widehat{P}_v}{\widehat{M}_v} \quad (3)$$

式 (3) 中，$\widehat{CE}_v$ 为等概率人口层 v 的普查正确登记人数估计量，$\widehat{P}_v$ 为层 v 的事后计数调查人数估计量，$\widehat{M}_v$ 为层 v 的事后计数调查与普查匹配人数估计量，即同时登记在普查和事后计数调查人数估计量，$\widehat{\widehat{DSE}}_v$ 为层 v 实际人数的双系统估计量，估计层 v 的实际人数。

$\widehat{CE}_v$、$\widehat{P}_v$ 和 $\widehat{M}_v$ 统一用公式 (4) 表示为：

$$\widehat{Y}_v = \sum_{h=1}^{H}\sum_{i=1}^{n_h} w_{hi} y_{hiv} \quad (4)$$

$$w_{hi} = \frac{N_h}{n_h} \quad (5)$$

$$\widehat{\widehat{DSE}}_v^{(st)} = \frac{\widehat{CE}_v^{(st)} \widehat{P}_v^{(st)}}{\widehat{M}_v^{(st)}} \quad (6)$$

复制估计量 $\widehat{CE}_v^{(st)}$、$\widehat{P}_v^{(st)}$ 和 $\widehat{M}_v^{(st)}$ 统一用公式 (7) 表示为：

$$\widehat{Y}_v^{(st)} = \sum_{h=1}^{H}\sum_{i=1}^{n_h} w_{hi}^{(st)} y_{hiv} \quad (7)$$

$$w_{hi}^{(st)} = \begin{cases} 0, & h=s, i=t \\ \dfrac{n_h}{n_h-1} w_{hi}, & h=s, i\neq t \\ w_{hi}, & h\neq s \end{cases} \quad (8)$$

总体实际人数的双系统估计量 $\widehat{\widehat{DSE}}_U$ 为：

$$\widehat{\widehat{DSE}}_U = \sum_{v=1}^{V} \widehat{\widehat{DSE}}_v \quad (9)$$

在计算总体实际人数双系统估计量的抽样方差估计时，由于各等概率人口层之间并不是相互独立的，所以不仅需要计算各等概率人口层的方差，还需要计算等概率人口层之间的协方差。

$$\widehat{\text{var}}\left(\widehat{DSE_U}\right) = \sum_{v=1}^{V} \widehat{\widehat{DSE_v}} + 2\sum_{v=1}^{V-1}\sum_{v'>v}^{V} \widehat{\text{cov}}\left(\widehat{\widehat{DSE_v}},\widehat{\widehat{DSE_{v'}}}\right) \quad (10)$$

V 为等概率人口层的总层数。

$$\widehat{\text{var}}_{SRS}\left(\widehat{SME}\right) = N^2 \frac{\widehat{S}^2}{n}\left(1 - \frac{n}{N}\right) = \frac{N^2 \widehat{S}^2}{n} - N\widehat{S}^2 \quad (11)$$

式（11）中，S^2 为全国普查小区人口数的方差，使用样本数据来估计，N 为 2010 年全国普查小区总数目，n 为 2010 年样本普查小区总数目。

$$\widehat{SME} = N\widehat{\bar{Y}} \quad (12)$$

$\widehat{\bar{Y}}$ 为依据样本普查小区人口数估计的全国平均每个样本普查小区的人数。

二 计算 2020 年全国样本总量

（一）2020 年简单抽样方案的样本总量

要求 2020 年总体实际人数估计量的抽样方差不超过指定值 V。如果用抽样误差范围 d 和置信概率 95% 表示精度要求，那么由于估计量近似服从正态分布，当置信概率为 95% 时，标准正态分布双侧临界值的绝对值是 1.96，这时有 $V = (d/1.96)^2$。如果用相对抽样误差范围 δ 和置信概率表示精度要求，这时 $V = (\delta Y/1.96)^2$，式中的 Y 为 2020 年全国实际人口数的真值，用 2019 年 1‰人口抽样调查全国实际人口数估计值来代替。

在这一精度要求下，假如 2020 年在全国范围内以普查小区为单位，简单随机抽取样本，构造简单均值估计量估计全国人口数，计算所需要的样本量。这里需要用到的资料包括：2020 年普查小区人口数的总体方差 S^2（用 2010 年事后计数调查估计的全国小区人口数的总方差代替）、2020 年全国普查小区数 N 和估计精度 V。使用式（13）求出全国样本普查小区数目 n_{SRS}：

$$n_{SRS} = \frac{N^2 \widehat{S}^2}{(V + N\widehat{S}^2)} \quad (13)$$

（二）2020 年较为复杂抽样方案的样本总量

进一步考虑，如果 2020 年采用与 2010 年相同的抽样方式，构造相同形式的估计量（双系统估计量），那么样本中应含有的普查小区数 n_A 为：

$$n_A = n_{SRS} \times \widehat{Deff}_{2010A} \tag{14}$$

再进一步，如果在 2020 年采用比 2010 年更优越的抽样方式，将分层抽样换为分层二重抽样，双系统估计量换成三系统估计量估计全国人口数，所需要的样本含量（普查小区数）会低于式（14）计算的结果。此时，根据事后计数调查经费等因素综合确定最终全国事后计数调查样本总量。

三　全国 2020 年事后计数调查样本总量分配

这包括两个层次。一是全国样本总量在除个别省级单位之外的省级单位分配。这里的省级单位可以是省，如湖北省，也可以是直辖市，如重庆市、北京市和天津市，还可以是区，如广西壮族自治区和宁夏回族自治区。二是各个省级单位将从全国分配到的样本量分配到其各个抽样层。在两次分配中，通常采取比例分配法。一般按照省级单位或抽样层最新或上次的普查小区数目或人口数目分配，用 $n_{1A}, \cdots, n_{KA}$ 表示各个省级单位分配的普查小区数目，A、K 分别表示 2020 年事后计数调查实际采用的 A 抽样方案和全国省级单位的总个数（除个别省级单位外），k 表示其中任意一个省级单位。其计算公式如下：

$$n_{kA} = n_A \frac{T_k}{T} \tag{15}$$

式（15）中，T_k、T 分别表示第 k 个省级单位和全国除个别省级单位外的那些省级单位的最新或上次事后计数调查时的普查小区数或人口数。

对于个别规模很小的省级单位，并不按照式（15）确定其样本规模，而是单独规定样本量。这是因为，在按照比例分配法分配全国事后计数调查样本总量的情况下，由于其规模很小，如果按照式（15）分配全国样本总量，分配的样本量会很少。如果分配的样本量很少，估计的人口普查净覆盖误差的抽样方差就会很大，甚至使得估计失去意义。为解决这个问题，中国、美国和其他国家的政府统计部门对规模小的省级单位或抽样层，单独规定样本量，使其抽样方差保持在一个可以接受的水平上。

用 n_{klA} 表示抽样层 l 从省级单位 k 分配的普查小区数目。如果每个省级单位的所有普查小区按照城乡划分在城市层和抽样层，那么其计算公式为：

$$n_{klA} = n_{kA} \frac{T_{kl}}{T_k} \tag{16}$$

式（16）中，$l = 1$，2，$\cdots$，$2k$，T_{kl} 为第 k 个省级单位的第 l 抽样层的最新或上次的普查小区数目或人口数目。

对于规模很小的省级单位，其样本量在各个抽样层的分配，视具体情况，单独指定或者按照式（16）确定。

附录4 基本概念及定义

本书用到的主要概念	定义
普查标准时点	普查个人信息资料所属时间,如中国2020年11月1日零时
事后计数调查标准时点	事后计数调查个人信息资料所属的时间,如中国2020年11月25日零时
无移动者	普查标准时点居住在本样本普查小区,事后计数调查标准时点也居住在本样本普查小区的人口
向内移动者	普查标准时点居住在其他普查小区,事后计数调查标准时点居住在本样本普查小区的人口
向外移动者	普查标准时点居住在本样本普查小区,事后计数调查标准时点居住在其他普查小区的人口
比对	比较普查目标总体中的人是否同时登记在普查人口名单、事后计数调查人口名单、行政记录人口名单中的某两份或三份,以获得匹配人口
普查目标总体	由应该在本次普查中登记的人组成,如中国2020年第七次全国人口普查的普查目标总体是指普查标准时点在中华人民共和国境内的自然人以及在中华人民共和国境外但未定居的中国公民,不包括在中华人民共和国境内短期停留的境外人员
普查小区	事后计数调查的最低级别抽样单位,为较小范围的地理区域,中国每个普查小区平均含住房单元80个,常住人口250人
事后计数调查	在人口普查登记工作结束之后实施,属于抽样调查,要尽可能独立于人口普查
净覆盖误差	普查目标总体实际人数与其普查登记人数之差,或者普查漏报与普查多报之差
覆盖误差	源于普查多报与漏报引起的总体普查人数误差
等概率人口层	由在普查中登记概率相同或大致相同的人组成,通常用体现人口在普查中登记概率大小的人口统计特征变量和居住位置变量对总体人口等概率分层,这些变量的交叉层形成了若干等概率人口层

续表

本书用到的主要概念	定义
双系统估计量	依据普查人口名单、事后计数调查人口名单构造的估计量
覆盖修正因子	等概率人口层的双系统估计量与普查登记人数之比
合成双系统估计量	依据覆盖修正因子及小区域普查登记人数构造的估计量
三系统估计量	依据普查人口名单、事后计数调查人口名单和行政记录人口名单构造的估计量
分层刀切抽样方差估计量	根据复制权数及复制估计量建立的抽样方差估计量，用来近似计算复杂估计量的抽样方差
复制权数	依次剔除第一重样本的每个普查小区后，重新计算的每个样本普查小区的抽样权数，被剔除的那个样本普查小区的复制权数为零
复制估计量	依据复制权数构造的估计量
复制次数	等于第一重样本普查小区总数目
分层二重抽样	每重抽样前均分层，且两次分层变量通常不同，抽样单位相同

附录 5　发表的人口普查质量评估系列论文

［1］Hu, Guihua, Qi Li, Min Hu, and Yingan Wang. 2020. "Triple-Source Estimator for Estimating the Net Error in Census Coverage." *Mathematical Population Studies*, 27（3）：184 – 198.

［2］Hu, Guihua, Jingpen Liao, Jianfan Peng, Ting Wu, Shushan Fan, and Baohong Ye. 2021. "Estimation of Census Content Error." *Mathematical Population Studies*, 28（1）：45 – 60.

［3］Hu, Guihua, Shushan Fan, Jiwei Su, Lujie Chi, and Jing Zhou. 2020. "Estimation of Erroneous Enumerations in the Census." *Mathematical Population Studies*. doi：10. 1080/08898480. 2020. 1855021.

［4］胡桂华、Robert McCaa、Lara Cleveland，2017，《人口普查净误差估计中的三系统估计量研究》，《统计研究》第 34 卷第 6 期。

［5］胡桂华，2011，《人口普查净误差构成部分的估计》，《统计研究》第 28 卷第 3 期。

［6］胡桂华、吴婷、范署姗，2020，《人口普查质量评估中的三系统估计量研究》，《数量经济技术经济研究》第 37 卷第 8 期。

［7］胡桂华、余鲁、丁杨，2016，《人口普查净误差估计中的双系统估计量研究》，《数量经济技术经济研究》第 33 卷第 8 期。

［8］胡桂华、武洁、丁杨，2015，《人口普查质量评估中 Logistic 回归模型的应用》，《数量经济技术经济研究》第 32 卷第 4 期。

［9］胡桂华、吴东晟，2014，《人口普查质量评估调查的抽样设计》，《数量经济技术经济研究》第 31 卷第 4 期。

[10] 胡桂华、武洁、安军，2016，《人口普查中多报人口数的估计》，《中国人口科学》第 1 期。

[11] 胡桂华，2013，《人口普查质量评估的三系统模型》，《中国人口科学》第 6 期。

[12] 胡桂华，2018，《基于单系统估计量的人口普查内容误差估计》，《数理统计与管理》第 37 卷第 6 期。

[13] 胡桂华，2018，《人口普查净误差估计综述》，《数理统计与管理》第 37 卷第 5 期。

[14] 胡桂华、丁宣浩、陈义安、杨炜明，2018，《人口普查覆盖误差估计量的研究》，《数理统计与管理》第 37 卷第 1 期。

[15] 胡桂华、段小梅、杜艾卿、孙荣，2017，《交互作用偏差对双系统估计量的影响》，《数理统计与管理》第 36 卷第 4 期。

[16] 胡桂华、丁杨，2016，《人口普查，事后计数调查和行政记录的三系统估计量》，《数理统计与管理》第 35 卷第 4 期。

[17] 胡桂华、杜艾卿、武洁，2016，《人口普查质量评估调查中的双系统估计量》，《数理统计与管理》第 35 卷第 2 期。

[18] 丁杨、陈新华、杜艾卿、胡桂华，2017，《论双系统估计量的无偏性》，《数理统计与管理》第 36 卷第 2 期。

[19] 胡桂华，2015，《人口普查质量评估中抽样后分层变量的选择》，《数理统计与管理》第 34 卷第 2 期。

[20] 胡桂华，2010，《美国 2000 年和 2010 年人口普查质量评估方法解读》，《数理统计与管理》第 29 卷第 2 期。

[21] 胡桂华，2008，《关于我国 2010 年人口普查事后质量检查样本量测算的建议》，《数理统计与管理》第 27 卷第 6 期。

[22] Robert McCaa、胡桂华、廖金盆，2019，《人口普查内容误差估计》，《系统科学与数学》第 39 卷 11 期。

[23] 胡桂华、漆莉、吴婷、廖金盆，2018，《基于比率估计量的人口普查内容误差估计》，《工程数学学报》第 35 卷第 6 期。

[24] 胡桂华、廖金盆、范署姗，2020，《人口普查漏报估计研究》，《工程数学学报》第 37 卷第 5 期。

[25] 胡桂华、迟璐婕，2021，《人口普查微观记录样本代表性研究》，

《工程数学学报》第 38 卷第 5 期。

[26] 胡桂华、漆莉、迟璐婕，2021，《双系统估计量与人口普查内容误差评估》，《统计与信息论坛》第 36 卷第 8 期。

[27] 胡桂华、范署姗、吴婷，2020，《基于设计效应的人口普查质量评估调查样本量测算》，《统计与信息论坛》第 35 卷第 10 期。

[28] 胡桂华、张腾腾、杜艾卿、段小梅，2017，《人口数目估计中的独立双系统估计量研究》，《统计与信息论坛》第 32 卷第 1 期。

[29] 胡桂华、周婷婷、杜艾卿，2017，《人口普查质量评估中的比对误差研究》，《统计与信息论坛》第 32 卷第 10 期。

[30] 胡桂华，2013，《人口普查覆盖误差估计方法综述》，《统计与信息论坛》第 28 卷第 9 期。

[31] 胡桂华、廖歆，2012，《捕获-再捕获模型的统计学原理》，《统计与信息论》第 27 卷第 9 期。

[32] 胡桂华，2011，《论人口普查质量评估统计量》，《统计与信息论坛》第 26 卷第 4 期。

[33] 胡桂华，2011，《人口普查误差刍议》，《统计与信息论坛》第 26 卷第 11 期。

[34] 胡桂华、吴婷、廖金盆、余鲁，2019，《人口普查多报及重报估计》，《统计与信息论坛》第 34 卷第 8 期。

[35] 胡桂华、薛婷，2018，《中国户籍登记系统覆盖评估研究》，《统计与信息论坛》第 33 卷第 7 期。

[36] 胡桂华，2018，《人口普查净误差估计综述》，人大复印报刊资料《统计与精算》第 6 期全文转载。

[37] 胡桂华、余鲁、丁杨，2016，《人口普查净误差估计中的双系统估计量研究》，人大复印报刊资料《统计与精算》第 6 期全文转载。

[38] 胡桂华、吴东晟，2014，《人口普查质量评估调查的抽样设计》，人大复印报刊资料《人口学》第 4 期全文转载。

[39] 胡桂华、韦建英，2008，《对美国 2000 年人口普查准确性和数字评估调查评价》，人大复印报刊资料《人口学与计划生育》第 2 期全文转载。

[40] 胡桂华，2007，《美国人口普查后的总结经验调查》，人大复印报刊资料《人口学与计划生育》第 4 期全文转载。

参考文献

陈光慧、刘建平, 2015,《抽样调查基础理论体系研究综述与应用》,《数理统计与管理》第34卷第2期。

丁杨、陈新华、杜艾卿、胡桂华, 2017,《论双系统估计量的无偏性》,《数理统计与管理》第36卷第2期。

Elisa T. Lee, 1998,《生存数据分析的统计方法》,陈家鼎、戴中维译,中国统计出版社。

冯乃林、李希如、武洁、胡桂华、李桂芝、权少伟, 2012,《人口普查的事后质量抽查》,国家统计局人口和就业统计司。

冯士雍、倪加勋、邹国华, 2012,《抽样调查理论与方法》,中国统计出版社。

胡桂华, 2008,《关于我国2010年人口普查事后质量抽查样本量测算建议》,《数理统计与管理》第27卷第6期。

胡桂华, 2010,《美国2000年和2010年人口普查质量评估方法解读》,《数理统计与管理》第29卷第2期。

胡桂华, 2011a,《人口普查误差刍议》,《统计与信息论坛》第26卷第11期。

胡桂华, 2011b,《人口普查净误差构成部分的估计》,《统计研究》第28卷第3期。

胡桂华, 2013,《人口普查质量评估的三系统模型》,《中国人口科学》第6期。

胡桂华，2015，《人口普查质量评估中抽样后分层变量的选择》，《数理统计与管理》第 34 卷第 2 期。

胡桂华、丁杨，2016，《人口普查，事后计数调查和行政记录的三系统估计量》，《数理统计与管理》第 35 卷第 4 期。

胡桂华、丁宣浩、陈义安、杨炜明，2018，《人口普查覆盖误差估计量的研究》，《数理统计与管理》第 37 卷第 1 期。

胡桂华，2018，《人口普查净误差估计综述》，《数理统计与管理》第 37 卷第 5 期。

胡桂华、段小梅、杜艾卿、孙荣，2017c，《交互作用偏差对双系统估计量的影响》，《数理统计与管理》第 36 卷第 4 期。

胡桂华、范署姗、吴婷，2020a，《基于设计效应的人口普查质量评估调查样本量测算》，《统计与信息论坛》第 35 卷第 10 期。

胡桂华、廖歆，2012，《捕获－再捕获模型的统计学原理》，《统计与信息论坛》第 27 卷第 9 期。

胡桂华、Robert McCaa、Lara Cleveland，2017a，《人口普查净误差估计中的三系统估计量研究》，《统计研究》第 34 卷第 6 期。

胡桂华、吴东晟，2014，《人口普查质量评估调查的抽样设计》，《数量经济技术经济研究》第 31 卷第 4 期。

胡桂华、武洁，2015，《人口普查质量评估中 Logistic 回归模型的应用》，《数量经济技术经济研究》第 32 卷第 4 期。

胡桂华、吴婷、范署姗，2020b，《人口普查质量评估中的三系统估计量研究》，《数量经济技术经济研究》第 37 卷第 8 期。

胡桂华、薛婷，2018，《中国户籍登记系统覆盖评估研究》，《统计与信息论坛》第 33 卷第 7 期。

胡桂华、余鲁、丁杨，2016，《人口普查净误差估计中的双系统估计量研究》，《数量经济技术经济研究》第 33 卷第 8 期。

胡桂华、周婷婷、杜艾卿，2017b，《人口普查质量评估中的比对误差研究》，《统计与信息论坛》第 32 卷第 10 期。

金勇进，2010，《抽样：理论与应用》，高等教育出版社。

金勇进、张喆，2014，《抽样调查中的权数问题研究》，《统计研究》第 31 卷第 9 期。

李莉莉、冯士雍、秦怀振，2007，《不放回样本追加策略下域的估计》，《统计研究》第 24 卷第 6 期。

刘礼、邹国华，2006，《缺失数据下 Jackknife 方差估计量的渐近设计无偏性》，《系统科学与数学》第 26 卷第 4 期。

孟杰，2019，《双系统估计量的交互作用偏差研究》，《数理统计与管理》第 38 卷第 5 期。

陶然，2014，《扩展双系统估计模型及其匹配性质研究》，《数理统计与管理》第 33 卷第 2 期。

杨贵军、刘艳玲、王清，2011，《捕获再捕获抽样估计量的模拟研究》，《统计与信息论坛》第 3 期。

Bartlett, M. 1935. "Contingency Table Interactions." *Journal of Royal Statistical Society*, 2: 248–252.

Birch, M. 1963. "Maximum Likelihood in Three Contingency Table." *Journal of Royal Statistical Society*, 25 (1): 220–233.

Bishop, Y. M. M., S. E. Fienberg, and P. W. Holland. 1975. *Discrete Multivariate Analysis: Theory and Practice*. Cambridge, MA: MIT Press.

Cantwell, Patrick J. 2015. "Dual-System Estimation." In *Encyclopedia of Migration*, edited by F. Bean and S. Brown. Dordrecht: Springer.

Chao, Anne and P. K. Tsay. 1998. "A Sample Coverage Approach to Multiple-system Estimation with Application to Census Undercount." *Journal of the American Statistical Association*, 93 (441): 283–293.

Chao, Anne, H.-Y. Pan, and Shu-Chuan Chian. 2008. "The Petersen-Lincoln Estimator and Its Extension to Estimate the Size of a Shared Population." *Biometrical Journal*, 50 (6): 957–970.

Chapman, D. 1951. *Some Properties of the Hypergeometric Distribution with Applications to Zoological Sample Censuses*. California: University of California Press.

Chatterjee, K. and P. Bhuyan. 2019. "On the Estimation of Population Size from a Dependent Triple-record System." *Journal of the Royal Statistical Society: Series A (Statistics in Society)*, 182 (4): 1487–1501.

Coale, A. 1955. "The Population of the United States in 1950 Classified by Age,

Sex, and Color A Revision of Census Figures." *Journal of the American Statistical Association*, 50 (269): 16 – 54.

Coale, A. and M. Zelnick. 1963. *New Estimate of Fertility and Population in the United States*. Princeton University Press.

Cochran, W. G. 2007. *Sampling Techniques*. New York: Wiley.

Darroch, J. 1958. "The Multiple-Recapture Census I. Estimation of a Closed Population." *Biometrika*, 45 (3): 343 – 359.

Efron, B. 1982. *The Jackknife, the Bootstrap, and Other Resampling Plans*. Philadelphia, PA: Society for Industrial and Applied Mathematics.

Fienberg, S. E. 1972. "Multiple-Recapture Census for Closed Populations and Incomplete 2k Contingency Tables." *Biometrika*, 59 (3): 591 – 603.

Griffin, R. 2014. "Potential Uses of the Administrative Records for Tripe System Modeling for Estimation of Census Coverage Error in 2020." *Journal of Official Statistics*, 30 (2): 177 – 189.

Hagan, A., T. B. Murphy, and L. Scrrucca. 2019. "Investigation of Parameter Uncertainty in Clustering Using a Gaussian Mixture Model via Jackknife, Bootstrap, and Weighted Likelihood Bootstrap." *Computational Statistics*, 34 (4): 1779 – 1813.

Hogan, Howard, Patrick Cantwell, Jason Devine, Vincent Mule, and Victoria Velkoff. 2013. "Quality and the 2010 Census." *Population Research and Policy Review*, 32 (5): 637 – 662.

Hu, Guihua, Jinpen Liao, Jianfan Peng, Ting Wu, Shushan Fan, and Baohong Ye. 2021. "Estimation of Census Content Error." *Mathematical Population Studies*, 28 (1): 45 – 60.

Hu, Guihua, Li Qi, Min Hu, and Yingan Wang. 2020. "Triple-source Estimator for Estimating the Net Error in Census Coverage." *Mathematical Population Studies*, 27 (3): 184 – 198.

Lincoln, F. 1930. "Calculating Waterfowl Abundance on the Basis of Banding Returns." *Circular of the Department of Agriculture*, 118 (6): 1 – 4.

Mulry, Mary H. and Donna K. Kostanich. 2006. *Framework for Census Coverage Error Components*. Washington, DC: U. S. Census Bureau.

Petersen, C. G. 1896. *The Yearly Immigration of Young Plaice into the Limfjord from the German Sea*. Danish Biological Station.

Price, D. A. 1947. "Check on Under-numeration in 1940 Census." *American Sociological Review*, 12 (1): 44–49.

Renaud, Anne. 2004. *Coverage Evaluation for the Swiss Population Census 2000*. Neuchatel, Swiss Federal Statistical Office.

Renaud, Anne. 2007. "Estimation of the Coverage of the 2000 Census of Population in Switzerland: Methods and Results." *Survey Methodology*, 33 (2): 199–210.

Schnabel, Z. 1938. "The Estimation of the Total Fish Population of a Lake." *American Mathematical Monthly*, 45 (6): 348–352.

Sekar, C. C. and W. E. Deming. 1949. "On a Method of Estimating Birth and Death Rates and Extent of Registration." *Journal of the American Statistical Association*, 44 (245): 101–115.

Siegel, Jacob. 1974. "Estimates of Coverage of the Population by Sex, Race, and Age in the 1970 Census." *Demography*, 11 (1): 1–23.

Smith, P. 1988. "Bayesian Methods for Multiple Capture-recapture Model." *Biometics*, 44 (4): 1177–1189.

Statistics Canada. 2019. *Coverage Technical Report, Census of Population*, 2016. Ottawa, ON: Statistics Canada.

Stats NZ. 2020. *2018 Post-Enumeration Survey*. Wellington: Statistics New Zealand.

United Nations Statistical Division. 2010. *Manual of Census Evaluation*. New York: United Nations Statistical Division.

U. S. Census Bureau. 2020. *2020 Census Detailed Operational Plan for: Post-Enumeration Survey Operation*. Washington, DC: U. S. Census Bureau.

U. S. Census Bureau. 2004. *Accuracy and Coverage Evaluation of Census 2000: Design and Methodology*. Washington, DC: U. S. Census Bureau.

Wolfgang, G. S. 1989. "Using Administrative Lists to Supplement Coverage in Hard-to Count Areas of the Post-Enumeration Survey for the 1988 Census of St. Louis." Washington, DC: U. S. Census Bureau.

Zaslavsky, Alan M. 1989. *Multiple-System Methods for Census Coverage Evalua-*

tion. Washington, DC: Bureau of the Census.

Zaslavsky, Alan M. 1993. "Combining Census, Dual System, and Evaluation Study Data to Estimate Population Share." *Journal of the American Statistical Association*, 88 (423): 1092 – 1105.

图书在版编目(CIP)数据

人口普查净覆盖误差估计 / 胡桂华著. -- 北京：社会科学文献出版社，2021.10
 ISBN 978-7-5201-8263-8

Ⅰ.①人… Ⅱ.①胡… Ⅲ.①人口普查-覆盖率-误差估计 Ⅳ.①C924.25

中国版本图书馆CIP数据核字(2021)第076177号

人口普查净覆盖误差估计

著　　者 / 胡桂华

出 版 人 / 王利民
责任编辑 / 杨桂凤
文稿编辑 / 张真真
责任印制 / 王京美

出　　版 / 社会科学文献出版社·群学出版分社 (010) 59366453
　　　　　 地址：北京市北三环中路甲29号院华龙大厦　邮编：100029
　　　　　 网址：www.ssap.com.cn

发　　行 / 市场营销中心 (010) 59367081　59367083
印　　装 / 唐山玺诚印务有限公司

规　　格 / 开　本：787mm×1092mm　1/16
　　　　　 印　张：13.75　字　数：227千字
版　　次 / 2021年10月第1版　2021年10月第1次印刷
书　　号 / ISBN 978-7-5201-8263-8
定　　价 / 99.00元

本书如有印装质量问题，请与读者服务中心 (010-59367028) 联系

▲ 版权所有 翻印必究